Siedler

Burg Hohenzollern,
Stammsitz des Hauses
in Schwaben

Masurische Seenplatte
im heute
polnischen Ostpreußen

Fehrbellin, Mark Brandenburg. Hier besiegte der Große Kurfürst 1675 die Schweden

Der Sommer-Remter der Marienburg, einst Mittelpunkt des Deutschen Ordensstaates

Musikzimmer Friedrichs des Großen im Potsdamer Schloß Sanssouci

VOM FELS ZUM MEER

So trug Otto von Bismarck die Orden an seinem Küraß

1945 zerstörtes westpreußisches Schloß des Feldmarschalls Graf von Finckenstein

Buch

Preußen ist ein Mythos. Sein Name steht bei den einen für Ordnung, Redlichkeit und Liberalität; für die anderen ist es Hort des Militarismus und der Reaktion. Sebastian Haffner verzichtet auf die altbekannten Legenden, wenn er die Geschichte dieses Staates erzählt, der nur 170 Jahre als eigenständige Macht existierte. Er erklärt die Besonderheit Preußens daraus, daß es ein Kunstgebilde war: Es brauchte ein Übermaß an Selbstbehauptungswillen, um aus seinen verstreuten Landesteilen ein zusammenhängendes Ganzes zu schaffen. Im Laufe von Jahrhunderten aus sehr verschiedenartigen deutsch-slawischen Kolonialgebieten zusammengewachsen, ohne stammesmäßige oder konfessionelle Grundlage, ohne natürliche Grenzen, konnte Preußen nur als Vernunftstaat bestehen. Seine unbestechliche Verwaltung und seine religiöse Toleranz machten es im achtzehnten Jahrhundert zum modernsten Staat Europas. Mit der Französischen Revolution begann seine Krise, mit der Reichsgründung 1871 sein langes Sterben, der Nationalsozialismus war sein Untergang.
Sebastian Haffner nähert sich diesem außergewöhnlichen Staatswesen unbefangen, kritisch, aber nicht ohne Bewunderung. Zusammen mit dem umfangreichen Bildteil, den Ulrich Weyland nach monatelangen Recherchen in Deutschland, Polen und Österreich zusammengestellt hat, ist daraus ein einzigartiges Buch zur Geschichte Preußens entstanden.

Autor

Sebastian Haffner wurde 1907 in Berlin geboren. Der promovierte Jurist emigrierte 1938 nach England und arbeitet seither als Publizist. 1954 kehrte er nach Deutschland zurück. Bücher wie »Winston Churchill« (1967), »Der Teufelspakt« (1968), »Anmerkungen zu Hitler« (1978) und »Von Bismarck zu Hitler«(1987) haben ihn einem breiten Publikum bekannt gemacht.

Sebastian Haffner

Preußen ohne Legende

Bildteil von Ulrich Weyland
Fotos von Peter Thomann

Siedler

Herausgeber der Originalausgabe: Henri Nannen
Redaktion der Originalausgabe: Victor Schuller

Das Umschlagbild zeigt einen Ausschnitt aus dem unvollendeten Gemälde *Friedrich der Große 1757 bei der Ansprache an seine Generale vor der Schlacht bei Leuthen* von Adolph Menzel.

FSC
Mix
Produktgruppe aus vorbildlich bewirtschafteten Wäldern, kontrollierten Herkünften und Recyclingholz oder -fasern
www.fsc.org Zert.-Nr. SGS-COC-004278
© 1996 Forest Stewardship Council
Verlagsgruppe Random House FSC-DEU-0100
Das für dieses Buch verwendete FSC-zertifizierte Papier *Profisilk* von Sappi liefert IGEPA.

9. Auflage
Genehmigte Taschenbuchausgabe Dezember 1998
btb Verlag, in der Verlagsgruppe Random House GmbH, München

Umschlaggestaltung: Design Team München
Umschlagabbildung: Bildarchiv: Preußischer Kulturbesitz, Berlin
Satz: Type Center, München; Partner Satz, Ingolstadt
Layout: Peter Wilhelm
Druck und Bindung: Druck und Bindung: Těšínská tiskárna, a. s., Český Těšín
Printed in Czech Republic
ISBN 978-3-442-75544-8

www.btb-verlag.de

Die meisten Länder Europas rühmen sich einer tausendjährigen Geschichte; mit Recht, wenn man es nicht zu genau nimmt. Nicht so Preußen. Preußen ist spät am europäischen Staatenhimmel auf- und untergegangen wie ein Meteor.
Nach dem Ende der Völkerwanderung, als die Umrisse der heutigen europäischen Staaten bereits fast alle deutlich hervorzutreten beginnen, fehlt von einem künftigen Preußen noch jede Andeutung. Es bedarf erst noch einer zweiten kleinen Völkerwanderung, der deutschen Ostkolonisation im 12. und 13. Jahrhundert, damit auch nur die Vorgeschichte Preußens beginnen kann.
Die Vorgeschichte, nicht etwa schon die Geschichte. Denn die respektable Askanierkolonie an Spree und Havel und die noch respektablere geistliche Republik der Deutschordensritter an der Weichsel verfallen ja zunächst einmal wieder. In der Reformationszeit ist aus dem ehemaligen Ordensstaat ein unbedeutendes polnisches Nebenland geworden; und die Mark Brandenburg ist immer noch – oder wieder – das ärmste und rückständigste der deutschen Kurfürstentümer, ein verrufenes Raubritterparadies. Noch immer kann niemand ahnen, daß aus diesen beiden weit auseinanderliegenden heruntergekommenen Kolonien eines Tages eine funkelnagelneue europäische Großmacht werden wird. Das dauert denn auch noch gut zwei Jahrhunderte, und es ist viel Zufall dabei im Spiel, wie wir sehen werden. Noch 1701 ist es beinahe ein Witz, daß der Kurfürst von Brandenburg sich jetzt König »in« Preußen nennt.
Nun allerdings geht es schnell: Ein halbes Jahrhundert später gibt es bereits einen König »von« Preußen, den seine Zeitgenossen »den Großen« nennen. Er fordert drei europäische Großmächte zum Kampf heraus und besteht ihn. Der preußische Meteor steht auf einmal

hoch am Himmel, funkelnd und blitzend.

Noch ein knappes Halbjahrhundert weiter, und er ist bereits wieder am Erlöschen. Aber nein, seht doch, da ist er noch, da ist er wieder! 1815 scheint dieser so kürzlich erst aus dem Nichts aufgetauchte und fast schon wieder ins Nichts versunkene Staat endgültig etabliert, aufgenommen, neben England, Frankreich, Österreich und Rußland, in den exklusiven Klub der fünf europäischen Großmächte; freilich als die kleinste von ihnen. Wieder ein halbes Jahrhundert später ist dieser Staat plötzlich die größte Macht geworden. Der König von Preußen ist jetzt Deutscher Kaiser.

Und in diesem Augenblick seines größten Triumphs – damals sieht es keiner, heute kann es jeder sehen – beginnt Preußen abzusterben. Es hat Deutschland erobert; nun wird es von Deutschland erobert. Die Reichsgründung erweist sich, von Preußen aus gesehen, trotz aller Bismarckschen Vorsichtsmaßregeln als eine gloriose Form der Abdankung.

Man kann darüber streiten, wann Preußens Todesdatum anzusetzen ist: 1871, als es die Verfügung über seine Außenpolitik an das neue Deutsche Reich abtrat; 1890, als ein badischer Staatsanwalt das deutsche Außenamt übernahm; 1894, als ein bayerischer Fürst preußischer Ministerpräsident wurde; 1918, als das preußische Königtum erlosch; 1920, als die preußische Armee in der Reichswehr aufging; 1932, als ein Reichskommissar die preußische Regierung absetzte; oder doch erst 1945, als Flucht und Vertreibung die preußischen Kernprovinzen bis auf eine entvölkerten. Spätestens damit aber war Preußen gestorben. Die Verfügung der Siegermächte, die zu allem Überfluß 1947 den preußischen Staat für aufgelöst erklärte, war nur noch Leichenschändung.

Es wäre übertrieben zu sagen, daß niemand dem toten Preußen nachtrauert. Die Trauer der Vertriebenen um verlorene Heimat darf man freilich nicht mit Trauer um den preußischen Staat verwechseln – im Gegenteil, es ist bemerkenswert (und bewundernswert), wie leicht und klaglos sie sich in ihre neuen staatsbürgerlichen Verhältnisse gefunden haben. Es gab (und gibt) aber gewiß in Deutschland nach 1945 noch viele Ex-Preußen – nicht nur Heimatvertriebene –, die manches für ihren einstigen Staat Charakteristische schmerzlich vermißten: in der Bundesrepublik die strenge preußische Ordnung und Redlichkeit, in der früheren DDR die trockene preußische Liberalität und Gedankenfreiheit. Nur: Niemand kann sich auch mit dem größten Aufgebot an Phantasie eine Lage vorstellen, in der Preußen wieder zum Leben erstehen könnte, und niemand kann daher eine Wiedergeburt Preußens so ernstlich wünschen, wie viele sich eine Wiedervereinigung Deutschlands gewünscht haben. Die Wiedervereinigung war vorstellbar, wenn sie auch zeitweise unerreichbar schien, die Wiedergeburt Preußens ist es nicht. Preußen ist tot, und Totes kann nicht ins Leben zurückgerufen werden.

Dafür können wir heute etwas anderes. Wir können, aus der Distanz, die Eigentümlichkeit, ja Einzigartigkeit dieses untergegangenen Staates (der ein Kunstgebilde, man kann auch sagen: ein Kunstwerk war) klarer erkennen, als es zu seinen Lebzeiten möglich war; und wir können seine Geschichte, die nun abgeschlossen vor uns liegt, von den Legenden befreien, die sie entstellten, als sie noch im Gange war: von der goldenen Preußenlegende, der zufolge Deutschlands Einigung immer schon Preußens Sendung war, der die preußischen Könige und wohl gar schon die brandenburgischen Kurfürsten jederzeit bewußt dienten; und ebenso von der schwarzen Preußenlegende, die in Preußen nichts als räuberischen Militarismus sehen wollte und in Friedrich und Bismarck heute noch Vorläufer Hitlers sehen will. Beide sind Propaganda von einst. Die eine war die Propaganda der Nationalisten des 19. Jahrhunderts, die Preußen für ihre Sache einspannen wollten; die andere, schon im 18. Jahrhundert, die Propaganda der Nachbarn Preußens, die sich von diesem unheimlichen Neuling in ihrer Ruhe gestört oder gar in ihrer Existenz bedroht fanden.

Heute, da niemand mehr von Preußen etwas zu erhoffen oder zu befürchten hat, wird es Zeit, sich von diesen überlebten Überlieferungen freizumachen. Preußen hatte keine deutsche Sendung; im Gegenteil, der Verfall des Reichs war Preußens Aufstieg; und zur unmittelbaren Todesursache Preußens wurde, daß es sich eine deutsche Sendung aufreden ließ. Was es seinen Nachbarn lange Zeit unheimlich und manchmal gefährlich machte, war viel weniger sein Militarismus als die Qualität seiner Staatlichkeit: seine unbestechliche Verwaltung und unabhängige Justiz, seine religiöse Toleranz und aufgeklärte Bildung. Preußen war in seiner klassischen Epoche, dem 18. Jahrhundert, ganz einfach nicht nur der neueste, sondern auch der modernste Staat Europas. Seine Krise begann, als die Französische Revolution es in der Modernität überholte. Von da an zeigen sich die Schwächen der preußischen Staatskonstruktion, und es beginnt die Suche nach einer neuen Legitimation, die schließlich mit einem triumphalen Selbstmord endet.

Die preußische Geschichte ist eine interessante Geschichte, auch heute noch und gerade heute, da wir ihr Ende kennen. Sie läuft langsam an, mit einem langen Werden, und sie hört langsam auf, mit einem langen Sterben. Dazwischen aber liegt ein großes Drama; wenn man will, eine große Tragödie – die Tragödie der reinen Staatsvernunft.

1. KAPITEL

Das lange Werden

Drei Modelle der Ostkolonialisierung

Die Hausmachtpolitik der Hohenzollern

Die Tragödie des Großen Kurfürsten

Wie Preußen zu seinem Namen kam

König Sigismund überträgt dem Burggrafen Friedrich VI. am 30.4.1415 die Mark Brandenburg mit der Kur und dem Erzkämmereramt, behält sich jedoch deren Wiedereinlösung vor; die eigentliche Belehnung erfolgt am 18.4.1417

Mit den Kurfürsten beginnt die Hausmachtpolitik der Hohenzollern. Die meisten von ihnen sind Durchschnittsfürsten, die durch Heirat und Erbschaft ihre Ländereien vergrößern. Spätere Geschichtsschreibung hat ihre Taten oft über Gebühr glorifiziert. – Kurfürst Joachim II. Hector, 1535–1571, (rechts: sein Portrait von Lukas Cranach d. J.) trifft allerdings eine wichtige Entscheidung. Gegen seine Überzeugung führt er aus rein politischem Kalkül in Brandenburg die Reformation ein

Das lange Werden

Die Vorgeschichte Preußens ist lang, viele Jahrhunderte lang, viel länger als seine Geschichte. Wo anfangen? Am besten fängt man vielleicht mit dem Namen »Preußen« an, der zweimal einen überraschenden Bedeutungswandel durchgemacht hat.

Zuerst war es der Name eines kleinen heidnischen Ostseevolkes, von dessen Herkunft und Geschichte so gut wie nichts mehr bekannt ist; dann, nachdem dieses unglückliche Volk vom Deutschen Ritterorden mit sehr gewaltsamen Methoden christianisiert und im Verlaufe dieses Vorgangs mehrmals dezimiert worden war, nahmen die Eroberer den Namen der Unterworfenen an – ein sonderbarer, in der Geschichte seltener Vorgang. Der Ordensstaat wurde als »Preußen« bekannt, und die deutschen und slawischen Kolonisten, die der Orden ins Land holte und die sich mit den Überresten der ursprünglichen Preußen allmählich vermischten, nannten sich selber Preußen; Ostpreußen oder Westpreußen, je nachdem, ob sie am östlichen oder am westlichen Ufer der Weichselmündung siedelten.

Albrecht III. Achilles, 1470–1486

Joachim I. Nestor, 1499–1535

Und Ost- und Westpreußen blieben bekanntlich bis tief ins 20. Jahrhundert die Namen zweier extrem nordöstlicher Provinzen des Deutschen Reiches. Zusammen bildeten sie das eigentliche Preußen.
Aber außerdem nannte sich seit 1701 ein ganzer Staat »Preußen« – ein Staat, zu dem Westpreußen zunächst nicht einmal gehörte und für den Ostpreußen immer eine entlegene Randprovinz blieb; sein Zentrum hatte er ganz woanders. Das war der zweite Bedeutungswandel des Wortes: Aus einer Landschafts- und Stammesbezeichnung – die verwirrenderweise daneben immer bestehen blieb – wurde ein Staatstitel. »Preußen« wurden von nun an nicht mehr nur die Ost- und Westpreußen, sondern auch die Brandenburger, Pommern und Schlesier, dazu Rheinländer, Westfalen und nach und nach mehr als zwei Drittel aller Deutschen, von den Polen Posens und den Dänen Nordschleswigs zu schweigen: kurz, alle Untertanen des neuen Hohenzollernstaates, der 1701 als selbständige europäische Macht ins Leben trat und sich in den folgenden 170 Jahren auf ungeahnte

Johann Georg, 1571–1598

Joachim Friedrich, 1598–1608

Weise nach allen Richtungen ausdehnte.

Diese Benennung ist überraschend und verlangt nach Erklärung. Die Hohenzollern stammten nicht aus der Landschaft Preußens, sie waren ein süddeutsches Geschlecht, sie residierten nicht in Königsberg, sondern in Berlin oder Potsdam, das Kernland ihres Staates war niemals das ursprüngliche Preußen, sondern war und blieb immer die Mark Brandenburg: Warum tauften sie ihren Staat Preußen? Warum nicht Brandenburg? Dafür hatten sie gute Gründe, und diese Gründe reichen tief in die preußische Vorgeschichte zurück. Ohne deren Kenntnis sind sie nicht zu verstehen.

Diese Vorgeschichte ist, wie gesagt, sehr lang, mehr als ein halbes Jahrtausend lang, und nicht leicht kurz zu erzählen. Aber wir wollen es versuchen. Wenn es gelingen soll, dürfen wir uns nicht in Einzelheiten verlieren, sondern müssen Geschichte betrachten wie Erdgeschichte, die ihre Perioden aus Gesteinslagen abliest. Wenn wir das tun, sehen wir auf einen Blick drei Schichtungen.

Die älteste – nennen wir sie

Johann Sigismund, 1608–1619

Georg Wilhelm, 1619–1640

die Urgeschichte Preußens – ist Kolonialgeschichte; die Geschichte von Gründung, Blüte und Verfall zweier deutscher Kolonien, der Askanierkolonie in Brandenburg und der Ordenskolonie in Preußen. Diese Geschichte beginnt im 12. und 13. Jahrhundert und geht im 14. und 15. zu Ende, ohne daß auch nur der Schimmer eines Ausblicks auf den künftigen Großstaat Preußen am Horizont zu sehen wäre. Und doch ist diese Kolonialgeschichte der Ur- und Wurzelboden Preußens. Noch nicht der Staat, aber die für das spätere Preußen charakteristische Bevölkerungs- und Gesellschaftsstruktur formt sich schon hier und bleibt bis ins 20. Jahrhundert im wesentlichen erhalten, wie sie sich in dieser Urzeit formiert hat.

Der Staat entsteht erst, als diese beiden Gebiete unter einer Herrschaft zusammenkommen. Dieser Vorgang der Fusion »Preußens« und »Brandenburgs« bildet die eigentliche Vorgeschichte Preußens, die zweite, etwas jüngere Gesteinslage in der Schichtung. Sie füllt wiederum fast zwei Jahrhunderte, und sie ist nicht mehr Kolonialgeschich-

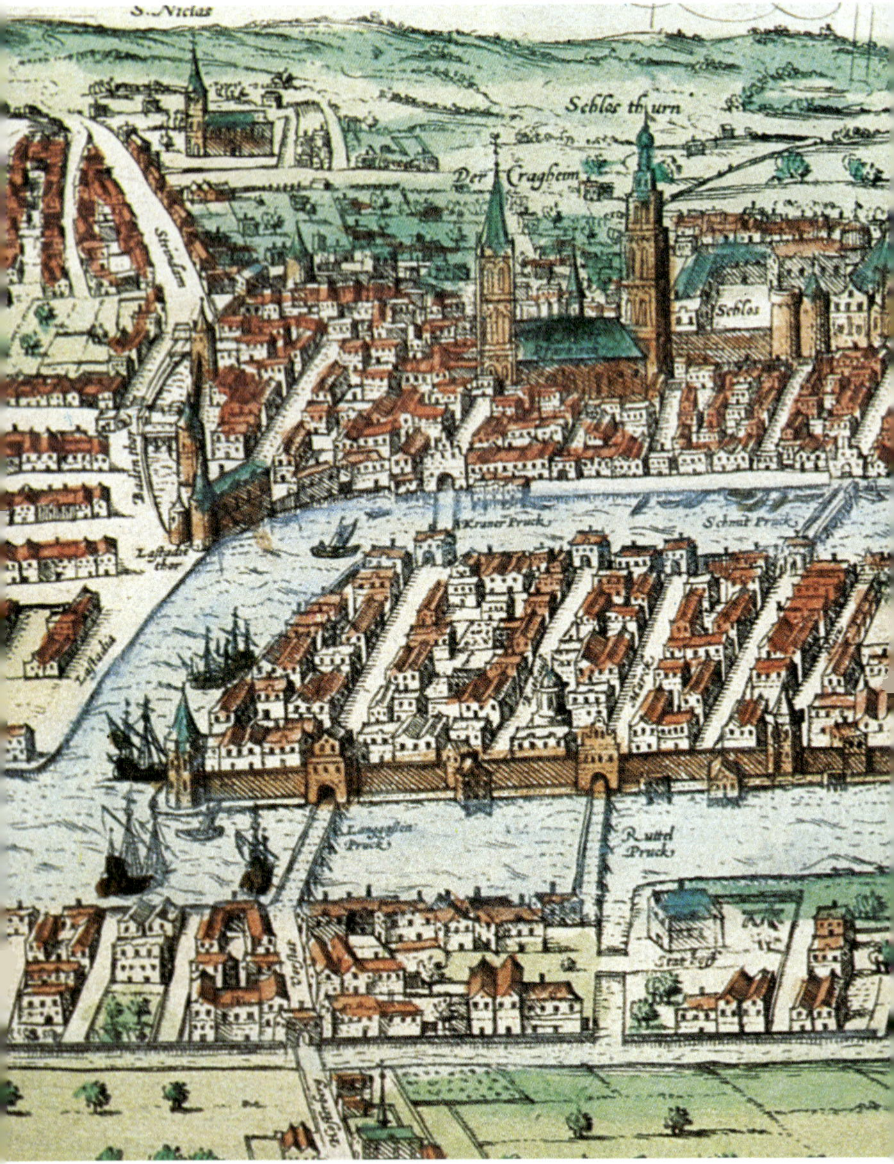

Königsberg, die Hauptstadt des »Herzogentums Preußen«, Ende des 16. Jahrhunderts

Der Schlos Teich
Schlacht hoff
S. Barbara
F. G Getreith
Das kloster
Holtz Pruck
Collegium
Der Altsteter holtzwiese
Thum Pruck
MO
SI
MA
SI

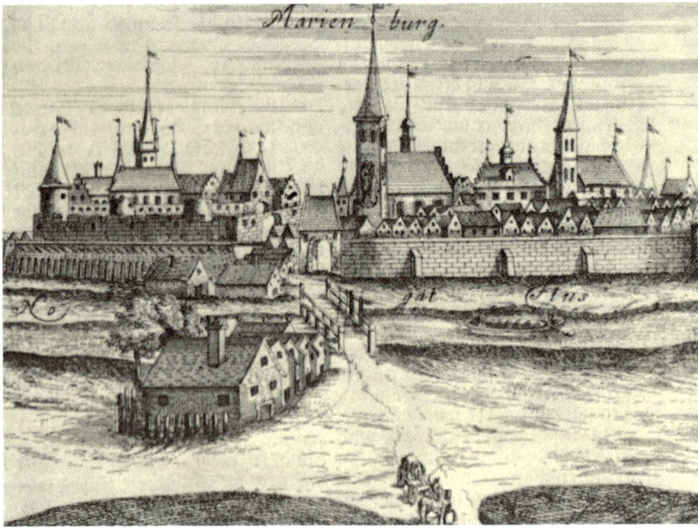

Feste Marienburg um 1600

In der Vorgeschichte Preußens stehen Königsberg (vorige Seite) und die Marienburg politisch, wirtschaftlich und kulturell im Mittelpunkt. Der Deutsche Ritterorden macht die Marienburg zur Residenz ihres Hochmeisters und wird zu einer dominierenden Ostseemacht; Königsberg ist eine aufblühende Hansestadt. Nach der verlorenen Schlacht von Tannenberg 1410 bedrängen die Polen den Orden immer mehr, und er muß schließlich – im Zweiten Thorner Frieden 1466 – Westpreußen abtreten und die Marienburg räumen. Ostpreußen wird polnisches Lehen und Königsberg der Sitz der Hochmeister

te, sondern dynastische Geschichte, Fürstengeschichte, genauer: die Geschichte eines bestimmten Fürstenhauses, der Hohenzollern. Die Hohenzollern treten in der Mark Brandenburg erst am Anfang des 15. Jahrhunderts, in Ostpreußen noch ein volles Jahrhundert später auf, mit der vorangegangenen Kolonialgeschichte haben sie nichts zu tun, und ihr Erscheinen hat in beiden Fällen zunächst etwas Zufälliges. Auch ist es nicht dieselbe Linie des Geschlechts, die 1417 die Belehnung mit der Markgrafschaft Brandenburg vom deutschen Kaiser und 1525 die mit dem Herzogtum Preußen vom polnischen König empfängt. Aber die Hohenzollern erweisen sich als ein zähes, zielstrebiges Geschlecht mit ausgesprochenem Sinn für Erb- und Hausmachtpolitik, Familienbesitz und Familienmacht. 1618 ist es nach vielen politischen Heiraten, Erbverträgen und Mitbelehnungen so weit, daß der Familienbesitz in einer Hand vereinigt wird, der Herrschaftsbereich sich verdoppelt; und damit ist gewissermaßen der Embryo des Staates gezeugt, der 83 Jahre später zur Welt kommt.
Diese 83 Jahre, die jüngste und letzte Schicht der preußischen Vorgeschichte, kann man – im Gegensatz zur Ur- und Vorgeschichte – die Entstehungsgeschichte des preußischen Staates nennen. Sie ist nicht mehr nur dynastische Familien- und Erbgeschichte, sie ist bereits Staatsgeschichte, und ihre herausragende Figur, der Große Kurfürst Friedrich Wilhelm, handelt als erster und gewissermaßen vorwegnehmend nach einer Staatsraison, die dann hundert Jahre lang das erstaunliche Tun und Treiben des neuen Großstaats bestimmen wird.
Sehen wir uns nun die drei Schichten der preußischen Vorgeschichte etwas näher an. Die erste und unterste ist, wie gesagt, Kolonialgeschichte, genauer: ein Ausschnitt daraus, denn in die Geschichte der deutschen Ostkolonisation des Hochmittelalters fallen auch Gebiete, die nie zu Preußen gehört haben, wie Sachsen und Mecklenburg, oder erst ganz spät zu Preußen gekommen sind, wie Holstein. Aber die vier Kernländer des späteren Preußen, Brandenburg, Pommern, Schlesien und eben »Preußen«, genügen vollkommen, um zu illustrieren, wie verschiedenartig die Vorgänge waren, die man unter der Überschrift »Deutsche Ostkolonisierung« zusammenfaßt und wie verschieden auch ihre Ergebnisse waren.

Fehrbellin-Taler in Silber

In der Schlacht von Fehrbellin am 28. Juni 1675 erringen die brandenburgischen Truppen unter Friedrich Wilhelm und dem alten Feldmarschall von Derfflinger einen glänzenden Sieg über die in die Mark Brandenburg eingedrungenen Schweden. Diese gelten seit dem 30jährigen Krieg als die besten Soldaten Europas. Friedrich Wilhelm wird von jetzt an der »Große Kurfürst« genannt

Kolonisierung ist immer Aggression, Überwältigung schwächerer Völker und Zivilisationen durch stärkere. Sie ist immer auch Fortschritt, eben weil eine schwächere und primitivere Zivilisation einer stärkeren und höheren weicht. Sie ist also immer aus Bösem und Gutem gemischt und das Urteil über sie immer davon abhängig, ob das Gute das Böse aufwiegt.

Am besten ist es natürlich, wenn Fortschritt ohne Kolonisierung erzielt wird, wenn Völker sich also die höhere fremde Zivilisation aus eigenem Entschluß aneignen, wie es etwa Japan in neuerer Zeit geschafft hat. Derartiges gab es auch im europäischen Mittelalter. Das Japan des damaligen Kolonialzeitalters war Polen, schon seit dem 10. Jahrhundert, fast so lange wie Deutschland, aus eigener Kraft ein christliches Königreich. Auch Böhmen und Ungarn, die Länder der etwas jüngeren Wenzels- und Stephanskronen, ersparten sich Kolonisierung durch Rezeption von Christentum und christlicher Hochzivilisation. An dieser osteuropäischen Barriere brach sich gewissermaßen die Welle der deutschen Kolonisation, die ja immer unter der Flagge der Christianisierung segelte. Hier hatte sie nichts zu bestellen. Ihr Objekt (auch ihr Opfer) waren die kleineren, schwächeren, »unterentwikkelten« (also heidnischen) Völkerstämme zwischen Deutschland und Polen. Ihnen brachten im 12. und 13. Jahrhundert deutsche Mönche, Ritter und Bauern das Christentum und die »Kultur« – zugleich mit Überwanderung und Fremdherrschaft. Unblutig ging das nirgends ab.

Es gab aber doch erhebliche Gradunterschiede. Wir können deutlich drei Modelle unterscheiden.

Am mildesten verlief die Christianisierung und Kolonisierung in Pommern und Schlesien, Gebieten, die schon vor dem Kommen der Deutschen »anchristianisiert« waren. Ihre slawischen Stammesfürsten (in Schlesien oft polnische Ableger) waren vielfach schon Christen, dic über heidnische Untertanen herrschten und zur Befestigung ihrer Herrschaft deutsche Mönche und Siedler als eine Art Entwicklungshelfer ins Land riefen. Man kann nicht sagen, daß diese Deutschen sich als Entwicklungshelfer nicht bewährten. Man kann auch nicht leugnen, daß aus Entwicklungshilfe oft Landnahme wurde und aus friedlicher Missionierung Zwangstaufe. Auch kamen oft mehr, als gerufen waren, und noch mehr kamen nach. Dabei gab es natürlich Streit und Blutvergießen, aber eine eigentliche kriegerische Eroberung hat in Schlesien und Pommern nicht stattgefunden, die Germanisierung dieser Länder vollzog sich allmählich durch friedliche Vermischung der Zuwanderer mit den Einheimischen. Man darf es sich auch nicht so vorstellen, als ob ein eingewanderter deutscher Grundherrenadel sich einfach als Oberschicht über die eingesessene slawische Bauernschicht gelegt hätte, wie es etwa in Kurland, Livland und Estland geschah. In Pommern und Schlesien gab es Vermischung auf allen Stufen der feudalen Gesellschaftspyramide, von den Fürstengeschlechtern über den Landadel bis zu den Bauern. Das war ein jahrhundertelanger Prozeß. Die deutsche Sprache und die überlegene christliche Zivilisation, die die Deutschen mitgebracht hatten, setzten sich dabei allmählich durch, aber die Stupsnasen der Junkerfamilien und die vielen Adelsnamen, die mit dem slawischen »ow« und »itz« enden, bezeugen immer noch die slawische Abkunft auch der herrschenden Schichten. Von Ausrottung keine Rede, nicht einmal von

Gobelin-Darstellung des Großen Kurfürsten in der Schlacht von Fehrbellin, entstanden Ende des 17. Jahrhunderts

eigentlicher Unterwerfung der Eingeborenen; eher spielt sich eine Unterwanderung ab, die unmerklich in Überwanderung umschlägt.
Viel rauher ist die Kolonialgeschichte der Mark Brandenburg. Albrecht der Bär, der Gründer der Askanierdynastie, die im 12. Jahrhundert die Kolonisierung der Mark vollzog, hatte zwar einen Zipfel davon legal erworben, als eingesetzter Erbe eines zum Christentum übergetretenen Wendenfürsten. Aber den größeren Rest ließ er sich vom Kaiser zu Lehen geben (Heidenland galt als herrenlos) und eroberte ihn in regelrechten Kriegszügen; und der Eroberung folgten noch jahrzehntelang Aufstände und Unterdrückung. Eine blutige Geschichte, nicht erfreulich zu betrachten. Übrigens war auch die Vermischung der deutschen Siedler mit den wendischen Eingeborenen, die in Brandenburg der Eroberung folgte, nie ganz so vollständig wie weiter östlich: Märkische Wenden lebten noch viel später, im 18. und 19. Jahrhundert, oft freiwillig oder unfreiwillig unter sich, in ihren Vorstädten oder »Kietzen«, und im damals noch fast unzugänglichen Spreewald hat sich bekanntlich bis zum heutigen Tage eine kleine wendische Volksgruppe mit

Auf dieser und der folgenden Seite vier Ansichten von Berlin aus der Zeit des Großen Kurfürsten. Zehn Jahre später wird die bescheidene Residenz in ein prunkvolles Schloß umgebaut. Der Baumeister ist Andreas Schlüter

»Unter den Linden« um 1688; der Große Kurfürst ließ diese Prachtstraße anlegen

Die lange Brücke über die Spree, im Hintergrund das Schloß

eigener Sprache und Sitte erhalten.
Andererseits wurde Brandenburg nach der Eroberung und Kolonisierung viel schneller ein bedeutendes Land eigener Prägung als Pommern und Schlesien; die dämmerten noch lange als vielfach unterteilte Kleinfürstentümer dahin. Die Markgrafen von Brandenburg dagegen stiegen alsbald in die höchste Klasse des deutschen Reichsadels auf, schon im 13. Jahrhundert gehörten sie als »Reichskämmerer« zum exklusiven Club der Kurfürsten, die den deutschen Kaiser wählten, und Brandenburg war in der Blütezeit der Askanier eine Macht im Reiche. Nach dem Aussterben der Askanier verfiel diese Macht wieder, ihr neuer Adel verwilderte, und die Mark wurde unter wechselnden Fürstengeschlechtern eine Art »wilder Osten«, wo das Raubrittertum blühte und das Faustrecht herrschte. Das braucht uns nicht weiter zu interessieren. Worauf wir hier hinweisen wollten, ist nur, daß die märkische Kolonialgeschichte anders verlaufen ist als die pommersche und schlesische und sie im Guten wie im Bösen übertrifft. Sie ist einerseits gewaltsamer und blutiger, andererseits politisch ergiebiger, schöpferischer. Albrecht der

Marmorfiguren rings um die Fontäne im Lustgarten

Der Schloßplatz von der Breiten Straße aus gesehen

Der Große Kurfürst mit seiner ersten Frau Luise-Henriette von Nassau-Oranien (Bildmitte). Rechts sitzt seine Mutter Elisabeth-Charlotte von der Pfalz. Matthias Czwiczek potraitierte die kurfürstliche Familie

Ludwig XIV. hebt das Edikt von Nantes auf

Die Verfolgung der Hugenotten erreicht ihren Höhepunkt, als Ludwig XIV. im Oktober 1685 das Edikt von Nantes aufhebt. Dieses hatte den französischen Protestanten ein Jahrhundert lang Religionsfreiheit gewährt. Der Große Kurfürst antwortet bereits einen Monat später mit dem Edikt von Potsdam, in dem er die Refugiés nach Brandenburg-Preußen einlädt. 20000 finden Zuflucht, und um 1700 ist jeder dritte Einwohner Berlins ein protestantischer Franzose

Bär war ein brutaler Eroberer, aber die Mark Brandenburg der Askanier war, ehe sie noch einmal herunterkam, ein ansehnlicher, lebenskräftiger Staat. Irgendwie hat alle Kolonialgeschichte diese zwei Seiten; sie klaffen nur mehr oder weniger weit auseinander.

Viel weiter noch als in Brandenburg klaffen sie im ursprünglichen Preußen auseinander, mit dem wir uns jetzt etwas ausführlicher befassen müssen. Die Eroberung und Unterwerfung des Preußenlandes an der Weichsel durch den Deutschen Ritterorden ist eine Greuelgeschichte; aber der Staat, den der Orden in dem eroberten Land errichtete, ist ein kleines Weltwunder seiner Zeit. Und Niedergang und Sturz dieses frühen Urpreußen leitet dann direkt hinüber in das Werden des späteren Großstaats Preußen.

Am Anfang der Kolonisierung Preußens steht ein jahrzehntelanges grauenvolles Gemetzel, fast eine Ausrottung, vergleichbar der späteren Fast-Ausrottung der nordamerikanischen Indianer durch die europäischen Einwanderer. Zu beschönigen ist hier nichts. Zu erklären ist der Schrecken dieser Geschichte durch zweierlei: den Kreuzzugsgeist der Eroberer und das enorme Zivilisationsgefälle zwischen ihnen und ihren Opfern. Beginnen wir mit dem zweiten.

Die heidnischen Elb- und Oderslawen waren in der Kolonisierungsepoche ohne Zweifel in ihrer materiellen und kulturellen wie ihrer religiösen Zivilisation hinter ihren christlichen Kolonisatoren zurück gewesen; aber doch nicht so weit zurück, daß sie nicht assimilations- und entwicklungsfähig gewesen wären. Die heidnischen Preußen (oder Pruzzen) am Unterlauf der Weichsel dagegen waren in deutschen (und übrigens auch polnischen) Augen nicht rückständige Verwandte, sondern Wilde: ein fremdrassiges Volk ohne Schrift und ohne Zeitrechnung, mit einer Germanen wie Slawen gleich unverständlichen Sprache und mit Bräuchen, die ihren christlichen Nachbarn barbarisch vorkamen, wie Vielweiberei und Kindesaussetzung;

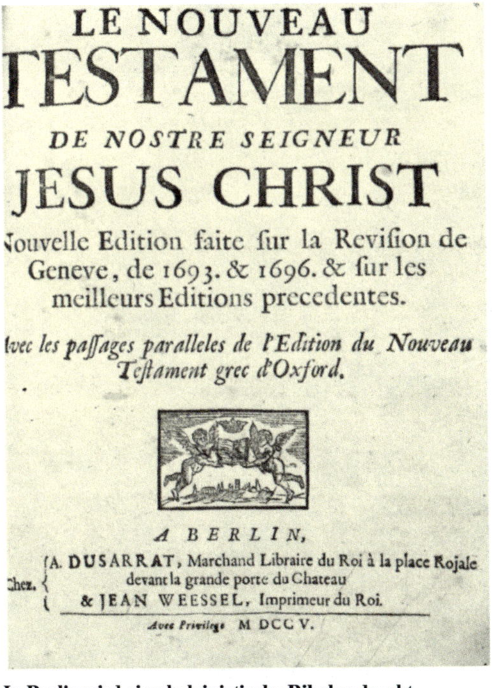

LE NOUVEAU
TESTAMENT
DE NOSTRE SEIGNEUR
JESUS CHRIST
Nouvelle Edition faite ſur la Reviſion de Geneve, de 1693. & 1696. & ſur les meilleurs Editions precedentes.
Avec les paſſages paralleles de l'Edition du Nouveau Teſtament grec d'Oxford.

A BERLIN,
Chez. {A. DUSARRAT, Marchand Libraire du Roi à la place Rojale devant la grande porte du Chateau
& JEAN WEESSEL, Imprimeur du Roi.}
Avec Privilege M DCC V.

In Berlin wird eine kalvinistische Bibel gedruckt

Hugenottenverfolgung in Frankreich nach Aufhebung des Edikts von Nantes durch Ludwig XIV. 1685

Trauerzug für den Großen Kurfürsten Friedrich Wilhelm

Seine zweite Frau Dorothea ist in ein weißes Trauergewand gehüllt

Friedrich Wilhelm, der Große Kurfürst, hat die Vision eines zukünftigen Staates Preußen klar vor Augen. Seine Geschichte ist eine Geschichte fast ununterbrochenen inneren und äußeren Kampfes und nie abreißender Enttäuschungen. Siege und Niederlagen wechseln, aber bei seinem Tode ist sein Land nicht größer als vierzig Jahre zuvor nach dem Westfälischen Frieden. Trotzdem trägt er den Namen »Der Große Kurfürst« mit Recht; sein Leben und Wirken hatte Größe

2
3 4
5

dabei durchaus kriegerisch, zäh und tapfer. Wenn die christlichen Nachbarn als Missionare oder Kolonisatoren in Preußen auftraten, wie es vor dem Ritterorden schon erfolglos die Polen versucht hatten, konnte der Zusammenprall nur furchtbar sein.
Doppelt furchtbar, wenn die Missionare und Kolonisatoren frisch von den Kreuzzügen kamen mit der Losung: »Tod den Ungläubigen!« In Brandenburg war Eroberung und Missionierung zweierlei gewesen: Die weltlichen Eroberer verlangten nur Unterwerfung; die christliche Missionsarbeit verrichteten friedliche Mönche, die außerdem manche nützlichen Techniken mitbrachten: die Zisterzienser zum Beispiel, die wichtigsten Missionare der Mark, waren Spezialisten in der Trockenlegung von Sümpfen. In Preußen dagegen brachten die erobernden Ordensritter das Christentum mit dem Schwert. Die Taufe war ihre erste und wichtigste Forderung an die verdutzten Preußen. Wer sich nicht taufen ließ, war des Todes. Für die Preußen war ihr Einbruch ein schreckliches Vergewaltigungserlebnis. Wildfremde brachen schwerbewaffnet und grundlos ins Land, verlangten in unverständlicher Sprache Unverständliches und töteten, wo sie nicht prompten Gehorsam fanden.
Das dauerte zehn Jahre lang, von 1226 bis 1236. Dann eine Periode der Kirchhofsruhe. Und dann, plötzlich losbrechend, 1260 der große Preußenaufstand, der wie ein Waldbrand das ganze Land erfaßte – eine Verzweiflungsleistung der primitiven Preußen, die angesichts ihrer mangelhaften politischen Organisation fast unfaßbar wirkt. Der Aufstand war zunächst siegreich, mit Rachegreueln, die den Unterwerfungsgreueln nicht nachstanden. Auf die Dauer setzte sich die überlegene militärische Zivilisation der Ordensritter natürlich durch, aber volle 15 Jahre wütete ein Kleinkrieg, der mehr und mehr Ausrottungsformen annahm. Das Wunder ist, daß danach überhaupt irgendwelche Preußen übrigblieben.
Aber das war der Fall. Völlig ausgerottet worden sind die Preußen, entgegen einer verbreiteten Annahme, nicht. Ihre Überreste sind vielmehr in den folgenden hundert Jahren mit der nun ins Land geholten Kolonistenbevölkerung so gründlich vermischt worden – wohl wiederum nicht ganz ohne gewaltsame Nachhilfe –, daß von ihrer Sprache und Geschichte schlechterdings nichts erhal-

ten geblieben ist. Diese vom Ordensstaat tatkräftig geförderte Kolonistenbevölkerung bestand übrigens nicht nur aus Deutschen, sondern auch aus christlichen Slawen aus der Nachbarschaft, Kassuben, Masuren, Masoviern, auch wohl Polen – der Orden war nicht wählerisch. Selbst unfruchtbar nach der Mönchsregel, wünschte er sich ein neupreußisches christliches Volk – und schuf es sich.

So schrecklich der Orden als Eroberer wirkt, so bewundernswert ist seine folgende kolonisatorische und staatsbildende Leistung. Den Greueln des 13. Jahrhunderts folgt im 14. eine Zeit, in der der Ordensstaat aufblüht wie eine Rose. Seine Entstehung ist der furchtbarste Teil der deutschen Kolonialgeschichte; aber das so blutig Entstandene wird nun zur Musterkolonie. So geht es in der Geschichte zu, immer wieder: Entsetzliches geschieht; und dann kommen neue Menschen und sind über Gräbern tätig und fröhlich.

Der Ordensstaat des 14. Jahrhunderts wirkt eigentümlich modern: Inmitten von feudalen Monarchien eine geistliche Republik, an der Spitze ein gewählter Hochmeister, umgeben von seinem Kapitel wie ein heutiger Staats- und Regierungschef von seinem Ministerium; das Land in zwanzig Bezirke eingeteilt, jeder nach den Weisungen des Hochmeisters regiert von einem Komtur mit seinem eigenen Konvent; alles Ordensritter, gewissermaßen Staatsbeamte; keine Feudalherren wie anderswo – die Ordensregel verbietet ja persönlichen Besitz; und übrigens alle unverheiratet – das Ordensgelübde gebietet ja Keuschheit. Der Ordensnachwuchs kommt aus dem Reich, wo ihn der Deutschmeister ständig rekrutiert, ohne große Mühe übrigens. Denn der Orden wird nach einem zeitgenössischen Wort schon bald zu einem »Hospital«, einer glänzenden Versorgung für die jüngeren Söhne der deutschen Fürstenfamilien, die sich in seine großen Stellungen drängen. Er kann sich die Besten aussuchen und wird lange Zeit sehr gut regiert.

Das ist der Staat, und dieser Staat schafft sich ein Volk – ein Volk von Einwanderern, die bei der Ankunft ihren Staat und ihre feste Ordnung schon fertig vorfinden und ihr Land zugewiesen bekommen – ein fast leergekämpftes fruchtbares Land, ein Land der unbegrenzten Möglichkeiten für die Tüchtigen. Und tüchtig sind diese Einwanderer. Preußen wird im 14.

Hermann von Salza, 1170–1239

Jahrhundert reich, viel reicher als die anderen deutschen Kolonien, mit schnell wachsenden Städten wie Danzig und Königsberg, mit einem gut wirtschaftenden Adel (es ist ein reiner Wirtschaftsadel – die Politik besorgt der Orden) und viel freieren und wohlhabenderen Bauern als in den Feudalgebieten, die es umgeben. Ein glückliches Land.

Nein, doch kein glückliches Land. Je mehr die »Stände« gedeihen, um so mehr empfinden sie die Ordensherrschaft als Fremdherrschaft – was sie ja auch in gewissem Sinne ist und bleibt. Denn der Orden ergänzt sich ganz bewußt aus dem Reich, nicht aus dem einheimischen Adel und Patriziat. Die werfen neidvolle Blicke auf das nahe Polen, wo der Adel immer mächtiger, das Königreich immer mehr zur Adelsrepublik wird. Und als der Orden im 15. Jahrhundert in eine lange Folge von Kriegen mit Polen und Litauen gerät, findet er seine »Stände« – sein Volk – von Anfang an halb und halb und schließlich ganz und gar auf der Gegenseite. Daran ist der Ordensstaat zugrunde gegangen – daran, und wohl auch an einer gewissen allmählichen Entartung und Verwilderung. Armut, Keuschheit und Gehorsam vertragen sich auf die Dauer schlecht

mit den Verführungen der Macht.
Wir geizen in diesem raschen Überblick absichtlich mit Namen und Daten. Wir haben die berühmten Hochmeister wie Hermann von Salza, Winrich von Kniprode und Heinrich von Plauen nicht erwähnt, und wir würden selbst die vielbesungene Schlacht bei Tannenberg (1410), die erste schwere Niederlage des Ordens, gewissermaßen die Marneschlacht seiner polnischen Kriege, am liebsten unerwähnt lassen. Sie ist in die deutsche und die polnische Geschichtslegende eingegangen als ein Gegenstand von Heldenklage hier und Befreiungsjubel dort, aber entschieden hat sie noch nichts. Die Ordenskriege mit Polen gingen nach Tannenberg noch mehr als ein halbes Jahrhundert weiter. Eine Jahreszahl aber ist unentbehrlich, sowohl für die Ordensgeschichte wie für die Vorgeschichte Preußens: 1466, das Jahr des Zweiten Thorner Friedens. Durch ihn verlor der Ordensstaat seine Selbständigkeit an Polen. Westpreußen wurde ganz und gar polnisch (und in den folgenden Jahrhunderten mit polnischen Siedlern durchsetzt, die nie wieder weggingen). Ostpreußen blieb dem Orden nur als polnisches Lehen erhalten. Das ist ein tiefer Geschichtseinschnitt.
Die spätere deutschnationale Geschichtsschreibung wertet ihn als nationale Katastrophe. So sah es damals niemand. Das 15. Jahrhundert dachte nicht in Begriffen von Nationalität, und die deutschen Untertanen des Ordens empfanden den Übergang in die viel lockerer gehandhabte polnische Lehnsherrschaft vielfach als Befreiung. Kaiser und Reich rührten sich nicht. Wohl aber schuf der Übergang Ostpreußens in die polnische Lehnshoheit die erste Voraussetzung dafür, daß sich später auf seinem Boden ein neuer, souveräner Staat bilden konnte: Preußen gehörte von nun an nicht mehr zum Reich. Bis es sich auch von Polen wieder löste, vergingen noch Jahrhunderte, aber der allererste verborgene Schritt zur Entstehung des künftigen preußischen Staats war getan.
Der zweite folgte 1525, als der letzte Hochmeister des Ordens die Reformation benutzte, um den Ordensstaat aufzulösen und sich selbst zum weltlichen »Herzog von Preußen« zu machen, immer noch, versteht sich, unter polnischer Lehnshoheit. Das ist eine wenig erbauliche Geschichte, wie so viele Fürstengeschichten der Reformationszeit: Bekanntlich mach-

Albrecht von Brandenburg-Ansbach, 1490–1568

ten auch sonst die Fürsten aus der Reformation vielfach ein Geschäft, bei dem das reine Evangelium als Vorwand für den Raub des Kirchenguts herhalten mußte. Bei dem letzten Hochmeister kam hinzu der Verrat, den er an seinem Amt und an denen verübte, die ihn in dieses Amt gewählt hatten; er verfiel denn auch dafür der Reichsacht, was ihm aber wenig ausmachte. Er regierte, geächtet aber unangefochten, noch lange Jahrzehnte, nicht einmal ganz schlecht (er ist der Gründer der Universität Königsberg), heiratete wie irgendein anderer weltlicher Fürst und hinterließ sein Herzogtum einem geistesschwachen Sohn. Die etwas anrüchige Geschichte dieses ungetreuen letzten Hochmeisters und ersten Herzogs von Preußen wäre kaum der Erinnerung wert, wenn er nicht einer ganz bestimmten Familie angehört hätte. Er war aber ein Hohenzoller, Albrecht von Brandenburg-Ansbach, und durch ihn kam Ostpreußen an dieselbe Familie wie Brandenburg. Es war nur natürlich, daß diese Familie von nun an alles daransetzte, die Markgrafschaft und das Herzogtum auch in dieselbe Hand zu bringen.

Und damit sind wir nun mitten in der zweiten Erdschicht

der preußischen Vorgeschichte, die nicht mehr Kolonialgeschichte ist, sondern Fürstengeschichte, die Geschichte der Hausmachtpolitik des Hauses Hohenzollern. Sie ist später, als die Hohenzollern preußische Könige und deutsche Kaiser waren, über Gebühr glorifiziert worden, so als ob die brandenburgischen Kurfürsten des 15. und 16. Jahrhunderts alle schon auf die künftige Größe Preußens oder gar Deutschlands hingearbeitet hätten. Das haben sie nicht getan, keiner von ihnen. Sie waren durchschnittliche deutsche Territorialfürsten, nicht besser und nicht schlechter als viele heute vergessene, und sie trieben dieselbe kleinlich-betriebsame Familienpolitik wie alle anderen: Heirats- und Erbschaftspolitik, bestrebt, »Anwartschaften« zu erwerben und möglichst viel Ländereien in Familienbesitz zu bringen; im übrigen finden wir sie in ewiger Opposition gegen die langsam schwächer werdende kaiserliche Zentralgewalt und zugleich in ewigem Gerangel mit ihren eigenen »Ständen« – Adel, Klerus und Städten –, die der fürstlichen Zentralgewalt ebenso widerstrebten, wie diese der kaiserlichen. Diese heute nur noch langweiligen Spekulationen und Querelen füllen zwei Jahrhunderte. Bis die märkischen Hohenzollern ihren heimischen Raubritteradel einigermaßen gezähmt hatten, verging ein volles Jahrhundert, und bis ihre »Anwartschaften« anfingen, Frucht zu tragen, ein weiteres.

Die Hohenzollern, ein ursprünglich schwäbisches Geschlecht, waren Ende des 12. Jahrhunderts nach Franken gekommen und waren dann zweihundert Jahre lang Burggrafen von Nürnberg, mehr eine Titularwürde als eine echte Herrschaftsstellung; zugleich erwarben sie kleine Territorialherrschaften in und um Ansbach und Bayreuth. Sie machten diese zweihundert Jahre lang ihr Glück mehr als Reichsbeamte denn als Landesfürsten. Der sechste Burggraf von Nürnberg zum Beispiel, der dann (1415) der erste Hohenzollernmarkgraf von Brandenburg wurde, hatte seine Karriere als Berater und Agent des Königs Sigismund gemacht, dem er durch seine diplomatische Geschicklichkeit zur Königswahl verholfen hatte; die brandenburgische Markgrafschaft war seine Belohnung. Eine wahrhaft königliche Belohnung und eine gewaltige Erhöhung; aber auch eine Last, die der Belohnte und Erhöhte bald nur noch lästig fand. Er verließ die Mark

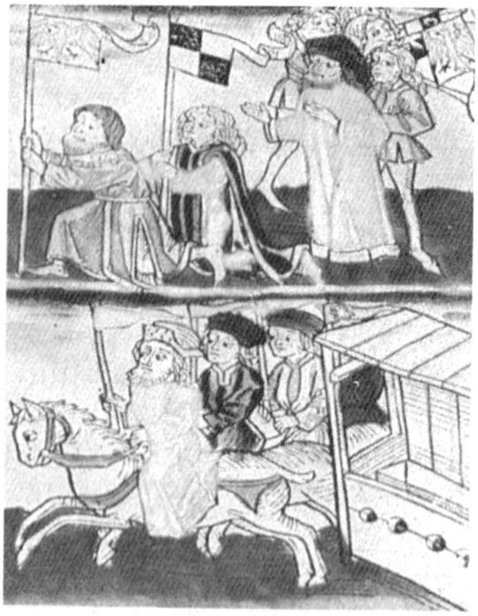

Der Burggraf von Nürnberg,
1371–1440,
vor ihm zwei Bannerträger

schon bald wieder, entmutigt von unerfreulichen und ziemlich ergebnislosen Kämpfen mit ihrem verwahrlosten Adel, auch sein Sohn hielt es dort nicht bis zu seinem Tode aus, und der dritte Hohenzollernmarkgraf hat sein Land kaum je betreten. Reichsgeschäfte und Reichshändel waren diesem schwäbisch-fränkischen Politikergeschlecht noch lange interessanter als die neue Landesherrschaft in der entlegenen »Streusandbüchse des Reiches«. Erst in der vierten Generation faßten die Hohenzollern dort Wurzel und regierten landesväterlich, schlecht und recht wie andere Fürsten auch; immer noch mindestens so interessiert an der Stiftung von Erbanwartschaften anderswo, im westlichen Reich, aber auch in Pommern, auch schon in Schlesien – Anwartschaften, aus denen trotz sorgfältiger Pflege lange Zeit nicht viel wurde. Und dann warf ihnen die größte, die preußische, plötzlich der Zufall in den Schoß.

Es war reiner Zufall, daß der letzte Ordenshochmeister, der den Ordensstaat reformierte und säkularisierte, ein Hohenzoller war; vorher hatten die Hohenzollern mit dem Orden nicht das geringste zu tun gehabt. Es ist auch nicht etwa so, daß der damals in

Brandenburg regierende Hohenzoller, Joachim I., bei der preußischen Transaktion seines Verwandten, die der Familie plötzlich so überraschende Zukunftsaussichten eröffnete, seine Hand im Spiel gehabt hätte. Im Gegenteil, Joachim I, war ein verbissener Gegner der Reformation und ein enger Verbündeter seines Bruders, des Erzbischofs von Magdeburg und Mainz und berüchtigten Ablaßhandelspatrons. Was der Vetter in Preußen tat, hatte seine tiefste Mißbilligung, und der brandenburgische Markgraf mußte erst sterben, ehe die Hohenzollern ihre unverhoffte preußische Chance wahrnahmen. Dann allerdings taten sie es gründlich. Joachim II. führte nicht nur, entgegen seinen wirklichen religiösen Überzeugungen, die Reformation nun auch in Brandenburg ein; er erwirkte mit vieler Mühe und vielen Zugeständnissen beim Tode des alten preußischen Albrecht, 1568, seine Mitbelehnung mit dessen preußischem Erbe beim polnischen König und verheiratete überdies noch – sicher ist sicher – zwei seiner Söhne mit den Töchtern des »blöden« Albrecht Friedrich, Herzog von Preußen. Aber der lebte, entgegen allen Erwartungen, sehr lange, er »regierte« noch volle fünfzig Jahre. Erst der Urenkel Joachims II. erlebte den endgültigen Erbfall, und als Brandenburg und Preußen endlich in der Hand desselben Hohenzollernherrschers zusammenkamen, schrieb man 1618.

Wir erzählen das alles sehr schnell, weil für heutige Leser die Einzelheiten dieser fürstlichen Familienpolitik herzlich uninteressant sind. Aber man darf darüber nicht vergessen, wie schneckenhaft langsam in Wirklichkeit alles vor sich ging. 1415 – die Hohenzollern in Brandenburg; 1466 – der Ordensstaat unter polnischer Oberhoheit; 1525 – ein Hohenzoller polnischer Lehnsmann als Herzog von Preußen; 1568 – Mitbelehnung der brandenburgischen Hohenzollern, 1618 – Erbfall: Das liest sich im Hui und wirkt im nachhinein wie vorgeplante Stationen auf einer vorgebahnten Strecke, die geradewegs auf den preußischen Hohenzollernstaat hinführt. Aber Jahrhunderte gingen darüber hin, und zwischen jeder Station lebten und starben ganze Generationen ohne eine Ahnung, was die nächste Station sein, ob es überhaupt eine geben und wie alles weitergehen würde; tatsächlich hätte es jedesmal ja auch ganz anders weitergehen können. Die spätere Legende des

Hauses Hohenzollern hat es so dargestellt, als ob dieses Haus, im Zusammenwirken mit der Vorsehung, über Jahrhunderte bewußt und weitschauend auf das künftige Preußen hingearbeitet, »seine Grundlagen gelegt« habe, und noch die Schulkinder unseres Jahrhunderts haben die Schicksale des Deutschen Ordens und die Regierungsjahre der brandenburgischen Kurfürsten so ehrfürchtig auswendig gelernt, als handele es sich dabei um das Alte und das Neue Testament ihres Staatswesens. In Wirklichkeit wären die brandenburgischen Kurfürsten des 15. und 16. Jahrhunderts, von den Ordensrittern des 13. und 14. zu schweigen, samt und sonders höchst überrascht gewesen, wenn man ihnen erzählt hätte, daß sie einem künftigen Preußen vorarbeiteten, und viel Zufall war nötig gewesen, damit auch nur ein brandenburgischer Kurfürst zugleich preußischer Herzog wurde. Das Zufällige, Willkürliche und irgendwie nicht recht Überzeugende seiner Entstehung hat denn auch dem preußischen Staat in seiner ganzen Geschichte angehaftet wie ein Fluchgeschenk, das eine böse Fee ihm in die Wiege gelegt hatte. Preußen brauchte es sozusagen nicht zu geben, es mußte nicht sein. Anders als jeder andere europäische Staat ist es immer wegzudenken gewesen und hat zeitlebens eines Übermaßes an staatlichem Lebenswillen und militärischer Selbstbehauptungsenergie bedurft, um diesen Geburtsmakel auszugleichen.

Friedrich der Große, der kein Legendendichter war, eher ein Legendentöter, hat in seinen »Denkwürdigkeiten des Hauses Brandenburg« geschrieben, die Geschichte dieses Hauses fange eigentlich erst seit Johann Sigismund an, interessant zu werden. Nicht etwa wegen der Persönlichkeit dieses Kurfürsten. Der war kein bedeutender Herrscher. Er regierte nur elf Jahre lang, von 1608 bis 1619, ruinierte seine Gesundheit vorzeitig durch Völlerei und Trunk und war schon jahrelang praktisch regierungsunfähig geworden, ehe er mit 47 Jahren starb. Aber unter diesem genußsüchtigen Barockfürsten kamen die beiden großen Erbanwartschaften zur Reife, die sein Herrschaftsgebiet enorm vergrößerten und ihm Zukunftsperspektive gaben: 1609 die jülich-clevesche im Westen, die noch lange umstritten blieb und Brandenburg plötzlich in die Politik der westlichen Großmächte Frankreich und Holland verwickelte, und

1618 eben die preußische im Osten, mit der es ins schwedisch-polnische Kraft- und Konfliktfeld geriet; ein gewaltiger Gebietszuwachs; aber als Hypothek lasteten darauf ganz neue politische Anforderungen und Gefährdungen. Man kann sagen, daß mit diesem Erbanfall das Haus Hohenzollern unter den Zwang zur Größe gestellt wurde, der dann das Lebensgesetz des Staates Preußen werden sollte.

Erkannt hat das allerdings erst der Enkel Johann Sigismunds. Sein Sohn, ein besonders schwächlicher und ängstlicher Regent, wurde von ganz anderen Zwängen heimgesucht: 1618, das Jahr der Personalunion zwischen Brandenburg und Preußen, war ja auch das Ausbruchsjahr des Dreißigjährigen Krieges, und im Dreißigjährigen Krieg wurde Brandenburg jahrelang so gründlich verheert, daß man an seinem Wiederaufkommen zweifeln konnte: von Schweden und Kaiserlichen, zwischen denen der Kurfürst hilflos hin- und herschwankte, und schließlich sogar von eigenen Truppen, die er in der höchsten Not geworben hatte, aber nicht bezahlen konnte, so daß sie, unfähig die fremden Heere zu vertreiben, statt dessen zur dritten Landplage wurden. Aber das entlegene Preußen blieb vom Kriege einigermaßen verschont und wurde in der Nachkriegszeit zum vorübergehenden Zentrum der Hohenzollernländer und zur Basis ihres Wiederaufbaus; und der Westfälische Friede machte die Hohenzollern schließlich doch, trotz allem, was ihre Länder gelitten hatten, zu Kriegsgewinnlern, in doppelter Hinsicht: Der Ruin der Kaisermacht machte sie im Reiche, wie alle anderen Fürsten, praktisch souverän (noch nicht in Preußen, das unter polnischer Oberhoheit blieb); und außerdem gab es neuen, bedeutenden Landgewinn: im Osten Hinterpommern und Cammin, im Westen die Gebiete der ehemaligen Bistümer Minden und Halberstadt und die Anwartschaft auf das Erzbistum Magdeburg. Die Hausmacht der Hohenzollern war seit 1648 beträchtlich, in einer Klasse mit der der Wittelsbacher, Wettiner und Welfen, wenn auch noch nicht der Habsburger. Aber sie bestand aus fünf geographisch getrennten Landmassen, zwei großen und drei kleineren, nur Magdeburg grenzte direkt an Brandenburg. Wenn der Landesherr von einem seiner Länder in ein anderes wollte, mußte er durch fremdes Gebiet reisen. Auch bildeten seine Länder keineswegs ein einheitliches Staatswesen, sondern es waren sieben oder acht getrennte Herrschaften, verbunden nur durch Personalunion. Ihr Herr trug nicht eine Krone, sondern ein gutes halbes Dutzend Hüte: Er war Markgraf von Brandenburg, Herzog in Preußen, Pommern, Magdeburg und Cleve, Graf von der (rheinischen) Mark, Fürst von Minden, Fürst von Halberstadt. Jedes seiner Fürstentümer hatte seine eigenen Einrichtungen und Gerechtsame, gewissermaßen seine eigene Verfassung, in jedem traf der Landesherr auf andere innere Widerstände und Einschränkungen seiner landesherrlichen Gewalt, und jedes wünschte, nach alter Art von seinen eigenen »Ständen« regiert zu werden.

Die Aufgabe, die dem Fürsten aus solcher Situation erwuchs, war klar. Er mußte seine geographisch getrennten Herrschaftsgebiete nach Möglichkeit verbinden, also trennende Gebiete irgendwie erwerben oder erobern; und er mußte aus eigenwüchsigen Herrschaften einen Gesamtstaat machen, wobei das eine eigentlich jeweils die Voraussetzung des anderen war: Denn ohne Gesamtstaat fehlte die äußere Macht für eine expansive Arrondierungspolitik; und ohne erfolgreiche Arrondierung fehlte die innere Macht für eine Zähmung der auseinanderstrebenden Sonderinteressen. Eine herkulisch, eigentlich unerfüllbare Doppelaufgabe!

Der Mann, der sie anpackte und in einer fast fünfzigjährigen Herrschaft unablässig mit ihr rang, ist in die Geschichte unter dem Namen »Der Große Kurfürst« eingegangen, und diesen Ehrennamen verdient er; sein Leben und Wirken haben Größe. Aber wenn man ihm darüber hinaus nachrühmt, er sei der eigentliche Begründer Preußens gewesen, dann ist das eine Übertreibung. Denn erreicht hat der Große Kurfürst in einem langen Leben voll ungeheurer heroischer Anstrengungen sehr wenig; eigentlich nur eines: die Souveränität in Preußen (Ostpreußen), die Befreiung dieses Landes von der polnischen Oberhoheit (1660). Diese Errungenschaft allerdings, erkämpft und auch erreicht in einem langen, blutigen schwedisch-polnischen Krieg, nach zweimaligem Bündniswechsel, hat sich unter seinem Nachfolger als außerordentlich zukunftsträchtig erwiesen.

Aber sonst ist die Geschichte des Großen Kurfürsten Friedrich Wilhelm, eine Geschichte fast ununterbrochener innerer und äußerer Kämpfe, merkwürdig unergiebig. Sie erinnert an die Qualen des Sisyphus und des Tantalus – immer rollt der den Berg hinaufgewälzte schwere Stein wieder herab, immer wird der heißersehnte und schon fast ergriffene Trunk im letzten Augenblick wieder von der Lippe gerissen. Vorpommern zum Beispiel, das dringlich begehrte Verbindungsstück zwischen Brandenburg und Hinterpommern-Cammin, hat der Kurfürst zweimal erobert und zweimal wieder herausgeben müssen; und ähnlich ist es mit anderen Territorialbestrebungen: Das Gebiet des Großen Kurfürsten war bei seinem Tode 1688 praktisch immer noch das gleiche wie vierzig Jahre vorher, und das nach ewigen Kriegen, Feldzügen, gewonnenen und verlorenen Schlachten, bravourösen Heldentaten und gewagten Bündniswechseln, bei denen einem schwindlig werden kann.

Der Nachwelt präsentiert sich der Große Kurfürst in der Apotheose Andreas Schlüters, dessen Reiterstandbild zweieinhalb Jahrhunderte lang auf der ehemals Langen Brücke stand und heute vor dem Schloß Charlottenburg steht: als triumphierender römischer Imperator reitet er da stolz über besiegte Feinde hinweg, die gefesselt und ohnmächtig aufbegehrend den Sockel seines Denkmals zieren müssen. Schlüters Statue ist als Kunst großartig, als Historie falsch bis zur Lächerlichkeit. Friedrich Wilhelm war nie in seinem Leben ein Triumphator, er war immer selbst der Gefesselte, ohnmächtig Aufbegehrende; in seinem nie ablassenden Aufbegehren liegt seine Größe. Seine Feinde oder Verbündeten (sein ständiger Bündniswechsel ist – wie gesagt – schwindelerregend) waren immer die Stärkeren: Frankreich und Holland, auch manchmal der Kaiser, im Westen, Schweden und Polen im Osten. Daß er überhaupt in ihrem großen Spiel mitspielte und mitmischte, und zwar ständig, und ständig die Seiten wechselnd zwischen Mächten, die ihn erdrücken konnten: Das hatte etwas Erstaunliches, auch Großartiges, es lag darin eine Kühnheit, ja, eine imponierende Frechheit. Eingegeben – wenn man will: vorgeschrieben – war diese Frechheit freilich von der Staatsraison; aber der Staatsraison eines in Wirklichkeit noch gar nicht richtig existierenden Staates, eines Staates, der durch die gewissermaßen hochstaplerische Politik, die der Große Kurfürst trieb, erst entstehen sollte.

Fahne aus der Schlacht
von Fehrbellin

Friedrich Wilhelm war ein Visionär. Er hat nicht nur Großmachtpolitik getrieben ohne wirkliche Macht, er hat sogar eine kleine Flotte gebaut und eine afrikanische Kolonie erworben. Aber auch den neuen Seemächten wollte er in nichts nachstehen. Sein realistischer Enkel, der dann erst der wirkliche Architekt des preußischen Staates wurde, hat das alles wieder verkauft. Herausgekommen ist bei der kriegerischen und großsinnigen – man könnte auch boshaft sagen: großmannssüchtigen – Außenpolitik Friedrich Wilhelms fast nichts; Wunder genug – auch: Leistung genug –, daß es dabei ohne Katastrophe abging.

Nach dem brandenburgischen Sieg bei Fehrbellin (1675) über die Schweden, die damals als die besten Soldaten Europas galten, kam bei den europäischen Höfen und Publizisten die Bezeichnung »Der Große Kurfürst« für den Brandenburger auf, worin Respekt lag, aber auch ein Gran Ironie; ein Kurfürst war eigentlich nichts Großes, ein »Großer Kurfürst«, das klang ein bißchen wie ein »großer Zwerg«. Das ist er ein Leben lang geblieben.

Wie im Äußeren, so im Inneren. Der Große Kurfürst hat gewaltige Anstrengungen gemacht, aus seinen disparaten Ländereien einen Staat zu machen, aber geschaffen hat er auch im Inneren nur eins: ein kleines stehendes Heer (zuerst 6000, zum Schluß 28000 Mann), samt der Steuerhoheit, die er brauchte, um es zu bezahlen. Um welchen Preis! Der brandenburgische Landtagsabschied von 1653 machte die Junker auf ihren Gütern zu kleinen Königen mit eigener Gerichtsbarkeit und Polizeigewalt, und anderswo sah es noch schlimmer aus. Als wir den Großen Kurfürsten oben einen Gefesselten nannten, dachten wir an die Fesseln, die ihm seine »Stände« – vor allem sein Landadel – überall anlegten, und die er vergebens ein Leben lang zu zerreißen suchte, wie Gulliver die Fesseln der Lilliputaner. Dieser Kampf hörte nie auf. Die widerspenstigsten Adligen waren die ostpreußischen, von altersher gewohnt, mit ihren beneideten polnischen Standesgenossen gegen ihren Landesherrn zu konspirieren. 1679 – schon gegen Ende seiner Lebens- und Regierungszeit – ließ der Kurfürst einen von ihnen, den Obersten von Kalkstein, in Warschau ausheben, nach Preußen verschleppen und in Memel köpfen: ein tyrannischer Akt, der aber weniger von tyrannischem Übermut zeugt als von der Verzweiflung eines ewig Frustrierten. Auch seine Nachfolger haben übrigens den Kampf des Königtums gegen den Adel nie gewonnen. Sie haben ihn schließlich beigelegt, und Preußen ist immer auch ein Junkerstaat geblieben. Davon wird später ausführlicher zu reden sein. Ebenso sparen wir uns die Einwanderungspolitik des Großen Kurfürsten für später auf, mit der er eine lange wirkende preußische Tradition gründete.

Aber Preußen, den brandenburgisch-preußischen Großstaat, zu gründen, war ihm eben nicht gelungen – noch nicht gelungen, obwohl er ohne jeden Zweifel der erste gewesen ist, der die Vision eines künftigen Staates klar vor Augen hatte. Er war ein Moses, der das Gelobte Land erblicken, aber nicht betreten durfte. Seine herkulischen Anstrengungen, aus Ohnmacht Macht zu schaffen, waren letztlich vergeblich geblieben: Das war seine Tragödie. Sein Sohn und Erbe fing es anders an.

Dieser Sohn und Erbe, Friedrich, der erste preußische König, ist von den preußisch-deutschen Geschichtsschreibern schlecht behandelt worden – vielleicht ein wenig zu schlecht. Man hat manchmal das Gefühl, daß es ihnen geradezu peinlich ist, als Schöpfer und ersten Träger der preußischen Krone einen so unheroischen König schildern zu müssen. Unheroisch war er. Aber er hatte andere gute Herrschereigenschaften – Eigenschaften, die heute eigentlich sogar höher im Kurse stehen als die heroischen. Er war ein gebildeter Mann, und er hielt einen gebildeten Hof, wovon vorher in seinen rauhen Kolonialländern nicht viel zu merken gewesen war. Daß seine Hauptstadt, vielleicht zuerst immer noch mit etwas ironischem Unterton, den Beinamen »Spree-Athen« erwarb, verdankt sie ihm. Er schmückte Berlin mit seinen ersten berühmten Bauten – dem Schloß, dem Zeughaus,

Gottfried Wilhelm Leibniz, 1646–1716

Königin Sophie Charlotte, 1668–1705

dem Schloß Charlottenburg –, er gründete die Akademie der Künste und die Akademie (zuerst »Sozietät«) der Wissenschaften, er patronisierte Schlüter, und die Königin, eine Intellektuelle, patronisierte Leibniz. Freilich war Friedrich ein Verschwender. Sein Sohn und Erbe, der dann später als König alles ganz anders machte als sein Vater, nannte dessen Hofhaltung »die dollste Wirtschaft von der Welt«. Aber einiges kam bei Friedrichs »doller Wirtschaft« immerhin heraus; ganz unedel war seine Verschwendung nicht.

Dies alles nebenbei. Unser Gegenstand sind nicht die Hohenzollernkönige, sondern es ist der Staat Preußen, und die großzügige Kulturförderung Friedrichs I. interessiert uns höchstens deswegen, weil auch sie eine preußische Tradition begründet hat – und eine oft übersehene. Aber Friedrichs eigentliche Großtat war natürlich die Erwerbung des Königstitels. Sie wurde friedlich und gewaltlos vollbracht, ohne kriegerischen Waffenruhm, durch jahrelange kleinlich-geduldige diplomatische Verhandlungen. Vielleicht spielt sie deswegen eine so bescheidene – man möchte fast sagen: verschämte – Rolle in der preußischen Geschichtslegende, in der ja immer die Trompeten schmettern müssen. Trotzdem ist sie der entscheidende Schritt zu dem gewesen, was der Große Kurfürst ein Leben lang unter heroischen Anstrengungen erstrebt und nicht erreicht hatte: der Verwandlung einer Anhäufung von Mittel- und Kleinfürstentümern in einen Staat.

Friedrich der Große, der an seinem Großvater überhaupt kein gutes Haar läßt, schreibt seinen Königstitel nur der Eitelkeit zu: Aus Eitelkeit habe er eine leere Würde begehrt und erworben, sich den Schein der Macht zugelegt ohne wirklichen Machtzuwachs. Das ist, mit Respekt, ein oberflächliches Urteil. Der Schein ist in der Politik selbst ein Stück Macht, wie übrigens Friedrich der Große sehr wohl gewußt und bei anderen Gelegenheiten auch ausgesprochen hat. Der Nimbus der Unbesiegbarkeit erspart oft Kriege und Schlachten, und wer die Menschen durch den Appell an ihre Phantasie regiert, braucht weniger Gewalt, um sie zu regieren. Der Königstitel war um 1700 ein Zauberwort (so wie heute das Wort »Demokratie«). Das instinktiv erfaßt zu haben, hatte Friedrich I. seinem Vater voraus. Es war ein Einfall. Man mußte darauf kommen.

Freilich lag derartiges seit dem Westfälischen Frieden in der Luft. Dieser Friede hatte die Kaisermacht zerstört, die großen deutschen Fürsten fühlten sich jetzt alle als Könige und wollten sich auch gern so nennen. Andererseits scheuten sie noch davor zurück, sich einfach in ihren Reichsgebieten zu Königen zu machen. Ein König von Brandenburg – das hätte sehr herausfordernd geklungen; immerhin gab es ja noch Kaiser und Reich; auch Könige von Bayern, Sachsen und Württemberg waren um 1700 noch undenkbar, und als sie ein Jahrhundert später, in napoleonischer Zeit, auftauchten, bedeutete das das Ende des Reiches. 1700 war es noch nicht so weit; aber einige der großen Fürstenhäuser fanden einen Ausweg: Sie erwarben ausländische Königskronen. Die sächsischen Wettiner wurden 1697 Könige von Polen und waren damit Könige stillschweigend auch in Sachsen; die hannoverschen Welfen wurden 1715 Könige von England – und damit Könige auch in Hannover. Übrigens – eine historische Kuriosität – hatten ein halbes Jahrhundert früher auch die Hohenzollern eine solche Chance gehabt. Nach Gustav Adolfs Tod hatte es ein Projekt gegeben, seine Thronerbin, die spätere

Königin Christine, mit dem brandenburgischen Thronerben, dem späteren Großen Kurfürsten, zu verheiraten. Wäre das geschehen, so wären die Hohenzollern nicht Könige von Preußen, sondern Könige von Schweden geworden und hätten ein kompaktes schwedisch-deutsches Ostseereich beherrscht; weiß Gott, wie dann alles weitergegangen wäre. Nun, es war nichts daraus geworden, hauptsächlich dank der störrischen Heiratsunlust Christines, die bekanntlich nie heiratete, später katholisch wurde und überhaupt sonderbar war. Jetzt, unter Kurfürst Friedrich, wartete auf die Hohenzollern kein fremder Thron mehr. Aber besaßen sie nicht selber ein fremdes Land? Plötzlich bewährte sich jetzt – man mußte nur darauf kommen –, daß Preußen, Ostpreußen ja seit undenklichen Zeiten, seit 1466, nicht mehr zum Reich gehört, daß es vielmehr jahrhundertelang unter polnischer Oberhoheit gestanden hatte und daß es dem Großen Kurfürsten gelungen war, diese Oberhoheit abzustreifen – sein einziger außenpolitischer Erfolg. In Preußen war Friedrich kein bloßer Reichsfürst, dort war er souverän, und dort konnte er ganz legal zum König werden, so gut wie die Sachsen in Polen und die Hannoveraner in England. Freilich nur »in« Preußen. Darauf legte vor allen Dingen Polen wert, dem ja das andere Stück Preußen, Westpreußen, immer noch gehörte. Einen Anspruch auf Westpreußen wollte es auf keinen Fall sanktionieren.

Die Verhandlungen, die im voraus über die Anerkennung des neuen Königstitels geführt wurden, namentlich mit dem Kaiser und dem König von Polen, waren knifflig und schwierig. Die größten Schwierigkeiten machte dabei – wieder eine historische Kuriosität – der Deutsche Ritterorden. Es gab ihn ja noch! Sein preußisches Land hatte er zwar 1525 (laut protestierend) eingebüßt, aber seine deutsche Ordensorganisation, die auswärtige Rekrutierungsstelle für den Ordensstaat, hatte die Zeit überdauert (erst Napoleon hat den Orden 1809 aufgelöst). Erzkatholisch, hatte der Orden sich mittlerweile eng an das Haus Habsburg angeschlossen (der Hoch- und Deutschmeistermarsch »Wir sind vom k. und k. Infanterieregiment« ist ja heute noch einer der berühmtesten Märsche der österreichischen Armee), und in Wien bot er jetzt seinen ganzen Einfluß auf, um zu verhindern, daß das ketzerische, illegitime, geraubte

preußische Herzogtum der Hohenzollern nun gar als Königreich Anerkennung fand. Vergeblich, wie wir wissen. Am 18. Januar 1701 setzte sich der Kurfürst Friedrich der Dritte von Brandenburg in Königsberg die Krone auf, und jetzt war er Friedrich der Erste, König »in« Preußen.
Das »in« war natürlich ein Schönheitsfehler, aber es galt nur nach außen – ein Zugeständnis, das die kurfürstlichen Unterhändler um der Anerkennung willen hatten machen müssen. Nach innen war Friedrich unangefochten von Anfang an der erste König »von« Preußen – nicht mehr wie zuvor Markgraf hier, Herzog dort und Graf oder Fürst anderswo. Alle seine Länder bildeten jetzt das Königreich »Preußen«, mochten sich Brandenburger, Rheinländer und Westfalen auch nie haben träumen lassen, daß sie plötzlich den Namen dieses weit entlegenen östlichen Landes führen würden. Sie alle waren von jetzt an preußische Untertanen, regiert von königlich preußischen Beamten, garnisoniert von einer königlich-preußischen Armee, und – so ist der Mensch – bald nicht mehr nur darüber murrend, sondern stolz darauf, einem großen, geachteten und gefürchteten Staat anzugehören. Ihr lokaler und regionaler Partikularismus hatte den entscheidenden Knacks bekommen. Friedrich hatte eine wichtige Eroberung gemacht: Als preußischer König hatte er das Bewußtsein seiner Untertanen besetzt. Und erst das ließ seinem Sohn gelingen, woran sein Vater gescheitert war: aus zerstreuten Herrschaften einen wirklichen, funktionierenden Staat zu machen. Diese Aufgabe stand immer noch bevor.
Preußen war immer noch ein Programm. Aber dieses Programm war jetzt proklamiert, im Innern auch schon weitgehend akzeptiert. Das lange Werden Preußens ist am Ziel. Seine Entstehungsgeschichte ist abgeschlossen. Seine Geschichte beginnt.

Die Krone des preußischen Königs

2. KAPITEL

Der rauhe Vernunftstaat

Die zwei großen Könige

Eine militärische Revolution

Königtum und Junkertum

Drei preußische Gleichgültigkeiten

Preußen bekommt einen verschwenderischen König,
und sein Volk feiert ihn mit Saus und Braus

Nach jahrelangen diplomatischen Verhandlungen erwirbt Kurfürst Friedrich III. ohne kriegerische Auseinandersetzung den Königstitel für sich und das Haus Hohenzollern Mit Prunk und Pracht von französischem Ausmaß feiert er am 18. Januar 1701 seine Krönung in Königsberg Friedrich Wilhelm Weidemann malte den ersten Preußenkönig

Wir Friderich von GOttes Gnaden, König in Preussen, Marggraf zu Brandenburg, des Heil. Römischen Reichs Ertz-Cämmerer und Chur-fürst, Souverainer Printz von Oranien, Neufchatel und Valangin, in Geldern, zu Magdeburg, Cleve, Jülich, Berge, Stettin, Pommern, der Cassuben und Wenden, zu Mecklenburg auch in Schlesien zu Crossen Hertzog, Burggraff zu Nürnberg, Fürst zu Halberstadt, Minden, Cammin, Wenden, Schwerin, Ratzeburg, Ost-Frießland und Moers, Graf zu Hohenzollern, Ruppin, der Marck, Ravensberg, Hohenstein, Tecklenburg, Lingen, Schwerin, Bühren und Lehrdam, Herr zu Ravenstein, der Lande Rostock, Stargard, Lauenburg, Bütow, Arlay und Breda, ꝛc. ꝛc. Thun kund und fügen hiermit zu

Der König mit seinem Gefolge

Der rauhe Vernunftstaat

Das »Programm Preußens«, ein Programm staatlicher Festigung und Expansion, 1701 proklamiert, ist im 18. Jahrhundert verwirklicht worden mit einer Pünktlichkeit und Vollständigkeit, die die Zeitgenossen in Erstaunen versetzte. Ja, man kann sagen, daß die beiden preußischen Könige, unter denen das geschah, ihr Soll übererfüllt haben: Friedrich Wilhelm I., »unser größter innerer König«, machte aus der Länderansammlung, die er geerbt hatte, nicht nur einen Staat, sondern gleich den straffsten, modernsten und leistungsfähigsten Militärstaat seiner Zeit; sein Sohn Friedrich, den seine Zeitgenossen »den Großen« nannten (ein Titel, den ihm die Nachwelt nicht hämisch mißgönnen sollte), gab diesem Staat nicht nur endlich den zusammenhängenden Gebietskörper, der ihm bis dahin so offensichtlich fehlte, sondern machte ihn gleich zu einer europäischen Großmacht.

Die Leistungen dieser beiden preußischen Könige sind außerordentlich, im historischen Rückblick nicht weniger, als sie es damals für ihre staunenden Zeitgenossen waren. Und doch trifft es den Kern der Sache nicht, wenn man das klassische Preußen des 18. Jahrhunderts, das da plötzlich wie aus dem Nichts ins Leben trat

Friedrich Wilhelm I. in seinem Selbstbildnis von 1737

und sich dann auf der Landkarte ausbreitete wie ein Ölfleck, einfach als das persönliche Werk dieser beiden Könige darstellt. Der Zeitgeist hat da mitgewirkt – der Geist der Staatsvernunft, der Staatsraison, der damals in ganz Europa herrschend wurde und einen solchen künstlichen Vernunftstaat wie Preußen begünstigte, ja, geradezu nach einem solchen Musterstaat verlangte. Preußen segelte damals vor einem starken Wind. Es war nicht nur neu, es war modern, beinahe könnte man sagen: Es war schick.

Und noch etwas hat mitgewirkt, vielleicht sogar entscheidend: Die schiere Notwendigkeit, der Selbsterhaltungstrieb, der jedem Staatswesen eingeboren ist wie jedem Menschen und der im Fall eines so unorganischen, so zufällig zusammengewürfelten Gebildes, wie es das 1701 proklamierte Königreich Preußen immer noch war, zur Arrondierung und Gebietserweiterung, also zur Eroberung, einfach zwang; und das wiederum zwang zur äußersten Straffung und Zusammenfassung aller Kräfte.

Der Große Kurfürst war daran gescheitert, daß er beides zugleich versucht hatte; sein Enkel und Urenkel waren erfolgreich, weil sie die beiden Aufgaben unter sich aufteilten, und zwar so, wie es die Vernunft, die Staatsvernunft, gebot: Gebietserweiterung, notwendig wie sie war, wenn der Staat Bestand haben sollte, verlangte Macht, und diese Macht mußte erst einmal geschaffen werden. Das besorgte Friedrich Wilhelm I., der »Soldatenkönig«. Friedrich der Große setzte die Macht dann ein – und setzte sie dabei auch gleich wieder aufs Spiel; aber er hatte Glück, er gewann sein großes Spiel.

Weder der Vater noch der Sohn handelten dabei eigentlich aus einem inneren Antrieb, aus der schöpferischen Willkür des Genies, das eine persönliche Vision verwirklicht. Sie handelten vielmehr alle beide unter einem harten Sachzwang, den übrigens auch ihre Mitarbeiter und sogar viele ihrer Untertanen irgendwie empfunden haben müssen; sonst wären die inneren Widerstände viel stärker und der Erfolg wäre weniger durchschlagend gewesen. Sicherlich, man muß sich gerade im Falle Preußen vor mystischen Vorstellungen von historischer Gesetzmäßigkeit und Vorbestimmtheit hüten: An diesem Staat war nie etwas historisch gesetzmäßig vorbestimmt, seine Bestandteile hatte der Zufall zusammengefügt, er war nicht gewachsen, er wurde gemacht. Aber daß er gemacht werden mußte, wenn dieses Zufallsprodukt nicht wieder zerfallen sollte, und daß er sich ausdehnen mußte, um auch nur bestehen zu können: Das lag so sichtlich auf der Hand, für den König wie für den einfachsten Untertanen, daß dagegen nicht anzukommen war. Und insofern kann man, ohne in Staatsmystik zu verfallen, doch sagen, daß die »Idee Preußen«, das »Programm Preußen«, damals eine ungreifbare unpersönliche Macht ausübte (oder war), die Könige wie Untertanen in ihren Dienst zwang.

Gerade die beiden großen preußischen Könige sind dafür das beste Beispiel. Sie haben beide den Dienst an dieser unverschämt fordernden, aber durch ihre Vernunft zwingenden preußischen Staatsidee als etwas Ungesuchtes, Auferlegtes, sogar Persönlichkeitsfremdes empfunden, und sie sind beide durch diesen Dienst in ihrem Charakter verformt und entstellt – oft ins Böse entstellt worden. Friedrich Wilhelm I. zum Beispiel hatte die seltsame Gewohnheit, vom König von Preußen in der dritten Person zu sprechen: »Ich will der Generalfeldmarschall und

Finanzminister des Königs von Preußen sein, das wird dem König von Preußen gut bekommen.« Und diese Tyrannei des Königs von Preußen, der er sich unterwarf, machte aus dem derbfrommen, biederen, polternden, im Grunde gutmütigen Mann selbst einen Tyrannen. Sie bringt das Treibende und Getriebene in seine Lebensäußerungen und seinen Regierungsstil, das Niezufriedene, Gewalttätige, Jähzornige, die wilden Drohgebärden, das Prügelregiment, die Ungeduld, das ewige »Cito! Citissimo!« unter seinen Reskripten. Als irgendwelche Kriegs- oder Domänenräte gegen eine königliche Order Einwände machen, bricht dieser König von Preußen aus: »Die Leute wollen mir forcieren: Sie sollen nach meine Pfeife danzen oder der Deuffel hole mir: Ich lasse hängen und braten wie der Zar und tractiere sie wie Rebellen.« Und dann kommt plötzlich wieder der private Friedrich Wilhelm durch: »Gott ist bekannt, daß ich es ungerne tue und wegen die Bärenhäuter zwei Nacht nit recht geschlafen habe.« Ein Biedermann, den der Staatsdienst zum Wüterich macht.

Das ist Friedrich Wilhelm I. Und nun erst Friedrich der Große! Sein Wort »Der König ist der erste Diener des Staates«, oftmals in verschiedenen Zusammenhängen wiederholt, ist bekannt; weniger bekannt ist, daß es in der französischen Urfassung nicht »serviteur« heißt, wie später manchmal, sondern »domestique« – »le premier domestique de l'Etat«, der erste Hausknecht des Staates. So klingt es plötzlich ganz anders und erinnert an einen anderen Ausspruch Friedrichs, den er ebenfalls in vielen Variationen wiederholt hat: »Wie verabscheue ich dieses Handwerk, zu dem mich der blinde Zufall meiner Geburt verdammt hat!«

Friedrich war von Hause aus ein Schöngeist, ein »Philosoph« (heute würde man sagen: ein Intellektueller) und ein Humanist. Daher in seiner Kronprinzenzeit der furchtbare Konflikt mit seinem Vater, der hier nicht zum hundertsten Mal nacherzählt werden soll. Die Uniform, in seinem späteren Leben seine ausschließliche Kleidung, nannte er anfangs angeekelt einen »Sterbekittel«. Das Flötenspiel, die Kunstliebe, der von aufgeklärter Menschenfreundlichkeit geradezu triefende »Anti-Machiavell«, die enthusiastische Freundschaft mit Voltaire, die sich überstürzenden humanitären Erlasse bei seinem Regierungsantritt – Abschaffung der Folter (mit Ausnahmen), »Gazetten dürfen nicht genieret werden«, »In meinem Staat soll jeder nach seiner Façon selig werden« –: Das ist nicht Maske oder generöse Laune, das ist der eigentliche Friedrich, sein ursprüngliches Wesen. Er opferte es auf, opferte es dem »abscheulichen Handwerk«, zu dem er sich verdammt sah – opferte es, genauer gesagt, der preußischen Staatsraison, die von ihm verlangte, Machtpolitik zu treiben, Kriege zu führen, Schlachten zu schlagen, Gebiete zu raffen, Bündnisse und Verträge zu brechen, Geld zu fälschen, aus seinen Untertanen und seinen Soldaten und nicht zuletzt aus sich selbst das Letzte herauszuholen, kurz und gut, der König von Preußen zu sein. Er verbitterte darüber. Er wurde kein Wüterich wie sein Vater, aber er wurde ein eisiger Zyniker, ein boshafter Quälgeist seiner Umgebung, keinen Menschen liebend, von keinem geliebt, bitter gleichgültig gegen die eigene Person, ungepflegt, unsauber, immer in derselben abgetragenen Uniform, dabei immer noch geistvoll, aber voll eines trostlosen Geistes der Verneinung, im Innersten tief unglücklich; zugleich rastlos tätig, immer im Dienst, immer auf dem Posten, uner-

Kronprinz Friedrich,
gemalt von
Wenzeslaus von
Knobelsdorff

mündlich an seinem verabscheuten Handwerk, ein großer König bis zum letzten Atemzuge – mit zerbrochener Seele.

Kurz vor seinem Tod versöhnt sich der Soldatenkönig mit Friedrich

Wir können uns nicht versagen, ein Zitat aus Friedrichs Werken – 25 Bände, heute unverdientermaßen so gut wie alle ungelesen – anzuführen, das, so scheint uns, einen Blick in das Innerste dieses Königscharakters gestattet. Es stammt aus einem Privatbrief. »Wenn ich nicht von der Vorsehung spreche«, schreibt Friedrich der Große, »so geschieht es, weil meine Rechte, meine Streitigkeiten, meine Person und der ganze Staat mir als zu geringfügige Gegenstände erscheinen, um für die Vorsehung wichtig zu sein; der nichtige und kindische Menschenhader ist nicht würdig, sie zu beschäftigen, und ich denke, daß sie keine Wunder tun würde, damit sich Schlesien lieber in der Hand der Preußen als in der Österreichs, der Araber oder der Sarmaten befände; also mißbrauche ich nicht einen so heiligen Namen bei einem so weihelosen Gegenstand.« So dachte er wirklich, und doch opferte er für diesen weihelosen Gegenstand ungezählte Menschenleben – und in gewissem Sinne auch sein eigenes.

Man kann das zynisch finden

oder auch hinreißend. Friedrich ist, was die Engländer einen »acquired taste« nennen: abstoßend beim ersten Kosten; aber wenn man sich auf ihn einläßt, verfällt man ihm, und er erweckt ein Gefühl, das man nicht Liebe nennen kann, aber das womöglich stärker ist als Liebe. Die früher massenhaft verbreiteten patriotischen und devoten Lobhudeleien, die aus dem »alten Fritz« einen populären Anekdotenhelden machten, wirken nur noch lächerlich, wenn man sich in den wirklichen Friedrich vertieft; aber auch die heute eher üblichen Pamphlete, die an seinem Denkmal kratzen, gleiten auf merkwürdige Weise an ihm ab, er ist über ihren Vermiesungseifer sozusagen hinaus, er hat das alles schon selber gewußt und viel besser; und am Ende bleibt er, wenn alles Schlimmste gesagt ist, faszinierend wie eh und je.

Ähnliches gilt von seinem Staat – seinem und seines Vaters Staat. Etwas von dem Wesen der beiden Könige – von Vater und Sohn – ist in ihn eingegangen. Ein rauher Vernunftstaat, grobgezimmert, ohne den Charme Österreichs, die Eleganz Sachsens, die Urwüchsigkeit Bayerns; man könnte sagen: ein Staat ohne Eigenschaften; und doch, im preußischen Jargon gesprochen, »nicht ohne«. Dieses klassische Preußen erweckt von außen gesehen keine Begeisterung, eher Abneigung, allenfalls Respekt. Aber je näher man es sich ansieht, um so interessanter wird es.

Das Treffendste, was über diesen Staat je gesagt worden ist, steht in einem leider wenig beachteten Buch des schlesischen Germanisten und Slawisten Arno Lubos, »Deutsche und Slawen« (1974). Das Zitat ist lang, aber es lohnt, gelesen zu werden, sogar zweimal, und langsam; jedes Wort trifft ins Schwarze. Lubos betrachtet den preußischen Staat vom Standpunkt der vielen Polen aus, die im letzten Drittel des 18. Jahrhunderts unfreiwillige Preußen wurden. Was er sieht, ist folgendes:

»Preußen präsentierte sich seinerzeit als ein außergewöhnlicher Staat der Disziplin, der Subalternität, des militärischen Exerzitiums, des korrekten Beamtentums, der loyalen Aristokratie, der unbestechlichen, aufgeklärt-humanitären Jurisdiktion, der unterschiedslosen Räson, des perfekten Verwaltungsapparats, des Entsagung fordernden, kalvinistisch und protestantisch geprägten Puritanismus und einer kosmopolitischen und interkonfessio-

Die Entstehung des neuen benachbarten Königstums feiert die Hansestadt Hamburg als gesamtdeutsches Ereignis mit der Ballettoper »Das Höchst-preiszliche Crönungs-Fest Ihr. Königl.-Mayst. in Preussen und Ihr. Churkn Durchl. zu Brandenburg.« Verlorengegangen ist die Partitur von Reinhard Keiser; erhalten geblieben sind die Entwürfe der Festdekorationen von Johann Oswald Harms, einem der bedeutendsten deutschen Bühnenbildner jener Zeit. Geführt von Neptun (Bildmitte vorn) treten alle Flüsse, die durch das Gebiet Preußens fließen, personifiziert auf. Auch zwei Afrikaner wirken mit, sie symbolisieren die erste brandenburgisch-preußische Kolonie an der Goldküste. Die Verherrlichung des Königs gipfelt in einem Feuerwerk mit den Insignien des Herrschers

Die Freie und Hansestadt Hamburg verehrt dem ersten Preußenkönig eine Ballettoper

Der erste preußische König ist zwar ein Verschwender, aber auch ein großzügiger Förderer von Künsten und Wissenschaften. Viele Bauwerke entstehen unter seinem Patronat. Berlin wird »Spree-Athen«. Mit seiner Luxusjacht kann Friedrich I. vor seinem Stadtschloß anlegen. Oranienburg (nächste Seite), benannt nach Luise Henriette von Oranien, der Mutter des Königs, wird für den anspruchsvollen Herrscher umgebaut

»Liburnica«, die Lustjacht König Friedrichs I. auf der Spree vor dem Berliner Schloß

nellen freigeistigen Tendenz. Ein großes Ideenkonglomerat, geschaffen von vier einander sehr unähnlichen Fürsten, bot sich unter dem Begriff der Krone und des Territoriums als Einheit dar. Preußen charakterisierte sich dadurch, daß es – im Gegensatz zu den stammesgebundenen Ländern – staatsbildende und staatsfördernde Maximen hervorbringen mußte und nur durch diese existent war, daß es eine nie verleugnete Differenziertheit besaß und als Gegengewicht ein besonders drastisches Obrigkeitsprinzip entwickelte. Es gab kein preußisches Volkstum, keinen leitbildhaften Vorrang eines ›Kernland‹-Volkstums, keinen einheitlichen Dialekt, keine dominierende Folklore. Das Vielartige konnte geradezu als das Wesentliche angesehen werden, wenngleich um so mehr die verbindende und nivellierende Autorität der Krone und der Staatsorganisation betont werden mußte. Die Autorität leitete sich jedoch nicht aus geschichtlichem und dynastischem Anrecht, sondern reziprok aus der Funktionsfähigkeit des Staatsganzen her, aus der Leistung des Fürstenhauses, der subordinierten Institutionen und der Schichten des Volkes. Der Staat definierte sich durch den Auftrag,

Preußens größte Kanone, gegossen 1704

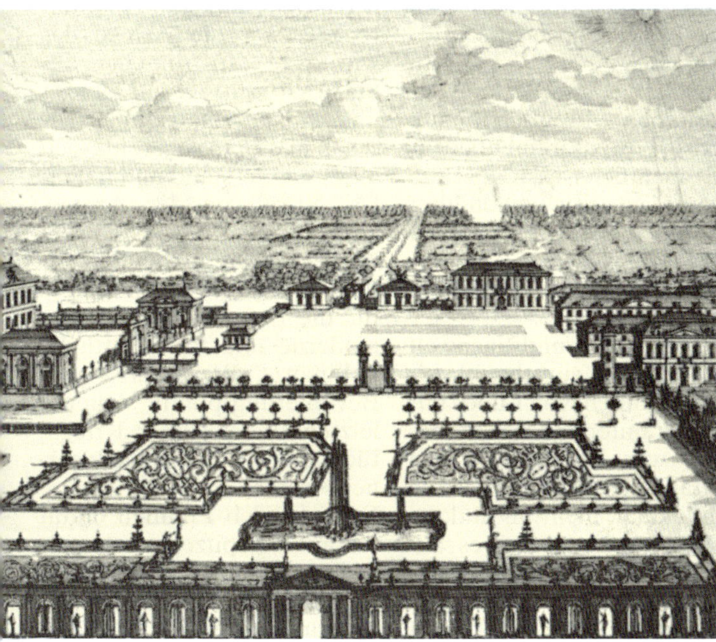

Schloß und Park von Oranienburg

den er jedem gab, sich in ihn einzuordnen und für ihn tätig zu sein. Er verhieß machtpolitischen, wirtschaftlichen, sozialen und kulturellen Fortschritt auf der Basis eines allgemeinen Leistungswillens. Die Verneinung des Leistungswillens ahndete er als eine Gefährdung seiner Existenz. Er verlangte ein totales Bekenntnis, eine absolute Unterordnung und Dienstbereitschaft. Er konzedierte Freiheiten, sofern diese im Staat begründet waren, etwa innerhalb der konfessionellen und volkhaften Vielfalt. Besonders der slawischen Minderheit trug Preußen eine neue Gemeinschaftsgesinnung auf.«

Man kann das Wesen des klassischen Preußen nicht präziser zusammenfassen, und eigentlich ist damit schon alles gesagt. Wir wollen aber doch noch etwas genauer zusehen, wie sich das alles erklärt und wie es im einzelnen dazu kam.

Der für die Mit- und Nachwelt auffallendste Zug des klassischen Preußen, von Lubos nur als einer unter anderen aufgeführt, war bekanntlich sein Militarismus. Preußen war ein Militärstaat, mehr als andere, mußte es sein, wenn es aus seinen unverbundenen Landesteilen einen zusammenhängenden Gebietskörper machen wollte – und das mußte es wollen, die Vernunft seiner Lage gebot es.

»Andere Staaten besitzen eine Armee, Preußen ist eine Armee, die einen Staat besitzt«, schrieb Mirabeau halb spöttisch, halb entsetzt in den Ausgangsjahren Friedrichs des Großen. Das stimmt und stimmt auch wieder nicht. Die preußische Armee hat den preußischen Staat nie »besessen«, sie hat nie den geringsten Versuch gemacht, ihn zu regieren oder seine Politik zu bestimmen, sie war die disziplinierteste Armee der Welt; ein Militärputsch war in Preußen immer undenkbar. Andererseits war die Armee das wichtigste Instrument des Staates, seine Trumpfkarte und sein Herzblatt; für sie geschah alles, um sie drehte sich alles, mit ihr stand und fiel alles. Nicht von der Armee, aber von der Sorge für die Armee war dieser Staat in der Tat »besessen«. Auch seine – für die damalige Zeit hochmoderne und fortschrittliche – Finanz-, Wirtschafts- und Bevölkerungspolitik diente letzten Endes seiner Kriegstüchtigkeit, und das hieß: seiner Armee.

Freilich trieb Preußen damit nur auf die Spitze, was damals in Europa die allgemeine Losung wurde. Der preußische Militarismus war keine iso-

Auf dem Kasernenhof
zu Friedrichs Zeiten

lierte Erscheinung; auch mit ihm hatte das Preußen des 18. Jahrhunderts den Zeitgeist auf seiner Seite. Es zog nur die radikalsten Folgerungen aus der militärischen Revolution, die nach dem Westfälischen Frieden in allen europäischen Großstaaten stattfand.

Die Revolution bestand, kurz gesagt, in der Verstaatlichung des Militärwesens. Vorher, so seltsam uns das heute klingt, hatten die europäischen Staaten keine Armeen besessen – allenfalls königliche Leibgarden und Milizen. Armeen waren Privatunternehmen, und wenn ein Staat eine brauchte, weil er Krieg führen mußte, mietete er sich eine – oft ohne sie bezahlen zu können. Dieses System, unter dem alle die vielen Kriege des 16. und 17. Jahrhunderts bis einschließlich des Dreißigjährigen geführt worden waren, hatte sich auf die Dauer nicht bewährt; im Dreißigjährigen Krieg hatte es sich für die kriegsbetroffenen Länder sogar katastrophal ausgewirkt. Denn die Disziplin der oft unregelmäßig entlohnten Söldnerheere war schwach, und außerdem fehlte ihnen das, was man heute Logistik nennt, die organisierte und gesicherte Versorgung mit dem, was sie brauchten. (Wallensteins Armee bildete in

Soldaten-Typen aus der Zeit Friedrich Wilhelm I.

dieser Hinsicht, wenigstens in ihrer Anfangszeit, eine zukunftweisende Ausnahme.) Sie mußten sich auf eigene Faust von den Ländern ernähren, in denen sie kämpften und kampierten oder durch die sie marschierten, sie »verheerten« diese Länder (daher kommt dieser Ausdruck), und im Dreißigjährigen Krieg richteten sie ganze Landstriche zugrunde.

Nach diesem Kriege verwarf man nun überall dieses System und verfiel vielfach ins entgegengesetzte Extrem. Die Heere, die sich jeder einigermaßen respektable Staat jetzt ein für allemal selber zulegte, bekamen ihr eigenes, ebenfalls staatliches Versorgungswesen, lebten nicht mehr vom Lande, sondern marschierten von Magazin zu Magazin (was ihre Manövrierfähigkeit in den Kriegen des 18. Jahrhunderts stark beeinträchtigte) und wurden der rücksichtslosesten, barbarischsten Disziplin unterworfen, die Soldaten je zu erdulden hatten. Das Prügeln und Spießrutenlaufen in den Armeen des 18. Jahrhunderts (nicht nur der preußischen), erregt heute unser Entsetzen, wenn wir davon lesen. Man muß aber auch die andere Seite sehen: Was die Soldaten jetzt mehr zu leiden hatten, hatten die Zivilbevölkerungen weniger zu leiden. Im Zeitalter der undisziplinierten, unversorgten Söldnerheere war Kriegführen ein ewiges Sengen und Brennen, Rauben, Morden und Schänden gewesen. Damit war jetzt Schluß. Friedrich der Große konnte, ohne sich von der Wahrheit allzuweit zu entfernen, erklären: »Der friedliche Bürger soll es gar nicht merken, wenn die Nation sich schlägt.« Dies keine hundert Jahre nach dem Dreißigjährigen Krieg.

Daß Preußen diese gesamteuropäische militärische Revolution mitmachte, also ebenso wie Schweden, Frankreich, Spanien, Österreich, Rußland ein Militärstaat wurde, war an sich nichts Besonderes. Besonders war dreierlei: erstens die Quantität der preußischen Armee, zweitens ihre Qualität und drittens ihre soziale Zusammensetzung.

Die preußische Armee wurde unter König Friedrich Wilhelm I., dem »Soldatenkönig«, auf eine Friedensstärke von 83 000 Mann gebracht, von seinem Nachfolger sofort, bei Regierungsantritt, auf 100 000 und später im Kriege sogar auf das Doppelte. Das war für ein kleines Land unverhältnismäßig viel, unglaublich viel; große Staaten wie Frankreich, Österreich und Rußland hielten nur wenig größere Armeen. Es erforderte eine spartanische Sparsamkeit (»preußische Sparsamkeit«) in allen anderen Staatsausgaben; vier Fünftel der Staatseinkünfte gingen für die Armee drauf. Das Preußen des Soldatenkönigs opferte bewußt Glanz für Macht, für das »Reelle«, wie sich der König ausdrückte. Seine Hofhaltung wirkte in einer Zeit, die überall sonst auf höfische Prachtentfaltung den größten Wert legte, geradezu bettelhaft, auch für die Kunst- und Kulturentfaltung geschah unter seinem Regiment verzweifelt wenig, und der Kontrast zwischen preußischer Armut und preußischem Militarismus war denn auch in seiner Zeit ein Gegenstand allgemeinen Spotts und Kopfschüttelns in Europa.

Aber das war das wenigste. Mit Sparsamkeit allein waren die Kosten einer so außerordentlichen Militärmacht in einem armen Staat nicht aufzubringen. Nicht umsonst hatte Friedrich Wilhelm sich zum »Generalfeldmarschall und Finanzminister« des Königs von Preußen erklärt. Unter seiner Regierung wurde Preußen das höchstbesteuerte Land Europas, und Friedrich der Große hat später die Steuerschraube noch stärker angezogen und sich damit trotz seines Ruhms, für den

Dem barocken Friedrich folgt Friedrich Wilhelm I., bekannt als »Soldatenkönig« (rechts: sein Reiterportrait von Dismar Degen). An seinem Hof geht es spartanisch zu

seine Untertanen nicht unempfänglich waren, auf die Dauer überaus unpopulär gemacht. Und die hohen Steuern (Verbrauchssteuer oder »Akzise« in den Städten, Grundsteuer oder »Kontribution« auf dem Lande) mußten ja auch eingezogen und eingetrieben werden. Dazu war eine leistungsfähige Finanzverwaltung nötig – eine zahlreiche Beamtenschaft, die nur mit preußischer Sparsamkeit bezahlt werden konnte, aber unbedingt zuverlässig sein mußte, was nun wiederum dazu zwang, sie ihrerseits einer beinahe militärischen Disziplin (und einem quasi-

Friedrich Wilhelm I. mit seinem »Tabakskollegium«

militärischen Ehrenkodex) zu unterwerfen. So zog eins das andere nach sich, der preußische Militärstaat den preußischen Beamtenstaat.
Und ebenso den preußischen Wirtschaftsstaat. Wenn man die teure Armee bezahlen und obendrein noch einen Kriegsschatz ansammeln wollte, mußte man die Bevölkerung hoch besteuern, aber wenn die Steuern etwas einbringen sollten, mußte ja etwas da sein, was man besteuern konnte; eine hungrige Kuh gibt nicht viel Milch. Also trieb der preußische Staat Wirtschaftspolitik, finanzierte und subventionierte in einem für damalige Verhältnisse ungewöhnlichen Maße Manufakturen, ländliche wie Leinen- und Wollweberei (die außerdem nötig war, um die Armee zu bekleiden), städtische wie die berühmte königliche Porzellanmanufaktur in Berlin; gründete eine Staatsbank, kümmerte sich um Landverbesserung und -erschließung (die Trockenlegung des Oderbruchs!) – alles für die damalige Zeit eine hochmoderne, fortschrittliche Politik; auch, nebenbei, eine menschenfreundliche. Sie schaffte ja Arbeit und Brot. Aber eben nebenbei.
Dieselbe kühle »Nebenbei«-Menschenfreundlichkeit beherrschte die preußische Einwanderungs- und Bevölkerungspolitik, von der jetzt etwas ausführlicher gesprochen werden muß; denn damit kommen wir zu einem der Grundzüge des klassischen Preußen, einem Zuge, der ebenso charakteristisch und auffallend ist wie sein Militarismus, nämlich seine beinahe

Entspannung findet er im abendlichen »Tabakskollegium«, bei dem holländische Pfeifen geraucht und derbe Soldatenwitze erzählt werden

Die Aufzählung der Verdienste des Soldatenkönigs liest sich wie die Bilanz eines gesunden Unternehmens. Sanierung des verschuldeten Staates, hohe Steuern, karger Lohn für die Beamten, karge Hofhaltung. Aus der Berliner Charité (rechts: eine Sezierstunde) wird ein öffentliches Krankenhaus und eine Lehrstätte für Mediziner. Nach 27 Jahren Regierung hinterläßt der Soldatenkönig seinem Sohn 10 Millionen Taler in der Kriegskasse

THEATRUM

Kirche der Hugenotten in Berlin

grenzenlose Fremdenfreundlichkeit und seine Aufnahmebereitschaft für Einwanderer und Refugiés. Viele Leute, die den preußischen Militarismus abstoßend finden, sehen hier einen versöhnlichen Zug. Aber in Wirklichkeit hängt beides doch zusammen.

Preußen wurde im 18. Jahrhundert eine Freistatt und ein Rettungshafen für die Verfolgten, Beleidigten und Erniedrigten ganz Europas, fast so wie Amerika im 19. Jahrhundert. Das hatte schon unter dem Großen Kurfürsten angefangen. Als in Frankreich 1685 das Edikt von Nantes aufgehoben wurde, das den französischen Protestanten ein Jahrhundert lang Religionsfreiheit gewährt hatte, antwortete er mit dem Edikt von Potsdam, das die Verfolgten nach Preußen einlud; und sie folgten der Einladung zu Tausenden und waren dankbar dafür. Um 1700 war jeder dritte Einwohner Berlins ein Franzose. Die Refugiés wurden gut behandelt, sie bekamen Wohnungen und Kredite, und sie wurden keineswegs genötigt, ihre Nationalität zu verleugnen, sie bekamen auch ihre französische Kirche und ihr französisches Gymnasium. Alles vorbildlich. Und nützlich. Daß die »französische Kolonie«, die Preußen bis in unser Jahrhundert erhalten blieb, viele Verfeinerungen in Handwerk und Lebensgewohnheiten mitbrachte und dem Staat generationenlang hervorragende Diener und Dichter stellte, ist bekannt.

Die Franzosen blieben nicht die einzigen. 1732, unter Friedrich Wilhelm I., gab es einen anderen Masseneinwanderungsstoß: 20000 Salzburger Protestanten flohen vor der Gegenreformation nach Preußen und wurden im pestentvölkerten Ostpreußen angesiedelt. Und außer diesen spektakulären Massenbewegungen kann man im ganzen 18. Jahrhundert – und schon vorher, seit der Zeit des Großen Kurfürsten – einen ständigen Strom

Der König und die Salzburger

von Emigranten und religiös Verfolgten sich nach Preußen ergießen sehen, Waldenser, Mennoniten, schottische Presbyterianer, auch Juden, sogar gelegentlich Katholiken, denen in strengeren protestantischen Staaten nicht wohl war. Sie waren alle willkommen, und sie durften alle weiter ihre Sprache sprechen, ihre Gewohnheiten pflegen und »nach ihrer Façon selig werden«. Dem preußischen Staat war jeder neue Untertan recht. Er war auch nicht kleinlich, wenn es sich darum handelte, hervorragende Ausländer, die das wünschten, direkt in seinen höheren Dienst zu nehmen. Wir werden später finden, daß die großen Männer der preußischen Reformzeit – Stein, Hardenberg, Scharnhorst, Gneisenau – fast sämtlich von Herkunft Nichtpreußen waren. Und auch das wollen wir hier vorwegnehmend anmerken, daß die Millionen polnischer Untertanen, die sich Preußen gegen Ende des 18. Jahrhunderts durch Eroberung zulegte, in ihrer Nationalität und Religion nicht im geringsten belästigt oder beeinträchtigt wurden. Von »Germanisierung« war im alten Preußen, anders als später im neuen Deutschen Reich, keine Rede. Preußen war kein Nationalstaat und wollte keiner sein, es war ganz einfach ein Staat, nichts weiter, ein Vernunftstaat, offen für alle. Gleiches Recht für alle. Und gleiche Pflichten allerdings; das auch.

Nett wirkt das alles, menschenfreundlich. Und das war es ja auch. Aber Menschenfreundlichkeit war nicht das preußische Motiv bei dieser hochliberalen Einwanderungs- und Bevölkerungspolitik. Menschenfreundlich war man nebenbei. Das Motiv war Staatsraison; und wenn man noch genauer hinsieht, stößt man auch hier wieder auf den »Militarismus«, die übergroße preußische Armee, die alles andere nach sich zog.

Die Armee war teuer, sie fraß den Staatshaushalt auf; also brauchte man höhere Steuereinnahmen; hohe Steuereinnahmen aber verlangten eine wachsende Steuer- und Wirtschaftskraft; also trieb man Wirtschaftspolitik und förderte Wirtschaftswachstum. Wirtschaftswachstum aber verlangte Bevölkerungswachstum. (Menschenkraft durch Maschinenkraft zu ersetzen, so weit war man noch nicht); also trieb man Einwanderungspolitik; und wenn das dann auch noch nebenbei menschenfreundlich war, um so besser. »Menschen achte ich vor den größten Reichtum«, erklärte Friedrich Wilhelm I., und noch deutlicher wurde Friedrich der Große: »Der erste Grundsatz, der allgemeinste und wahrste ist der, daß die wahre Kraft eines Staates in seiner hohen Volkszahl liegt.« In seinem Testament von 1752 (von dem Bismarck später meinte, es müsse auf ewig geheim bleiben) spricht er auch seine Hintergedanken aus: »Ich wünschte, daß wir Provinzen genug besäßen, um 180000 Mann, also 44000 mehr als jetzt, zu unterhalten. Ich wünschte, daß nach Abzug aller Ausgaben ein jährlicher Überschuß von 5 Millionen erzielt würde ... Diese 5 Millionen machen ungefähr die Kosten eines Feldzuges aus. Mit ihnen könnte man den Krieg aus eigenen Einkünften bestreiten, ohne in Geldverlegenheiten zu geraten und irgend jemandem zur Last zu fallen. In Friedenszeiten könnte diese Einnahme zu allen möglichen nützlichen Ausgaben für den Staat verwendet werden.«

So führt in Preußen alles irgendwie zurück zur Armee, und zur Armee müssen auch wir jetzt wieder zurückkehren.

Die preußische Armee war, an der Bevölkerungszahl und Finanzkraft ihres Staates gemessen, unzweifelhaft monströs überproportioniert, aber sie war natürlich zahlenmäßig immer noch kleiner als die Armeen der wirklichen Großstaaten Frankreich, Österreich und Rußland. Daß sie sich später diesen größeren Armeen gewachsen zeigte – in den Schlesischen Kriegen einer einzelnen und im Siebenjährigen Krieg sogar dreien von ihnen zusammen –, bewies eine überlegene Qualität. Das Geheimnis dieser qualitativen Überlegenheit ist nie ganz enträtselt worden, damals nicht und auch heute nicht. Es ist nur zum Teil erklärt durch eine außerordentliche Aufgeschlossenheit der preußischen Generalität für die bescheidenen militärtechnischen Fortschritte, die damals möglich waren. Gewiß, die Preußen waren die

Die »Langen Kerls« sind der Stolz des Soldatenkönigs

Die Todesstrafe wurde an preußischen Soldaten selten vollstreckt

ersten, die den Gleichschritt einführten und den hölzernen Ladestock durch den eisernen ersetzten. Auch die berühmt-berüchtigte Potsdamer Riesengarde kann unter diesem Gesichtspunkt gesehen werden: Größere Reichweite war natürlich im Bajonettkampf von Vorteil, und insofern war die Sammelwut des Soldatenkönigs für »lange Kerls« vielleicht doch nicht nur eine Marotte. Aber das erklärt nicht alles. Taktik und Drill der preußischen Armee waren die gleichen wie die aller anderen, und auch ihre Disziplin, obwohl hart genug, war nicht härter als anderswo. Die Redensart »So schnell schießen die Preußen nicht« bezieht sich nicht auf ihr Schießen im Gefecht – da schossen sie sogar besonders schnell mit ihren eisernen Ladestöcken. Sondern sie schreibt sich daher, daß sie mit dem Erschießen von Deserteuren nicht so schnell bei der Hand waren wie zum Beispiel die Franzosen, die ihre eingefangenen Deserteure gnadenlos vors Peloton stellten, »zu Straßburg auf der Schanz«. In Preußen wurden solche Unglücklichen zwar halbtot geprügelt, aber dann wieder gesundgepflegt, so daß sie wieder dienen konnten. Fürs Erschießen waren sie viel zu wertvoll; preußische Sparsamkeit, auch hier.

Die wirkliche Erklärung für die überlegene Qualität der friderizianischen Armee ist wahrscheinlich eine andere: Man muß sie in ihrer Zusammensetzung sehen, die sich seit den 1720er Jahren zunehmend änderte. Bis dahin beruhte ihre Rekrutierung, wie anderswo auch, ganz und gar auf Werbung; Soldaten waren Söldner, oft Ausländer, oft Asoziale. Daher auch die Häufigkeit der Desertion und die Unmenschlichkeit der Disziplin. Ganz aufgehört hat das im 18. Jahrhundert nie. Geworben – ein besserer Ausdruck ist vielleicht: gepreßt – wurde immer noch, aber in der zweiten Hälfte der Regierungszeit Friedrich Wilhelms I. wurde Werbung (die ja viel Geld kostete und im Ausland viel Ärger machte) durch Aushebung erst ergänzt und dann allmählich mehr und mehr ersetzt.

Das fing ganz unmerklich an. Zunächst wurden nur den einzelnen Regimentern bestimmte Landesbezirke, »Kantone«, zur inländischen Werbung zugewiesen, damit sie sich nicht gegenseitig in die Quere kamen. Dann wurde jedem Kanton ein bestimmtes Rekrutensoll auferlegt, und daraus entwickelte sich, schon unter Friedrich Wilhelm I., ein System, das einer selektiven Wehrpflicht nahekam.

Einer selektiven, durchaus noch nicht einer allgemeinen. Stadtbewohner wurden überhaupt nicht ausgehoben, und auch auf dem Lande gab es zahlreiche Ausnahmen: Handel- und Gewerbetreibende, gelehrte Berufe, grundbesitzende Bauern, Neusiedler, Manufakturarbeiter waren vom Militärdienst ein für allemal verschont, sie hatten anderes für den Staat zu leisten, nämlich Geld zu verdienen und Steuern zu zahlen. Aber gerade die zahlreichen Ausnahmen machten für die Nichtausgenommenen, die zunächst ja nur zur »Werbung« freigegeben waren, das Entkommen schwer, und so wurde die Werbung im Inland nach und nach zur Aushebung und die preußische Armee mehr und mehr zu einer Armee von Landeskindern. Das machte natürlich einen Unterschied für die Kampfmoral.

Es veränderte aber außerdem die ländliche Sozialstruktur Preußens auf charakteristische Weise. (Auch hier zog wieder einmal eins das andere nach sich.) Es bildete einen Zustand heraus, bei dem es allmählich für Bauernsöhne, die nicht Hoferben waren, selbstverständlich wurde, Soldat zu werden. Und für Junkersöhne, die nicht Gutserben waren, Offizier zu werden. Natürlich verstärkte das die Junkermacht: Die Junker wurden jetzt außer Dienstherren ihrer Bauern auch noch ihre militärischen Vorgesetzten. Zugleich entschärfte es den Gegensatz zwischen Königsmacht und Junkermacht: Als Offiziere wurden die Junker Staatsdiener – und fanden Geschmack daran. Umgekehrt fand der Staat Geschmack daran, an den Junkern ein zuverlässiges Offiziersreservoir zu haben.

Friedrich Wilhelm I. hatte noch in der hergebrachten Weise mit seinen »Ständen« in Dauerstreit gelegen (»Stände« hieß in Preußen immer

hauptsächlich »Junker«). Bekannt ist sein Ausspruch anläßlich eines ostpreußischen Steuerstreits: »Ich ruiniere die Junkers ihre Autorität; ich komme zu meinem Zweck und stabiliere die souverainete wie einen rocher von bronce.« Ganz anders Friedrich der Große, der die Junker schließlich sogar ganz und gar steuerfrei stellte: »Denn ihre Söhne sind es, die das Land defendieren, davon die race so gut ist, das sie auf alle Weise meritieret, konservieret zu werden.« Das adlige preußische Offizierskorps wurde also die Brücke, auf der Königtum und Junkertum zusammenfanden: beide jetzt im Staatsdienst, im Dienst eines Militärstaats.
Dieser Friedensschluß zwischen König und »Ständen« ist etwas Bemerkenswertes. Preußen bildete damit im 18. Jahrhundert eine Ausnahme; anderswo spitzte sich der Streit immer noch zu. Freilich hatte der Friede seinen Preis. Mit Recht ist von dem klassischen Preußen gesagt worden, daß der Staat auf zwei ungleichen Beinen stand: In den Städten reichte seine Macht bis zum letzten Bürger hinunter; auf dem Lande nur bis zum Landrat, der, zwar Staatsbeamter, aber immer aus dem örtlichen Adel entnommen, gewissermaßen

Religiöse Toleranz und das auf Zweckmäßigkeit ausgerichtete Handeln des Soldatenkönigs bescheren 20000 Salzburger Protestanten eine neue Heimat in Ostpreußen. Im Salzburgischen wegen ihres Glaubens verfolgt, sind sie in Ostpreußen als Siedler willkommen, da dort die Pest das Land verödet hatte

Der Flüchtlingstreck der Salzburger

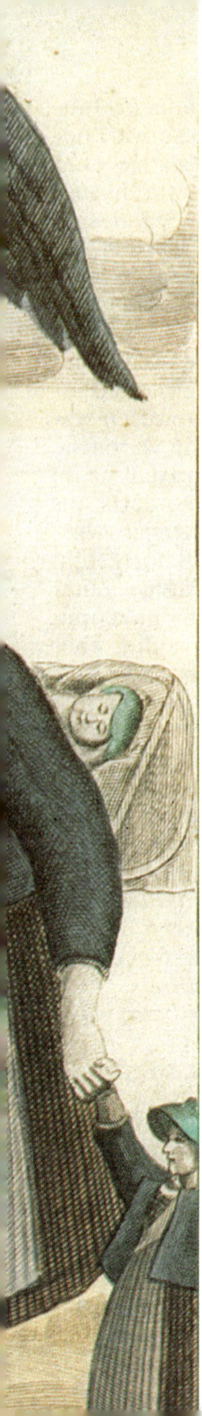

Allegorische Darstellung von Salzburger Bauern, die beim preußischen Adler Schutz suchen

das Gelenk zwischen Staatsmacht und Junkermacht bildete. Unterhalb des Landrats hatte der König auf dem Lande wenig zu bestellen. Auf ihren Gütern regierten die Junker selbst wie kleine Könige.

Es ist auch gesagt worden, daß der preußische Friede zwischen Königtum und Junkertum auf dem Rücken der Bauern geschlossen worden sei. Aber genauer besehen, änderte er für die Bauern im Verhältnis zum Junkertum eigentlich nichts. Ihre Söhne wurden jetzt in der Praxis, wie die Junkersöhne, militärdienstpflichtig. Das war eine neue Last für beide, gab aber auch beiden nach einiger Zeit ein neues Wert- und Ehrgefühl. Im übrigen blieb alles beim alten. Das Verhältnis zwischen Junkertum und Bauern war seit Kolonisierungszeiten das gleiche. Beide waren, oft schon zusammen, Ritter mit ihren Gefolgsleuten, ins Land gekommen und hatten Land genommen oder zugewiesen erhalten, die Ritter ihre Rittergüter, die Bauern ihre Bauernhöfe. Es ist wahr, die Bauernfamilien mußten doppelt arbeiten: selbständig auf ihren eigenen Höfen und dazu noch als Dienstpflichtige auf den Junkergütern. Das war so von Anfang an, und es blieb so bis ins 19. Jahrhundert. Das Bauernleben war hart, in Preußen wie überall. Es ist aber eine bemerkenswerte Tatsache, daß der große deutsche Bauernkrieg des 16. Jahrhunderts vor den Kolonialländern haltgemacht hatte, und daß es auch im 17. und 18. Jahrhundert in Brandenburg und Preußen keinen wahrnehmbaren Klassenkampf auf dem Lande gab, auch keine Massenauswanderung und Landflucht – das alles brach erst nach Steins mißglückter Bauernbefreiung aus, als aus dienstpflichtigen, aber grundbesitzenden Bauern oft freie, aber besitzlose Landarbeiter wurden. Der preußische Adel war im Gegensatz zum französischen, österreichischen oder auch polnischen kein Stadt- oder Hofadel, sondern selbst arbeitender Landadel, von Standespersonen im Reich deshalb oft als »Krautjunker« oder »besserer Großbauer« über die Achsel angesehen. Es gab in Preußen keine Magnaten. Die Symbiose zwischen den Junkern und »ihren« Bauern war eng, der Junker für den Bauern kein ferner anonymer Ausbeuter, sondern ein persönlich bekannter Betriebsleiter; und als solcher meist respektiert, manchmal sogar beliebt. »Leuteschinder« gab es auch; aber daß dieses Schimpfwort gerade in Junkerskreisen zuhause war, bewies zweierlei: daß sie eher eine Ausnahme waren und daß sie von ihren Standesgenossen mißbilligt wurden.

Im ganzen gewinnt man nicht den Eindruck, daß die sozialen Verhältnisse auf dem Lande im Preußen des 18. Jahrhunderts für die Bauern unerträglich gewesen wären; funktionsfähig waren sie auf jeden Fall. Und daß sie im Laufe des Jahrhunderts ins Militärische übertragen wurden, scheint das Selbstgefühl der Bauernsoldaten einer Armee, die sich bald mit Ruhm bedecken sollte, eher gehoben zu haben. Es ist verbürgt, daß die preußischen Grenadiere auf dem Marsch in die Schlacht bei Leuthen sangen (es ist immer ein gutes Zeichen, wenn eine Armee singt), und zwar sangen sie die Choralstrophe:

»*Gib, daß ich tu mit Fleiß, was mir zu tun gebühret,*
Wozu mich dein Geheiß in meinem Stande führet.
Gib, daß ich's tue bald, wann ich es tuen soll,
Und wenn ich's tu, so gib, daß es gerate wohl.«

Das hätte übrigens eine gut passende preußische Staatshymne abgegeben. Der preußische Staat des 18. Jahrhunderts verlangte von seinen Untertanen keine Begeiste-

Der Schwarze Adler,
Preußens höchster Orden

rung, er appellierte nicht an Vaterlandsliebe, Nationalgefühl, nicht einmal an Tradition (er hatte ja keine), sondern ausschließlich an ihr Pflichtgefühl. Der höchste preußische Orden, der Schwarze Adler, von König Friedrich I. am Tage vor seiner Selbstkrönung gestiftet, trug als Umschrift die Worte: »Suum cuique« – »Jedem das Seine«. Ein passendes Staatsmotiv. Vielleicht noch passender, wenn man es übersetzte: »Jedem seine Pflicht«. Der Staat stellte jedem Bürger, vom König bis zum letzten Untertanen, eine Aufgabe, auf deren Erfüllung er ihn streng verpflichtete, und zwar jedem Stand eine andere. Der eine hatte dem Staat mit Geld zu dienen, der andere mit Blut, einige auch mit »Köpfchen«, aber alle mit Fleiß. In der Erzwingung dieser Pflichten war der Staat unnachsichtig. In allem anderen aber war er auch wieder liberaler als jeder andere Staat seiner Zeit – von einer kalten Liberalität, die im Grunde auf Gleichgültigkeit beruhte, was sie für den Bürger nicht weniger wohltuend machte. Wir sind ihr schon bei der preußischen Einwanderungs- und Asylpolitik begegnet. »Jedem das Seine« – das hieß auch: Chacun à son goût; was dem Staat nicht schadet, darin mischt er sich nicht ein. Das extreme Beispiel ist die wahre Geschichte von dem Kavalleristen, der mit seinem Pferd Sodomie getrieben hatte. Sodomie galt im Europa des 18. Jahrhunderts als das so ziemlich entsetzlichste Verbrechen überhaupt, das überall mit verschärfter Todesstrafe geahndet wurde. Friedrich der Große verfügte: »Man versetze das Schwein zur Infanterie.«

Man kann von drei großen preußischen Gleichgültigkeiten sprechen, von denen die erste heutigen Liberalen vorbildlich erscheint, die zweite bedenklich und die dritte eher abstoßend. Der preußische Staat des 18. Jahrhunderts war konfessionell gleichgültig, national gleichgültig und sozial gleichgültig. Seine Untertanen durften katholisch oder protestantisch, luthe-

Sophie Dorothea, Ehefrau des Soldatenkönigs und Mutter von vierzehn Kindern,

empfängt den polnischen König August den Starken in Schloß Monbijou risch oder kalvinistisch, mosaisch oder, wenn sie wollten, auch mohammedanisch sein, das war ihm alles gleich recht, wenn sie nur ihre Staatspflichten pünktlich erfüllten. Ebenso war er national gleichgültig: Sie brauchten nicht Deutsche zu sein; französische, polnische, holländische, schottische, österreichische Einwanderer waren unterschiedslos willkommen, und als Preußen anfing, sich österreichische und polnische Gebiete einzuverleiben, waren ihm Österreicher und Polen als Untertanen genausolieb und wurden genauso behandelt wie eingeborene Preußen. Und er war sozial gleichgültig: Jeder preußische Untertan war seines Glückes Schmied. Wie er mit seinem Leben zurechtkam, war seine Sache. Versorgt wurden allenfalls die Kriegsinvaliden und Militärwaisen, und auch die nicht immer. Friedrich der Große verlangte ausdrücklich gleiches Recht auch für den letzten Bettler – aber eben nur gleiches Recht, nicht Fürsorge. Wenn der Bettler zum Räuber wurde, wurde das gleiche Recht zum Kriminalrecht. Wer im bürgerlichen Leben scheiterte, den konnte man immer noch unter die Soldaten stecken. Wenn er auch dort nicht gut tat, war das um so schlimmer für ihn. Merkwürdig ist nun, daß sich diese »drei Gleichgültigkeiten« im Urteil ihrer Zeit genau umgekehrt darstellten wie im heutigen. Daß Preußen nicht das war, was man heute einen Sozialstaat nennt, wurde von niemandem übelgenommen, es galt als selbstverständlich. Den Sozialstaat gab es im 18. Jahrhundert in Europa noch nicht einmal als Idee. Er wurde erst im späten 19. Jahrhundert erfunden, übrigens von einem spätpreußischen Staatsmann, nämlich von Bismarck. Der Nationalstaat war ebenfalls noch nirgends proklamiert, wenn auch in Frankreich, England, Spanien, Holland und Schweden schon latent vorhanden. Die überaus großzügige Einwanderungs- und Nationalitätenpolitik Preußens fiel immerhin noch nicht völlig aus dem europäischen Rahmen und galt höchstens als Übertreibung einer auch sonst nicht gänzlich unbekannten Praxis. Aber die religiöse Toleranz, die in Preußen herrschte, war im 18. Jahrhundert unerhört und fast skandalös. Mit ihr war Preußen seiner Zeit weit voraus – im Guten, wie heute die meisten sagen werden, im Schlimmen, wie damals die allgemeine Meinung war. Und diese damalige Meinung war insofern nicht ganz unbegründet, als sie richtig herausfühlte, daß die preußische religiöse Toleranz spätestens unter Friedrich dem Großen im Grunde auf religiöse Gleichgültigkeit, man könnte beinahe sagen: auf Religionsverachtung, hinauslief; daß, um noch einmal an Arno Lubos' Resümee des Preußentums zu erinnern, ein ursprünglich protestantisch geprägter Puritanismus in eine »freigeistige Tendenz« überging, für die Gott tot war und der Staat stillschweigend seine Stelle einnahm. Ob nun religiöse Toleranz oder Religionslosigkeit – für ihre Zeit war die preußische Haltung zur Religion etwas mindestens ebenso Außergewöhnliches und Auffälliges wie der preußische Militarismus, und auf sie müssen wir daher, als ein entscheidendes Charakteristikum des klassischen Preußen, jetzt noch etwas näher eingehen.

Ihr Ursprung hat, wie so vieles in der Entstehungsgeschichte Preußens, etwas Zufälliges. Erinnert man sich noch des alten Johann Sigismund (1608–1619), des verfressenen Kurfürsten, von dem Friedrich der Große sagte, daß mit ihm die Geschichte seines Hauses erst interessant zu werden beginne, weil er die großen östlichen und westlichen Erbschaften machte? Mit ihm fing alles an, und zwar hing es mit den westlichen Erbschaften zusammen. Die jülisch-cleveschen Gebiete am Niederrhein, die Johann Sigismund erbte, um die aber sogleich viel Streit entstand (es gab auch andere, konkurrierende Erbansprüche), waren überwiegend kalvinistisch, und Johann Sigismund wünschte die dortigen Kalvinisten für seinen bestrittenen Anspruch zu gewinnen. So trat er persönlich vom Luthertum zum Kalvinismus über. Religiöse Motive mögen dabei mitgesprochen haben; entscheidend waren zweifellos die politischen – wobei man nicht vergessen darf, daß Religion und Politik im 17. Jahrhundert untrennbar verknäuelt waren. Johann Sigismund wagte aber nicht, auch seine brandenburgischen und ostpreußischen Untertanen zu Kalvinisten zu machen. Das hätte unabsehbare Unannehmlichkeiten nach sich gezogen, und er war ein bequemer Herr. So wurde er der erste deutsche Fürst, der auf seine Konfessionshoheit, auf das »cuius regio eius religio« verzichtete, und Brandenburg-Preußen wurde das erste Land, in dem ein Nebeneinander verschiedener Bekenntnisse möglich und unvermeidlich wurde.

Unannehmlichkeiten bereitete auch das: Religiöse und

konfessionelle Toleranz war den Menschen des 17. Jahrhunderts nichts Natürliches, sie mußte von oben erzwungen werden. Daß der Staat ihnen ihre Religion vorschrieb, daran waren sie gewöhnt; daß er von ihnen statt dessen Toleranz verlangte, Duldung eines anderen Glaubens unter ihren Nachbarn, der für sie ein Unglaube war, das kränkte sie in ihren höchsten und heiligsten Gefühlen. Den kalvinistischen Predigern der Zeit Johann Sigismunds wurden in Berlin die Fenster eingeworfen. Den Geistlichen aller Konfessionen mußten die brandenburgischen Kurfürsten und preußischen Könige immer wieder bei strenger Strafe verbieten, von der Kanzel gegen die andersgläubigen Teufelsknechte zu wettern und zu hetzen; der berühmte Berliner Pastor und Dichter geistlicher Lieder, Paul Gerhardt, emigrierte lieber, als sich diesen Gewissenszwang antun zu lassen: ein Märtyrer der Toleranz. Die religiöse Toleranz, die uns heute als ein Ruhmestitel Preußens erscheint, war für seine Untertanen im 17. Jahrhundert und noch lange Zeit, bis ins 18. Jahrhundert hinein, ein harter Zwang, härter und weniger begreiflich als Militarismus, Steuerdruck und Junkerherrschaft.

Anders wurde es erst in der zweiten Hälfte des 18. Jahrhunderts, als die christliche Religion anfing, ihre Kraft zu verlieren und die Aufklärung von oben nach unten ins Volk sickerte. Für diesen Windwechsel des Zeitgeistes allerdings war Preußen nun mit seiner konfessionellen Toleranz bestens gerüstet, es wurde der klassische Staat der Aufklärung, und niemand konnte den neuen Geist glaubwürdiger und imponierender verkörpern als Friedrich der Große, selber ein Freigeist, dessen Spöttereien über die hergebrachte Religion und ihre Einrichtungen manchmal die Grenze des Geschmacks überschritten (zu dem frommen General Zieten, der sich bei Hofe verspätete und sich entschuldigte, er habe das Abendmahl genommen: »Nun, Zieten, haben Sie den Leib Ihres Erlösers gut verdaut?«). Jetzt endlich wurde Toleranz in weiten Kreisen Preußens aus etwas Erzwungenem und widerwillig Hingenommenem zu etwas Erwünschtem und auch dankbar Begrüßtem. Aber zugleich ist nicht zu übersehen, daß sie, wenn nicht geradezu in Irreligiosität, so doch in religiöse Indifferenz überging und daß das Pflichtgefühl gegenüber dem Staat stärker wurde als das gegen Gott.

Wir sind hier auf schwankendem Grunde; die inneren Vorgänge und Sinnesänderungen lassen sich mehr ahnen als belegen. Sicher gab es in den preußischen Provinzen immer noch eine weitverbreitete Volksfrömmigkeit (später, im 19. Jahrhundert, sogar eine religiöse Erweckungsbewegung), aber war diese Frömmigkeit noch eigentlich christlich zu nennen? Man darf nicht vergessen, daß das Christentum spät, sehr spät, in die Länder Preußens gekommen war und oft unter schlimmen Begleitumständen. Kaum katholisch geworden, wurden die Preußen Protestanten; und kaum protestantisch, wurde ihnen eine religiöse Toleranz aufgenötigt, die auch die protestantischen Bekenntnisse wieder relativierte. Darf man sich wundern, daß dort, wo bei älteren Völkern die Religion ihren festen Platz hatte, in Preußen eine gewisse Leere entstand und daß in diese Leere etwas eindrang, was man eine bloße Pflichtreligion oder Staatsethik nennen könnte? Die preußischen Grenadiere, die in die Schlacht bei Leuthen marschierten, sangen noch einen Choral, aber dessen einziger Inhalt war bezeichnenderweise die Bitte um Kraft zur Pflichterfüllung – und die Pflicht, die es zu erfüllen galt, war, eine Schlacht zu gewinnen. Pflichterfüllung wurde in Preußen das erste und oberste Gebot und zugleich die ganze Rechtfertigungslehre: Wer seine Pflicht tat, sündigte nicht, mochte er tun, was er wollte. Ein zweites Gebot war, gegen sich selbst gefälligst nicht wehleidig zu sein; und ein drittes, schon schwächeres, sich gegen seine Mitmenschen – vielleicht nicht geradezu gut, das wäre übertrieben, aber: anständig zu verhalten. Die Pflicht gegen den Staat kam zuerst. Mit diesem Religionsersatz ließ sich leben, und sogar ordentlich und anständig leben – solange der Staat, dem man diente, ordentlich und anständig blieb. Die Grenzen und Gefahren der preußischen Pflichtreligion haben sich erst unter Hitler gezeigt.

Die Vollständigkeit würde jetzt noch gebieten, etwas über die Volksbildung und die Rechtspflege in Preußen zu sagen, die beide, im Vergleich mit heutigen Verhältnissen primitiv, der damaligen Zeit eher voraus waren. Aber wir streben keine Vollständigkeit an. Das Wesentliche über den rauhen Vernunftstaat, zu dem sich Preußen im 18. Jahrhundert machte, ist gesagt, und es bleibt übrig, unsere Eindrücke zu sammeln.

Wie wirkt dieser Staat auf uns? Vor allem natürlich: fremd. Mit unseren heutigen liberalen, demokratischen, nationalen, sozialen, kulturellen Staatsauffassungen hat dieser Staat so wenig gemein, daß man sich manchmal verwundert fragt: Ist das, wovon wir hier reden, wirklich erst 200 Jahre her? Vergessen wir aber nicht, daß das auch von allen anderen europäischen Staaten des 18. Jahrhunderts gilt (und von den außereuropäischen natürlich erst recht). Wer die Vergangenheit an den Maßstäben der Gegenwart mißt, zeigt nur seinen Mangel an historischem Sinn. Es ist ohnehin unfair genug, wenn auch natürlich nicht zu ändern, daß immer nur die Gegenwart die Geschichte der Vergangenheit schreiben kann und niemals die Vergangenheit die heutige Geschichte. Ein Preuße des 18. Jahrhunderts, mit der deutschen Geschichte des 20. konfrontiert, würde über vieles den Kopf schütteln – und über manches die Hände ringen.

Das zweite Gefühl, das die Betrachtung des preußischen Vernunftstaats einflößt, ist zweifellos Respekt vor der Leistung, ja, ästhetisches Vergnügen an dem Kunstwerk, das er darstellt. Wie hier eins aus dem anderen folgt und eins ins andere greift, wie alles sich zusammenfügt und demselben Zweck dient, wie sauber und solide diese rauh zusammengebaute Staatsmaschine funktioniert, und zwar gewissermaßen im Selbstlauf, dank ihrer wohldurchdachten Konstruktion, ohne willkürliche Eingriffe und ohne überflüssige Grausamkeiten, oft sogar mit kühler Menschenfreundlichkeit als Nebenprodukt, das ist wundervoll zu betrachten und erregt das gleiche ästhetische Wohlgefühl wie eine perfekt komponierte Fuge oder ein restlos aufgehender Sonatensatz oder auch wie einer der sinnreichen Mechanismen der industriellen Frühzeit. Es steckt viel Geist in diesem rauhen Staat, und es ist nicht unmöglich, sich für ihn zu begeistern.

Aber irgendetwas meldet sich dann plötzlich, das der Begeisterung Einhalt gebietet. Dieses Etwas ist weniger ein Einwand als eine Frage; die Frage: Wozu das alles? Preußen hielt seine Untertanen zur Pflichterfüllung an, aber welche Pflicht erfüllte es denn eigentlich selbst? Alle mußten der »Idee Preußen« dienen; welcher Idee diente Preußen? Wir entdecken keine; keine religiöse, keine nationale, keine von der Art, die man heute ideologisch nennt. Dieser Staat diente nur sich selbst, diente seiner Erhaltung, die unglücklicherweise, wie die Dinge geographisch lagen, zugleich unvermeidlich auch seinc Vergrößerung bedeutete. Preußen war Selbstzweck; und seinen Nachbarn war es von Anfang an eine Gefahr und eine Bedrohung. Es war wegzudenken; und es ist nicht verwunderlich, daß es von vielen außerdem weggewünscht wurde, schon unter Friedrich Wilhelm I., als er sich so erschreckend stark machte, und dann erst recht unter Friedrich dem Großen, als es von dieser Stärke Gebrauch machte – räuberischen Gebrauch, wie man in aller Objektivität feststellen muß. In den Kriegen Friedrichs des Großen ist das Recht fast immer auf seiten seiner Feinde. Und doch ist der Held dieser Kriege Friedrich, und sein Unrecht verblaßt vor seinen Heldentaten. So ungerecht ist Geschichte manchmal.

Preußen mußte nicht sein. Die Welt konnte es entbehren. Es wollte sein. Niemand hatte dies kleine Land in den Kreis der europäischen Großmächte eingeladen. Es drängte sich auf, und es drängte sich ein. Aber wie es das ein halbes Jahrhundert lang schaffte – mit Geist, List, Frechheit, Tücke und Heroismus –, das ist ein sehenswertes Schauspiel.

Die Religionen setzen dem toleranten Friedrich II. ein Denkmal

3. KAPITEL

Die kleine Großmacht

Die Gunst der Umstände

Die Abenteuer Friedrich des Großen

Ein unterschätzter Preußenkönig

Preußen wird Zweivölkerstaat

Das Lustschloß Sanssouci bei Potsdam mit seinen Parkanlagen, errichtet von Knobelsdorff nach Entwürfen König Friedrichs II.

Kronprinz Friedrich bei Feldarbeiten

Der kunstsinnige und empfindsame Sohn leidet unter dem Drill Friedrich Wilhelm I. 1730 versucht Friedrich, der strengen Erziehung zu entfliehen, wird aber verraten. In Küstrin muß er der Hinrichtung seines Freundes Katte beiwohnen. Der Kronprinz (rechts: sein Portrait von Antoine Pesne) selbst kommt mit einer Kerkerstrafe davon, nachdem sich das Köpenicker Gericht für »unvermögend« erklärt hatte, ein Urteil über ihn zu fällen. Erst in den letzten Lebensjahren des Vaters verbessert sich das Verhältnis zum Sohn

Die kleine Großmacht

Die Taten Friedrichs des Großen sind in großen Zügen auch heute noch bekannt. Er nahm den Österreichern Schlesien weg und den Polen Westpreußen – beides ohne jeden rechtlichen oder moralischen Vorwand – und gab so seinem eigenen Staat, wenigstens in seinem ostelbischen Kernbestand, endlich einen zusammenhängenden Gebietskörper. Seine eigentliche Großtat aber war, daß er seinen schlesischen Raub – denn ein Raub war es – im Siebenjährigen Krieg gegen eine Koalition von drei europäischen Großmächten, Österreich, Frankreich und Rußland, erfolgreich verteidigte; eine Leistung, die eigentlich weit über die Kräfte des immer noch kleinen und ärmlichen Preußen ging und, obwohl am Ende durch einen unvorhersehbaren Glücksfall begünstigt, ans Wunderbare grenzte. Erst diese Leistung, nicht sein auch mit Schlesien und Westpreußen immer noch eher bescheidener Gebiets- und Bevölkerungsbestand, reihte Preußen, wenn auch als letzte und kleinste, in den Kreis der europäischen Großmächte ein. Denn ein Staat, der sieben Jahre lang gegen drei Großmächte unbesiegt Krieg geführt hatte, mußte wohl selbst eine Großmacht sein, so unwahrscheinlich sich das im Falle Preußens immer noch ausnahm.

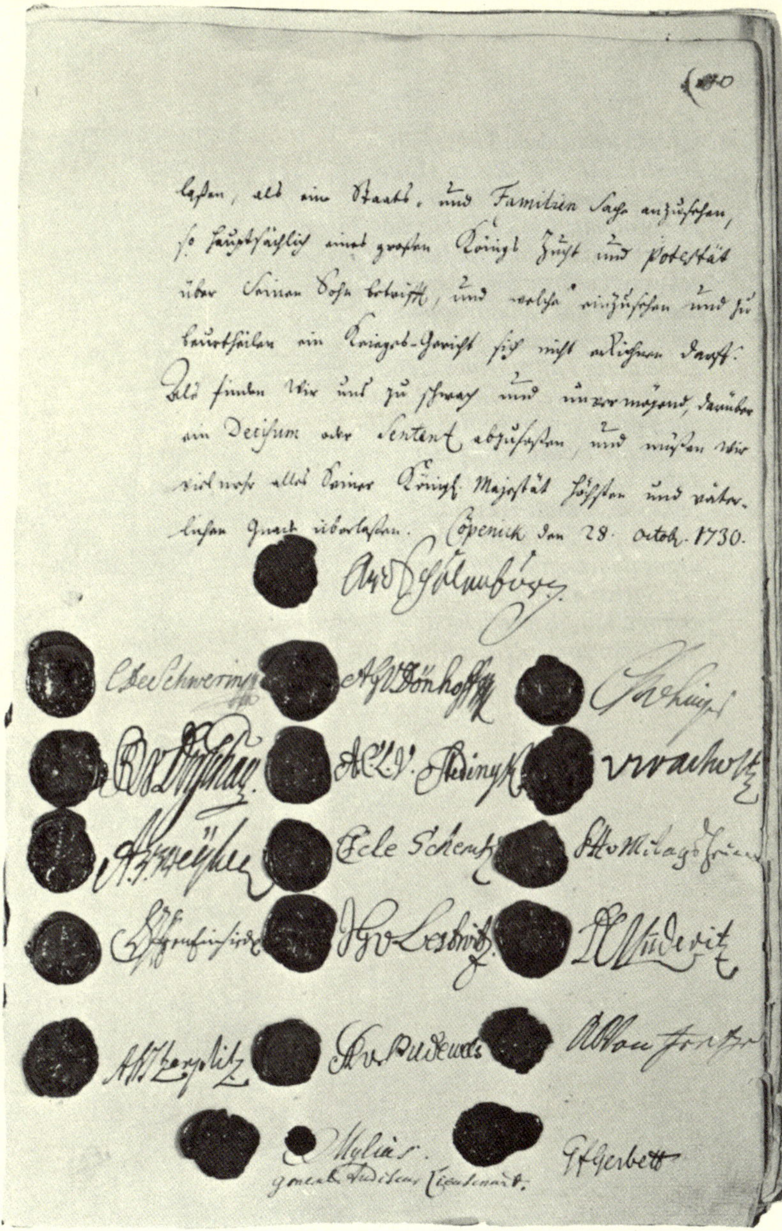

170

lassen, als eine Staats- und Familien Sache anzusehen,
so hauptsächlich eines großen Königs Recht und Potestät
über Seinen Sohn betrifft, und welche einzusehen und zu
beurtheilen ein Kriegs-Gericht sich nicht erkühnen darf.
Als finden Wir uns zu schwach und unvermögend, darüber
ein Decisum oder Sentenz abzufassen, und müssen Wir
vielmehr alles Seiner Königl. Majestät höchsten und väter-
lichen Gnade überlassen. Copenick den 28. Octob. 1730.

Mylius
general Auditeur Lieutenant.

Das Kriegsgerichtsurteil über den Kronprinzen Friedrich vom 28. Oktober 1730

Ohne jeden Anlaß überfällt Friedrich II. 1740 das zu Österreich gehörende Schlesien. Bei Mollwitz (links: Schlachtszene) müssen die Preußen schwere Verluste hinnehmen, der König hat seine Truppen bereits fluchtartig verlassen, als diese unter Führung des Generals von Schwerin die Schlacht doch noch gewinnen. Im Zweiten Schlesischen Krieg vier Jahre später ist es Fürst Leopold von Anhalt-Dessau, der »Alte Dessauer«, der nach arger Bedrängnis den Sieg über die Sachsen bei Kesselsdorf erringt. Für Österreich ist Schlesien zum zweiten Mal verloren

Der »Alte Dessauer« auf dem Feldherrnhügel bei Kesseldorf im Dezember 1745

Ein späterer preußischer Staatsmann, Wilhelm von Humboldt, schrieb 1811, also zu einer Zeit, in der es mit Preußens Größe schon wieder ziemlich aus zusein schien: »Preußen ist mit keinem anderen Staat vergleichbar; es ist größer und will nicht bloß, sondern muß größer sein, als sein natürliches Gewicht mit sich bringt. Es muß also zu diesem etwas hinzukommen ... Zu Friedrichs II. Zeiten war es dessen Genie.«

Darin steckt viel Wahres, aber es ist vielleicht doch nicht die ganze Wahrheit; wobei wir dahingestellt lassen wollen, ob die spezifische Größe Friedrichs mit dem Wort »Genie« ganz richtig bezeichnet ist. Gewiß hat Friedrich durch persönliche Verwegenheit, Willenskraft und Zähigkeit Preußen eine Leistung abgewonnen, die über die bloß materielle Kraft des Landes hinausging und nicht jederzeit wiederholbar war. Aber immerhin hat Friedrich die materielle Machtbasis Preußens ja auch auf Dauer erheblich vergrößert, fast verdoppelt; und immerhin hat sich ja Preußen nach Friedrichs Tod unter Nachfolgern, denen niemand »Genie« zusprechen wird, erst zwanzig Jahre lang als Großmacht behauptet und dann, nach einem allerdings jähen und tiefen Sturz, als Großmacht wiederhergestellt. Es muß also außer Friedrichs persönlichen Eigenschaften und persönlicher Leistung doch noch etwas anderes dazu beigetragen haben, diesem unscheinbaren Staatswesen Großmachtqualität zu verleihen; und dieses andere läßt sich bei näherem Hinsehen auch gut erkennen. Es war zweierlei.

Erstens eine Eigenart des preußischen Staatswesens, die ihm eine besondere Elastizität und Ausdehnungsfähigkeit verlieh, eine Eigenart, die Preußen besser als andere Staaten instand setzte, fremde Gebiete und Bevölkerungen nicht nur zu erobern, sondern nach der Eroberung auch erfolgreich zu assimilieren und zu integrieren.

Zweitens aber Gunst der Umstände: eine ungefestigte, gewissermaßen fließende internationale Mächtekonstellation, die einer Politik des kühnen Zugriffs und des schnellen Richtungswechsels, wie es die Friedrichs war (und wie es auch, was wenig erinnert wird, die seines ersten Nachfolgers blieb), eine mehr als übliche Chance bot.

Auf das erste werden wir am Ende dieses Kapitels ausführlicher zurückkommen, wo wir die Problematik der zweiten und dritten Teilung Polens betrachten werden. Das

Eigentliche Abbildung und wahre Vorstellung des Lagers und scharffen Gefechts; welches zwischen der Preußischen und Oesterreichischen Armee An. 1741. den 10. April bey Molwitz zwischen Brieg und Ohlau, in Schlesien vorgegangen.

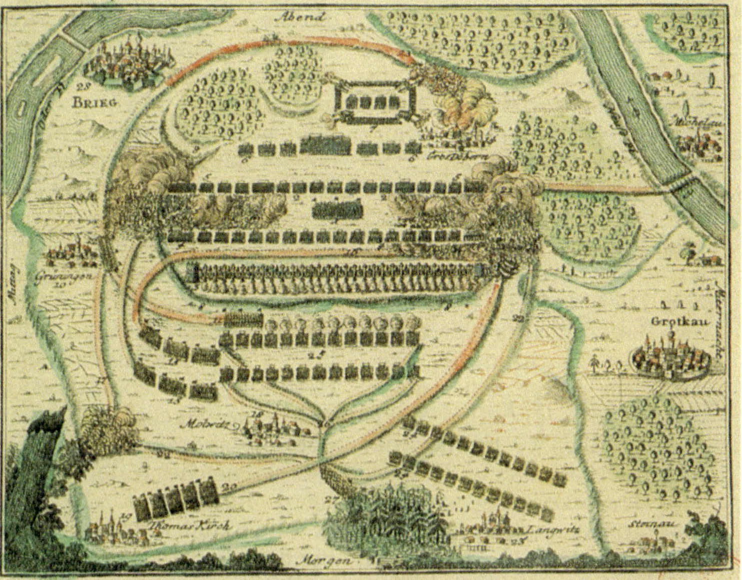

N. 1. der Ort und die Stelle wo sich der König biß zum Angriff befunden. 2. Die Königliche Leib-Garde welche vieles Lob verdienet, ihrer Tapferkeit halben. 3. Die Preußische Artillerie von viertel und halben Carthaunen auch Geschwind-Stücken. 4. Das vördere Treffen. 5. Das mittlere Treffen. 6. Das hintere Treffen. 7. Die Wagenburg. 8. Marästige Gräben, welche dem Feinde eine Falle waren, und von den Preussen mit Schnee zugedecket worden sind. 9. Die Schiff-Brücke worüber die Preußische Armee paßiret. 10. Hierinnen hatten die Oesterreichischen Husaren ihr Quartier. 11. Ruckten die Husaren aus dem Dorfe und stellten sich gegen die Preussen in der Fronte. 12. Da die Husaren der Preussen Lunten rochen, ergaben sie sich auf Flucht, und fasten bey ihrem Quartier Posto. 13. Wie die Husaren unter währendem Treffen sich hinunter ziehen, in die Bagage einfallen, und grossen Schaden machen. 14. Das Dorf, so die Husaren unter währender Action geplündert, und in Brand gestecket. 15. Die 6. Oesterreichischen Regimenter Cavallerie vom rechten Flügel, welche, weilen niemand vorhanden, ein dreymaliges General-Salve aushielten, und durch der Preussen Eindringen den lincken Flügel ausmachten. 16. Der heldenmüthige und sehr tapfere Angriff der Cavallerie, unter Anführung des Herrn General-Feld-Marschall-Lieutenants, Baron von Römer, wie sie der Preussen rechten Flügel attaquiren, auch etliche Stücke erbeutet, und sie wider die Feinde brauchten, deren Reuterey zu Grunde richteten, biß auf den lincken Flügel verfolgten, und bis an die Stelle des Königs drungen, doch aber von der Königl. Leib-Garde zuruck geschlagen, und sich zu retiriren gezwungen wurden. 17. Wie sich die Cavallerie durch das immerwährende Feuer der Preussen zurück ziehet, und gegen Neiß unter die Stücke begiebet. 18. Haupt-Quartier der 6. Regimenter vom rechten Flügel, unter Herrn General Römer, als Althan, Seher, Hohenembs, Römer, Lanthieri, Birckenfeld. 19. Das Quartier der andern 5. Regimenter Cavallerie auf den lincken Flügel, nemlich: Lichtenstein, Cordua, Bathiani, Zollnern und Alt-Würtemberg. 20. Der 5. Regimenter Cavallerie vom lincken Flügel Anmarsch. 21. Der ungemeine Angriff und glückliche Attaque der 5. Regimenter vom lincken Flügel, unter Anführung des Hrn. General-Feld-Marschall-Lieut. Baron von Berlichingen. 22. Wie sich die Oesterreichische Cavallerie zu retiriren genöthiget siehet, und von den Preussen unter vielen Blut-Vergiessen gegen Neiß zu, wendet. 23. Das Quartier, wo die Oesterreichische Infanterie und Artillerie lag. 24. Der sämtlichen Infanterie und Artillerie schneller Anmarsch gegen die Preussen. 25. Die Stellung und der Ort wo die Oesterreichische Infanterie und Artillerie zu fechten anfieng. 26. Wie sie durch der Preussen unzertrennlich geschlossene Glieder, und erschröckliches Feuer, welches, wie ein immerwährendes Donner-Wetter war, sich retiriren musten. 27. Der Wald, wo sich die Oesterreichischen Völcker zu verbergen trachten, da hingegen die Königlich-Preußische Armee bey Molwitz auf der Seite stehend geblieben, und den andern Tag Grotkau und andere Städte wiederum besetzet hat. 28. Darauf die Vestung Brieg berennet, und zur Ubergabe aufgefordert. Der preißwürdigste König, welcher einen ungemeinen Helden-Muth bewiesen hat, ohngeachtet etliche Kugeln vom Cuiraß abgesprungen, deñoch jederzeit in dem grösten und stärcksten Feuer sich finden lassen, auch bey Weichung seines rechten Flügels, ihnen zugeruffen: O ihr Brüder und Kinder, rettet doch der Preussen Ehre, und euers Königs Leben; welches auch so viel gefruchtet, daß die Preußische Armee nicht nur desperat gefochten, sondern auch die Oesterreichischen Völcker glücklich aus dem Feld geschlagen.

zweite aber muß man im Auge haben, wenn man den Erfolg Friedrichs des Großen verstehen und nicht nur kopfschüttelnd bestaunen will.
Preußen ist in seiner Entstehung und in seinem Aufstieg zur Größe ganz und gar ein Kind der europäischen Epoche zwischen dem Westfälischen Frieden und der Französischen Revolution. In keiner anderen hätte ein Staat wie Preußen eine so unerhörte Karriere machen können. Diese Epoche kann man das Pubertätsalter der europäischen Machtpolitik nennen, ein Alter der wilden Triebe und der tollen Streiche. In ihr wechselten die Machtverhältnisse in Europa so kaleidoskopartig wie niemals vorher und nachher.
Vorher hatte es in Europa (ebenfalls anderthalb Jahrhunderte lang und übrigens merkwürdig ähnlich wie heute) nur zwei wirkliche Mächte gegeben, in deren offenen oder latenten Dauerkonflikt sich alle anderen einordnen mußten: Habsburg und Bourbon. Nachher, vom Ende der napoleonischen Krise bis zum Ersten Weltkrieg, lebte Europa in einem stabilen, sorgfältig im Gleichgewicht gehaltenen Fünfmächtesystem. Aber zwischen 1648 und 1789 ging es in Europa zu wie in einem Spielsaal. Der Erdteil glich 140 Jahre lang einer Machtbörse, an der die Kurse ununterbrochen schwankten. Ständig wurde irgendwo Krieg geführt. Krieg war in diesem Zeitalter fast der Normalzustand, allerdings (dank der militärischen Revolution, die wir im vorigen Kapitel beschrieben haben) ein einigermaßen erträglicher Normalzustand, in dem der friedliche Bürger fast wie im Frieden weiterlebte. Nur die Armeen führten Krieg. Daß Provinzen und Länder ihre Herrschaft wechselten, war bei so vielen Kriegen nichts Besonderes, ebensowenig, daß neue Mächte aufkamen und alte absanken.
Das Deutsche (oder Römische) Reich war seit dem Westfälischen Frieden ein lebender Leichnam geworden, in dessen verwesendem Körper Gebilde wie Bayern, Sachsen, Hannover und eben auch Brandenburg-Preußen ein kräftiges Eigenleben entfalten konnten. Als Macht zählte das Reich überhaupt nicht mehr. Zu den beiden alten Hauptmächten, Frankreich und Österreich, traten aber zwei neue, England und Rußland. Drei alte Mächte – Spanien, Polen und die Türkei – verloren an Kraft und Gewicht und wurden allmählich aus erobernden und beherrschenden Größen zu Objek-

Elisabeth Christine von Braunschweig, Ehefrau Friedrichs des Großen

ten fremder Politik. Zwei neue, allerdings verdächtig schmalbrüstige Mächte – die Niederlande und Schweden – stiegen vorübergehend zu Großmächten auf, konnten sich aber auf dieser Höhe nicht lange halten. Als sie schon wieder im Absinken waren, erschien schließlich ein noch neuerer, noch krasserer Außenseiter auf der Szene, und der hielt sich, gegen alle Wahrscheinlichkeit: Preußen.

Vor diesem Hintergrund nimmt sich Friedrichs Länderraub nicht ganz so kraß aus, als wenn man ihn an heutigen Auffassungen mißt. Friedrichs Preußen tat in Schlesien und Westpreußen schließlich nichts anderes, als Frankreich im Elsaß, Schweden in Pommern, Bayern in der Pfalz und andere anderswo getan hatten oder taten. Es hatte außerdem wenigstens im Falle Westpreußen die Entschuldigung, daß Preußen dieses Verbindungsstück zwischen Pommern und Ostpreußen wirklich brauchte – ein Blick auf die Karte zeigt das.

Schlesien allerdings brauchte es nicht. Mit der Wegnahme Schlesiens stieß Preußen in Gebiete vor, in denen es eigentlich nichts zu suchen hatte; Schlesien sprang immer wie eine lange Nase aus der brandenburgisch-pommersch-preußischen Gebietsmasse im Norden heraus. Es hatte seit Jahrhunderten unter der böhmischen Krone zu Österreich gehört, und seine Wegnahme war eine krasse Herausforderung an Österreich. Den Raub Schlesiens hat Österreich denn auch nicht verziehen – mindestens ein halbes Jahrhundert lang nicht, und im tiefsten Herzen wohl nie. Und vergessen wir nicht: Österreich war und blieb noch lange eine weit größere und stärkere Macht als Preußen. Mit seiner Dauerfeindschaft lud Friedrich seinem Staat eine schwere Hypothek auf, die den schlesischen Landgewinn reichlich aufwog.

Warum tat er das? Es war bekanntlich so ziemlich das erste, was er tat. Im Sommer 1740 war er auf den Thron gekommen. Im Dezember bereits beorderte er seine Armee nach Schlesien, »zum Rendezvous des Ruhms«. Warum?

Die vagen Erbansprüche, die er auf ein paar kleine Teile Schlesiens allenfalls geltend machen konnte, waren zu fadenscheinig, um als Motiv, geschweige denn als Rechtfertigung ernsthaft in Frage zu kommen. Er selbst hat nichts davon hergemacht. Wenn man seine eigenen Erklärungen aus den Jahren 1740/41 liest, können einem die Haare zu Berge stehen: »Die Genugtuung, meinen Namen in den Zeitungen und später in der Geschichte zu wissen, hat mich verführt« – so 1740 in einem Brief. Und ein Jahr später, in einem Entwurf für die »Geschichte meiner Zeit«: »Der Besitz schlagfertiger Truppen, eines wohlgefüllten Staatsschatzes und eines lebhaften Temperaments: das waren die Gründe, die mich zum Kriege bewogen.« Aber das darf man nicht ganz ernst nehmen. Selbstironie und Selbstverspottung gehörten zu Friedrichs Eigenarten. Seine wirklichen Kriegsgründe, obwohl opportunistisch genug, waren denn doch etwas seriöser. Was ihn »verführte«, war eine einmalig günstige Gelegenheit.

Der regierende Habsburger war im Oktober ohne männliche Nachkommen gestorben. Die Thronfolge seiner Tochter Maria Theresia ließ sich anfechten – mindestens ließ sich für ihre Anerkennung ein Preis herausschlagen; zum Beispiel Schlesien! Und warum nicht gleich doppelt sicher gehen, indem man sich den geforderten Preis zunächst einmal nahm, um dann als Besitzender darüber zu verhandeln? Auch dazu war die Gelegenheit günstig, denn

Schlesien war 1740 von allen österreichischen Truppen entblößt, und seine Besitznahme war ein militärischer Spaziergang. Österreich hatte gerade erst einen nicht sehr glücklichen Türkenkrieg durch einen nicht sehr glücklichen Frieden beendet, und »nach diesem Friedensschluß befand sich das österreichische Heer in einem gänzlich zerrütteten Zustandc ... Das Heer war sowohl aufgerieben wie entmutigt. Nach dem Frieden blieb der größte Teil der Truppen in Ungarn.« So Friedrich in der »Geschichte meiner Zeit«. Österreich bot sich also für den Augenblick im Zustande sowohl der politischen Erpreßbarkeit wie der militärischen Wehrlosigkeit dar – und einer solchen Gelegenheit, für sein Land einen gewaltigen Gebietszuwachs herauszuschlagen, konnte Friedrich nicht widerstehen.

Moralisch ist das nicht, und politisch weitsichtig kann man es auch nicht nennen. Aber so wurde im 18. Jahrhundert Politik gemacht, nicht nur von Preußen. Bezeichnend ist, daß in dem sogenannten Österreichischen Erbfolgekrieg, den Friedrichs Handstreich auslöste, nicht etwa das überfallene Österreich, sondern das angreifende Preußen sofort Verbündete

Maria Theresia, von 1740–80
Deutsche Kaiserin

fand: Frankreich, Bayern und Sachsen. Sie alle wollten sich nun ebenfalls die momentane Schwäche Österreichs zunutze machen. Daß Preußen diese Schwäche zu einem unbemäntelten Landraub benutzt hatte, schreckte sie keineswegs davon ab, mit ihm gemeinsame Sache zu machen. Offensichtlich fanden sie nichts dabei.

Es war im Gegenteil Friedrich, der seine Verbündeten anderthalb Jahre später kaltlächelnd wieder im Stich ließ. Jetzt nämlich war Österreich so hart bedrängt, daß es sich notgedrungen irgendwo Luft machen mußte, und das ging am leichtesten, wenn es Schlesien den Preußen fürs erste überließ. Friedrich seinerseits

Anekdoten aus dem Leben Friedrichs des Großen: Die Blätter der Kupferstecher spiegeln in ihrer volkstümlichen Darstellung die Bewunderung der einfachen Leute wider. Sie nennen ihn liebevoll den »Alten Fritz« und schaffen sich so noch zu seinen Lebzeiten ein eigenes, verklärtes Bild von ihrem zynischen König

Der Soldatenkönig zieht den Degen gegen den widerspenstigen Sohn. Ein General wirft sich dazwischen

Bei einem Ritt durch Potsdam schlichtet Friedrich II. den Streit zwischen einem Bäcker und einem Bauern

Mit dem Kommando »Kehrt Marsch!« weist der »Alte Fritz« Soldaten ab, die eine Beschwerde loswerden wollen

Ein Diener gesteht seinem Herrn, daß er ihm Gift in die Schokolade gemischt hat

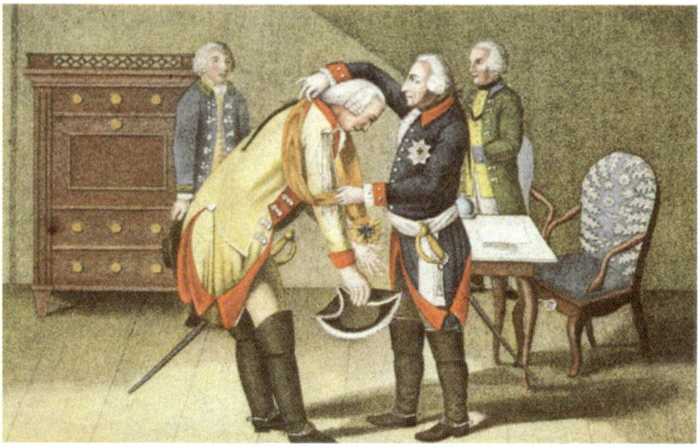

Der »Alte Fritz« verleiht dem »Alten Dessauer« für seine Verdienste den »Schwarzen-Adler-Orden«

»Ich bin zu Tode erschöpft«, sagt der König, »weil ich zwei Weiber am Hals habe« (Maria Theresia, Zarin Elisabeth)

Auf dem Marsch nach Torgau begegnet Friedrich II. einer Frau, die ihr Kind in einer Scheune zur Welt gebracht hat

Der Feldherr schläft im Schoße eines Soldaten. Rührszene aus dem Siebenjährigen Krieg

Ein Kind will seinen Ball zurückhaben, der unter den Schreibtisch des Königs gerollt ist

Attentat auf den König, aber der Schuß verfehlt sein Ziel.
Den Schützen hat der Mut verlassen

Friedrich II. und Voltaire promenieren im Streitgespräch unter den Kolonnaden von Sanssouci

In seinem Hut bietet ein Offizier dem erschöpften König Wasser zum Trinken an

fand, daß seine Verbündeten anfingen, übermächtig und etwas unheimlich zu werden. Da er selber von Österreich nichts weiter wollte als Schlesien, fand er sich ohne Skrupel zum Sonderfrieden bereit, als es ihm Schlesien, wenn auch nur provisorisch, nicht mehr streitig machte. Und dann, als nunmehr Österreich gegen die durch Friedrichs Abfall geschwächte Koalition wieder die Oberhand gewann, brach Friedrich ebenso kalt, wie er ihn gemacht hatte, auch wieder den frisch abgeschlossenen Frieden und nahm den Krieg wieder auf (1744) – ein siegreiches Österreich hätte ihm ja Schlesien wieder abnehmen können! –, nur um sein Bündnis mit der Koalition 1745 zum zweiten Mal zu brechen, als Österreich zum zweiten Mal über Schlesien klein beigab. Der Österreichische Erbfolgekrieg endete schließlich 1748, nach acht Jahren, ergebnislos für alle Beteiligten – außer für Preußen, das schon drei Jahre früher aus dem Kriege heraus war und sein Schäfchen im trockenen hatte. Ein französischer Diplomat bemerkte damals enttäuscht und witzig: »Nous avons tous travaillé pour le roi de Prusse.« Daher stammt dieser Ausdruck.

Und so wurde damals Politik gemacht. Friedrichs schlesische Politik war unzweifelhaft skrupellose Machtpolitik, aber skrupellose Machtpolitik war der Stil der Zeit. Das wird noch deutlicher bei der sogenannten ersten polnischen

Teilung, bei der er sich, 32 Jahre später, als seinen Anteil Westpreußen nahm. Daß 1772 drei Großmächte im tiefsten Frieden übereinkamen, sich von einem zwischen ihnen liegenden schwächeren Lande einfach drei passende Stücke abzuschneiden, klingt in heutigen Ohren ungeheuerlich. Daß es damals nicht so empfunden wurde, sieht man aber schon daran, daß es diesmal eben drei waren, die auf Beute ausgingen – nicht, wie einst im Falle Schlesien, ein einzelner. Die drei, Rußland, Preußen und Österreich, fanden ihr Vorgehen offenbar übereinstimmend vollkommen in Ordnung, und keine andere Macht fand es so ungewöhnlich oder empörend, daß sie sich bemüßigt gefühlt hätte, dazwischenzutreten. Ob die Idee von Rußland oder von Preußen ausging, darüber wird heute noch gestritten. Jedenfalls waren sich beide rasch einig, und Maria Theresia von Österreich, die zuerst noch einige Skrupel gehabt hatte, beteiligte sich dann doch ebenfalls, um nicht leer auszugehen. Friedrichs Kommentar: »Sie weinte, aber sie nahm.«

Ein charakteristischer Kommentar. Friedrich der Große war ein Zyniker. Er war nicht skrupelloser als andere Politiker seiner Zeit, aber er unterschied sich von ihnen dadurch, daß er seine Skrupellosigkeit nicht bemäntelte. Im Gegenteil, er gefiel sich geradezu darin, die Dinge, die er tat (und die auch andere taten), offen beim häßlichsten Namen zu nennen – schwer zu sagen, ob aus Koketterie oder aus einer Art von innerlicher Verzweiflung über »sein abscheuliches Handwerk« (wiederum sein eigener Ausdruck). Er hatte unzweifelhaft einen mephistophelischen Zug. Ob man das abstoßend findet oder auf eine gewisse Weise eher anziehend, ist Geschmackssache. Es gibt ja nicht wenige Faustleser, die Mephisto sympathischer finden als Faust und ihm innerlich Beifall spenden, wenn er Fausts ewige metaphysische Tiraden mit einem zynischen Witz auf ihren meist höchst irdischen Kern reduziert. Aber als Politiker gab sich Friedrich mit seinem mephistophelischen Zynismus ein Handicap, und zusammen mit seiner Verwegenheit hat es ihm im Siebenjährigen Krieg fast den Hals gebrochen. Er war kein Meisterpolitiker. Seine Größe liegt anderswo.

Wir haben vorhin hinter den Ausdruck »Genie«, mit dem Wilhelm von Humboldt Friedrich den Großen charakterisierte, ein vorsichtiges

Eine Berlinerin wirft russischen Gefangenen Münzen zu. Radierung von Daniel Chodowiecki

Im Siebenjährigen Krieg kämpft Preußen gegen die große Koalition Österreich–Frankreich–Rußland, überdies gegen Sachsen, Schweden und das Deutsche Reich. Es ist der erste militärische Auftritt der neuen Großmacht Rußland außerhalb der eigenen Grenzen. Die Russen besetzen Ostpreußen, die Neumark und vorübergehend sogar – zum ersten Mal – Berlin. Sie liefern Friedrich die blutigste Schlacht des Krieges bei Zorndorf und bereiten ihm zusammen mit den Österreichern seine schwerste Niederlage bei Kunersdorf. Der Tod der Zarin und der Bündniswechsel ihres Nachfolgers retten Preußen aus höchster Not. Nach dem Kriege sucht und findet Preußen enge Verbindung mit Rußland. Friedrich: »Es lohnt sich, die Freundschaft dieser Barbaren zu kultivieren.«

Fragezeichen gesetzt. Friedrich war geistreich, einfallsreich und vielseitig, begabt nicht nur politisch und militärisch, sondern auch literarisch und musikalisch. Aber ein Genie war er eigentlich auf keinem Gebiet; eher ein hochbegabter Dilettant auf ungewöhnlich vielen. So wenig seine durchaus respektablen Kompositionen an Bach und seine – immer noch höchst lesenswerten – Schriften an Voltaire heranreichen, so wenig hatte er als Politiker und Stratege die »geniale« Tiefenschärfe des Einblicks und Durchblicks und die gemessene Sicherheit des Zugriffs, die die Größten auszeichnet. Im Gegenteil: Friedrich war, jedenfalls in der ersten Hälfte seiner langen Regierung, wieder und wieder ein ausgesprochener Hasardeur.
Er hat sich in dieser Zeit den Doppelruhm des erfolgreichen Staatsmanns und des siegreichen Feldherrn erworben. Für die Deutschen des späteren preußischen Kaiserreichs schien er sozusagen Bismarck und Moltke in einer Person. Aber gerade der Vergleich mit Bismarck und Moltke fällt, wenn man ihn einmal ernsthaft anstellt, für Friedrich ungünstig aus. Bismarcks Kriege und Moltkes Feldzüge, was immer man

sonst über sie denken mag, sind durchweg Meisterstücke der Planung und Durchführung. Bismarck hat nie einen Krieg angefangen, ohne vorher den Gegner sorgfältig zu isolieren und ins Unrecht zu setzen. Friedrich hat sich in seinen drei Schlesischen Kriegen unbekümmert selbst ins Unrecht gesetzt; im Fall des Siebenjährigen Krieges hat er geradezu tollkühn aus eigener Isolation heraus eine weit überlegene Koalition angegriffen, an deren Zustandekommen er überdies alles andere als unschuldig gewesen war. Bismarck wußte bei jedem Krieg von Anfang an, wie er mit Vorteil wieder zum Frieden gelangen konnte; Friedrich nie. Er »ließ es darauf ankommen«.

Friedrich II. in der Schlacht bei Kunersdorf

Und wie der Staatsmann, so der Feldherr. Moltkes Feldzüge sind methodisch durchgerechnete, wohlerwogene Operationen. Friedrichs Schlachten sind, mit wenigen Ausnahmen, strategische Improvisationen, nicht selten verzweifelte Wagnisse. Das gibt ihnen, wenn es gut ging, einen besonderen Glanz; aber es ging nicht immer gut, und wenn es schlecht ging, waren die Folgen schrecklich. Nach Kunersdorf (1759) war Preußens Lage kaum weniger verzweifelt als 47 Jahre später nach Jena. Warum der Staat

Schraubtaler von 1763: Die bemalten Papierblättchen mit Episoden aus dem Siebenjährigen Krieg waren in die aufschraubbare Münze gelegt

Torgau
Freyberg
Leipzig
Schweidnitz
Strehla
Colberg

Im Friedensvertrag von Hubertusburg, nach siebenjährigem Krieg in wenigen Tagen ausgehandelt, wird Preußen das eroberte Schlesien zugesprochen. Preußen ist jetzt, nachdem es sich gegen drei Großmächte behauptet hat, selbst Großmacht. Bei der ersten Teilung Polens 1772, für die keine der beteiligten Mächte eine Rechtfertigung hat, kann es mitsprechen und erwirbt Westpreußen mit dem Netzegebiet und das Ermland

Leopol
Cracovia
Sieradz
Rava
Leczyca
Varta Fl.
Posna
Luck
Brzesc
Varsovia
Gnesna
Bug Fl.
Vistula
Thorn
Netze Fl.
Novogrodek
RUSSIA
Culm
POMERANIE
Marienburg
Dantzig
MARE BALTICUM

Allegorische Darstellung des Hubertusburger Friedens

nach der einen Niederlage zusammenbrach und nach der anderen nicht, ist eine interessante Frage, auf die wir noch zurückkommen werden. Friedrichs persönliches Verdienst ist es nur zum Teil. Immerhin zum Teil. Den Titel »der Große« hat er sich recht eigentlich erst in den langen und furchtbaren drei letzten Jahren des Siebenjährigen Krieges verdient, nicht durch Genie, aber durch Charakterstärke. Was Friedrich der Welt und Nachwelt in diesen Jahren darbot, war das Schauspiel einer äußersten Standhaftigkeit, Zähigkeit und Unerschütterlichkeit bei völligem Fehlen jeder Hoffnung; einer unbegrenzten stoischen Leidensfähigkeit, ja Abgestorbenheit, an der jeder Schicksalsschlag abprallte. Dieser König, der als frivoles »Schoßkind des Glücks« (sein Ausdruck) begonnen hatte, zeigte im Unglück die Haltung eines Indianers am Marterpfahl. Darin liegt seine wirkliche Größe. Daß sie schließlich durch einen rettenden Glückszufall, den russischen Thron- und Bündniswechsel, belohnt wurde, tut ihr keinen Abbruch.

Aber es wird Zeit, sich die Geschichte des Siebenjährigen Krieges etwas näher anzusehen. Dieser Krieg, Glanz- und Prunkstück von »Preußens Gloria«, ist von späteren Legenden so überwachsen, daß man seinen wirklichen Verlauf kaum mehr wahrnimmt. Die Deutschen des 20. Jahrhunderts haben sich in beiden Weltkriegen an diesen Legenden orientiert – mit bösen Folgen, wie wir wissen. Ein Grund mehr, sich klarzumachen, wie es wirklich war.

Zunächst die Vorgeschichte. Dem Kriegsausbruch ging etwas voraus, was die Zeitgenossen eine »diplomatische Revolution« nannten, eine purzelbaumartige Umkehrung hergebrachter Bündnisse. Dazu gab Preußen den Anstoß. Seine schlesische Eroberung hatte es im Bündnis mit Frankreich gemacht – einem Bündnis, das es allerdings, wie wir gesehen haben, einhielt oder fallenließ, wie es ihm paßte –, und seither war die französisch-preußische Partnerschaft zu einer stehenden Einrichtung geworden. In seinem Politischen Testament von 1752 hatte Friedrich geschrieben: »Zumal seit der Erwerbung Schlesiens verlangt unser gegenwärtiges Interesse, daß wir im Bund mit Frankreich und ebenso mit allen Feinden des Hauses Österreich bleiben. Schlesien und Lothringen sind zwei Schwestern, von denen die ältere Preußen, die jüngere Frankreich geheiratet hat.

Dieser Bund zwingt zu gleicher Politik. Preußen darf nicht ruhig zusehen, daß Frankreich Elsaß oder Lothringen verliert, und die Diversionen, die Preußen zugunsten Frankreichs unternehmen kann, sind wirksam, denn sie tragen den Krieg sofort ins Herz der österreichischen Erblande.« Seltsam zu lesen für diejenigen, die dem Preußen des 18. Jahrhunderts eine »deutsche Sendung« andichten möchten, aber als politisches Kalkül vollkommen einleuchtend – solange es bei der alten französisch-österreichischen Gegnerschaft blieb.

Es blieb aber nicht dabei. An die Stelle der alten Kontinentalgegnerschaft Frankreichs mit Österreich, die nachgerade mehr der Tradition als einem aktuellen Streitgegenstand ihr Weiterleben verdankte, trat mehr und mehr eine neue Gegnerschaft zwischen Frankreich und England mit höchst aktuellen Streitgegenständen in Amerika, Kanada und Indien. Und diese neue Konstellation unterschätzte Friedrich, als er im Januar 1756 mit England ein Bündnis schloß, die Konvention von Westminster. Er mißkalkulierte in doppelter Hinsicht: Er hoffte, England werde Rußland von seinem seit längerer Zeit bestehenden Bündnis mit Österreich abziehen oder es wenigstens in Schach halten – eine vergebliche Hoffnung; und er rechnete, daß Frankreichs Gegensatz zu Österreich unüberwindlich sei (so wie Holstein anderthalb Jahrhunderte später den Gegensatz zwischen England und Rußland als unabänderliche, feste Größe in seine Rechnungen einsetzte). Aber damit verrechnete er sich (wie Holstein); Frankreich nahm übel. Und das gab Österreich die Chance, seinen alten Streit mit Frankreich zu begraben und sich nun seinerseits mit Frankreich gegen Preußen zu verbünden: die zweite »diplomatische Revolution« des Jahres 1756.

Österreich hatte sich mit dem Verlust Schlesiens nie abgefunden. Schon sein Bündnis mit Rußland hatte der Vorbereitung einer künftigen Wiedereroberung gedient. Der neue Dreibund Österreich-Frankreich-Rußland konnte seine Ziele noch weiter stekken: Rückführung Preußens auf die Markgrafschaft Brandenburg; Aufteilung seines übrigen Besitzes unter den Verbündeten. Man kann nicht sagen, daß diese Zielsetzung angesichts der erdrückenden Übermacht der großen Koalition unrealistisch war; auch nicht, daß sie aus dem Rah-

men der Machtpolitik des Jahrhunderts fiel. Warum sollte man Preußen nicht ebenso aufteilen können wie später Polen?
Friedrichs Lage war schlimm. Sein neuer Verbündeter England war weit, die voraussichtlichen englischen Kriegsschauplätze lagen noch weiter weg – in Indien und Kanada. Er mußte mit drei Gegnern, von denen jeder einzelne stärker war als er, allein fertig werden. Er entschloß sich zum Präventivkrieg.
Aber – fritzische Verwegenheit – zugleich dazu, aus dem Präventivkrieg gleich auch noch einen neuen Eroberungskrieg zu machen. In dem schon mehrfach zitierten Politischen Testament Friedrichs von 1752 stehen die Sätze: »Von allen Ländern Europas kommen am meisten für Preußen in Betracht: Sachsen, Polnisch-Preußen und Schwedisch-Pommern. Sachsen wäre am nützlichsten.«
Friedrich begann den Krieg damit, daß er ohne Kriegserklärung Sachsen überfiel und besetzte und die sächsische Armee gefangennahm. Und während des ganzen Krieges behandelte er Sachsen nicht wie besetztes, sondern wie erobertes und annektiertes Gebiet: Die Sachsen mußten fortan preußische Steuern zahlen, die von preußischen

Elisabeth Petrowna, von 1741–62 Zarin von Rußland

Der Maler und Radierer Daniel Chodowiecki gibt mit über 2000 Arbeiten einen tiefen Einblick in das bürgerliche Leben Preußens in der zweiten Hälfte des 18. Jahrhunderts. Der gebürtige Danziger lebt vorwiegend in Berlin und wird dort 1797 Direktor der Akademie. Viele seiner Radierungen erscheinen in den Taschenkalendern von Berlin, Gotha und Göttingen. Zudem illustriert er die Erstausgaben seiner Zeitgenossen Basedow, Lavater, Lessing und Schiller. Bekannt sind auch seine Studien Friedrichs des Großen. Viel Behaglichkeit geht von dem Selbstportrait des Künstlers aus, das ihn im Kreis seiner Familie zeigt

Schmiede bearbeiten heißes Eisen

Für den Anschauungsunterricht in Schulen hat der Pädagoge Johannes Bernhard Basedow 1774 sein »Elementarwerk« herausgegeben, in dem er das Leben der Handwerker und Bauern schildert

Beamten eingezogen wurden, und die gefangene sächsische Armee reihte der König von Preußen ohne weiteres in seine eigene Armee ein. Bewährt hat sich das nicht. Die sächsischen Soldaten desertierten, wo sie konnten. Auch sie hatten Ehre im Leibe.

Der mit der Eroberung Sachsens durch Preußen begon-

Bauern beim Ernten

nene Krieg hat vier ungleich lange Perioden. Erst, neun oder zehn Monate, Preußen im Angriff; dann zwei Jahre lang, Preußen in der Verteidigung – unerwartet erfolgreicher Verteidigung; danach, drei Jahre lang eines nur noch verzweifelten Hinhaltens und fast hoffnungslosen preußischen Kampfs ums Überleben; und schließlich ein Jahr der allgemein um sich greifenden Kriegsmüdigkeit, mit einem Ermattungsfrieden als Abschluß.

Preußen, schrieb Carlyle, hatte ein kürzeres Schwert als Österreich, Frankreich und Rußland, aber es brachte es schneller aus der Scheide. Wenn darauf Friedrichs

Ein Weber schießt das Schiffchen durch die Kettfäden

Hoffnung beruht hatte, trog sie ihn. Mit der Eroberung Sachsens im Herbst 1756 hatte er kostbare Zeit verloren. Im nächsten Frühjahr konnte er zwar noch in Böhmen einfallen, aber dort erwartete ihn bereits eine gleich starke, kampfbereite österreichische Armee, und die Schlacht bei Prag – die bis dahin größte des Jahrhunderts, rund 60000 Mann auf jeder Seite – war für die Preußen nur, was Schlieffen einen »ordinären Sieg« zu nennen pflegte. Die Österreicher zogen sich in guter Ordnung zurück, igelten sich in Prag ein, mußten belagert werden, und ein Entsatzheer war im Anziehen. Friedrich mußte seine

Maurer und Zimmerleute beim Hausbau und Brunnenbohren

Armee spalten, um den Entsatz Prags abzuwehren, und zum ersten Mal eine Angriffsschlacht mit zahlenmäßiger Unterlegenheit wagen: bei Kolin, mit 33 000 Preußen gegen 54 000 Österreicher. Er verlor, und das hieß: Er mußte die Belagerung Prags aufgeben und sich aus Böhmen zurückziehen. Die Überrumpelung durch den Präventivkrieg war gescheitert.

Eigentlich war damit auch schon der Krieg verloren, denn jetzt hatten alle ihr Schwert aus der Scheide, und sie kamen von allen Seiten: Die Franzosen mitsamt einem Aufgebot deutscher Reichstruppen (auch das Reich hatte Preußen den Krieg erklärt, wegen des Überfalls auf Sachsen) zogen durch Thüringen heran, die Österreicher nahmen sich das schwach verteidigte Schlesien zurück, und die Russen besetzten das überhaupt nicht verteidigte Ostpreußen. Aber nun zeigten die Preußen, was sie konnten: Kreuz und quer und her und hin nahmen sie, immer mit derselben kleinen, aber superben Armee, jeden Gegner einzeln an und errangen, jedesmal gegen einen zahlenmäßig stärkeren Feind, drei glänzende Schlachtensiege: im Spätherbst 1757 bei Roßbach in Sachsen gegen die Franzosen und bei Leuthen in Schlesien gegen die Österreicher, im Sommer 1758 bei Zorndorf in der Neumark (soweit waren sie inzwischen gekommen) gegen die Russen. Diese drei Schlachten sind bis heute Preußens größter Stolz, und sie machten damals Friedrich in aller Welt, nicht zuletzt in Deutschland (Goethe: »Wir waren fritzisch gesinnt – was ging uns Preußen an!«) berühmt und populär: ein David, der mit drei Goliaths fertig geworden war!

Aber fertig geworden war er eben doch nicht mit ihnen, und auf die Dauer konnte ihre Übermacht nicht verfehlen, sich auszuwirken. Übrigens hatten ja auch die Österreicher, Franzosen und Russen ihre Soldatenehre und gaben sich nicht zufrieden damit, die ewigen Verlierer zu sein. Auch war Friedrichs großartige kleine Armee nach und nach ausgeblutet, und der Ersatz, den er unerbittlich ausheben und anwerben ließ, hatte nicht mehr die militärische Qualität der Kürassiere von Roßbach und Zorndorf und der Grenadiere von Leuthen. Bei Kunersdorf an der Oder, wo die Preußen 1759, wieder einmal mit einer erheblichen Minderzahl, eine Entscheidungsschlacht wagten – diesmal gegen die vereinigten Österreicher und Russen –, wurden sie vernichtend geschlagen, und damit war es mit der erfolgreichen Rundumverteidigung zu Ende. Von nun an konnte Preußen nur noch einen hinhaltenden Ermattungskrieg führen.

Daß ihm das drei hoffnungslose Jahre lang möglich war, erscheint wie ein Wunder. Aber es wird weniger wunderbar, wenn man sich den Charakter der Kriege des 18. Jahrhunderts vergegenwärtigt. Krieg war damals kein Volkskrieg. Wir erinnern an Friedrichs Ausspruch: »Der friedliche Bürger soll gar nicht merken, wenn die Nation sich schlägt.« Nun, er merkte es schon: an höheren Steuern, entwertetem Geld,

Friedrich II. versöhnt sich 1762 mit dem Zaren und dem König von Schweden

größeren Aushebungen. Aber das Land wurde nicht verwüstet, die Äcker wurden bestellt und die Ernten eingebracht, die Geschäfte gingen weiter, und die Gelehrten ließen sich in ihren Kontroversen nicht stören. Die Korrespondenz einiger prominenter Männer jener Zeit ist erhalten, die zwischen Lessing und Nicolai zum Beispiel: Der Krieg kommt darin kaum vor. Merkwürdig auch, mit welcher Selbstverständlichkeit eroberte und besiegte Länder und Provinzen sich den jeweiligen Machtverhältnissen anpaßten: Die Sachsen zahlten brav ihre preußischen Steuern (nur die sächsischen Soldaten hinderte ihre Standesehre, den Preußen zu dienen), die Schlesier huldigten ohne weiteres wieder ihrer Kaiserin, als sie von den Österreichern besetzt waren, und dann wieder ebenso willig ihrem König, als die Preußen zurückkamen; die Ostpreußen huldigten der Zarin. Der Krieg zog sozusagen über die Köpfe der Menschen hinweg; sie duckten sich und ließen das Unwetter vorüberziehen. Hart, furchtbar hart war der endlose Krieg nur für die Soldaten; aber sie standen unter eiserner Disziplin; an Meuterei war nicht zu denken. Und hart war der unabsehbare, hoffnungslose Kampf für den

Katharina II., von 1762–96 Zarin von Rußland

bedrängten König von Preußen, der jeden Tag einen neuen Einfall brauchte, um nur irgendwie weiter zu existieren; aber der zeigte jetzt, was er in sich hatte.
Die Erlösung kam Anfang 1762 mit dem Tode der russischen Zarin. Ihr Nachfolger, ein etwas wirrer Herr und ein privater Friedrich-Enthusiast, machte nicht nur sofort Frieden, sondern verbündete sich mit seinem Idol, und die russische Armee wechselte die Fronten. Auch daß so etwas möglich war, gehört zum Bilde der Kriege des 18. Jahrhunderts. Dieser Zar, Peter III., wurde noch im gleichen Jahr ermordet, und seine keineswegs trauernde Witwe und Nachfolgerin Katharina, später die Große genannt, kündigte das preußische Bündnis, diese Laune ihres sonderbaren Gatten, wieder auf. Aber beim Frieden blieb sie, und zum Frieden neigten nun mehr und mehr auch die anderen Verbündeten. Ihre Kassen waren leer, ihre Armeen erschöpft, der französisch-englische Krieg war entschieden, und das zähe Preußen war offenbar nicht totzukriegen. Sieben Jahre sind eine lange Zeit, und ein alter Krieg fühlt sich anders an als ein junger. Zorn und Ehrgeiz verbrauchen sich unter den ewigen Plackereien,

Sorgen und Enttäuschungen. Was Friedrich betraf, er kämpfte längst nur noch ums Überleben. So kam es zum Frieden von Hubertusburg – einem Erschöpfungsfrieden, der alles beim alten ließ. Sachsen wurde wiederhergestellt, Schlesien blieb bei Preußen; Ostpreußen natürlich auch. Scheinbar hatte niemand durch diesen Krieg etwas gewonnen, und alle hatten für nichts gekämpft. In Wirklichkeit aber war dieses Remis ein großer Triumph für Preußen: Es hatte sich gegen drei Großmächte behauptet.

War es dadurch selbst zur Großmacht geworden? Das war noch lange Zeit sehr zweifelhaft. Friedrich selbst blieb sich jedenfalls immer bewußt, daß er, aller Kriegsglorie ungeachtet, schließlich nur durch unwahrscheinliches Glück gerade noch einmal davongekommen war. Er hatte schon nach dem Zweiten Schlesischen Krieg gesagt, er werde in seinem Leben keine Katze mehr angreifen. Nach dem Siebenjährigen Krieg machte er Ernst damit. Er kehrte zu den Grundsätzen seines Vaters zurück, die darin bestanden hatten, Preußen innerlich stark und immer stärker zu machen, ohne diese Stärke durch übermäßige Anwendung zu verbrauchen. Man könnte sagen: Er wurde in der zweiten Hälfte seiner langen Regierungszeit Preußens zweitgrößter innerer König. Seine Außenpolitik nach 1763 aber wurde – wie die seines Vaters – wieder vorsichtig, bescheiden und defensiv; nur darauf bedacht zu verhindern, daß Österreich, etwa durch den Erwerb Bayerns, im Reich wieder erdrückend und übermächtig wurde; im übrigen Anlehnung suchend, hauptsächlich jetzt bei Rußland. »Es lohnt sich, die Freundschaft dieser Barbaren zu kultivieren«, sagte er in seinem besten Mephistostil und legte damit eine Staatsmaxime nieder, an die er sich bis an sein Ende hielt und an die sich Preußen auch später, fast ein Jahrhundert lang, zu seinem Vorteil gehalten hat. Es ist im Schlepptau Rußlands nicht schlecht gefahren. Aber eigentliche Großmachtpolitik war das nicht. Die hat, was wenig bekannt ist, erst der Nachfolger Friedrichs des Großen getrieben.

Das Preußen, das Friedrich zurückließ, war eine europäische Merkwürdigkeit: eine kleine Großmacht oder Halbgroßmacht, auf der Landkarte wie ein Türkensäbel oder Bumerang anzusehen: lang und gekrümmt wie ein Wurm, fast nichts als Grenze; dazu Streubesitz im deutschen Westen, der im Kriegsfall nicht zu

Der Tiergarten in
Berlin Ende des
18. Jahrhunderts

Das Eisenwerk Baruth in der Mark

Nach dem Aderlaß des Siebenjährigen Krieges versucht Friedrich II., die Volkswirtschaft in seinem Land wieder in Gang zu bringen. Als »erster Diener« seines Staates dirigiert und kontrolliert er jeden Wirtschaftsbereich. Besonderes Augenmerk richtet er auf den Haushaltsplan. Die Eisenindustrie in der Mark und im eroberten Schlesien bringt hohen Gewinn. Der Export von Seiden- und Wollprodukten steht an erster Stelle.

verteidigen war. Das spätfriderizianische Preußen war eine unsichere Größe, im Grunde genommen, wenn man es durchrechnete, immer noch ohne solide Macht-, ja Existenzgrundlage; nur eben furchtbar stachlig, mit einem zähen Selbsterhaltungstrieb und mit dieser schrecklichen Armee, den Grenadieren von Leuthen und Torgau, mit denen vor einem Vierteljahrhundert ganz Europa nicht fertig geworden war. Solange sein großer alter Mann lebte und solange er, vorsichtig geworden, andere in Ruhe ließ, ließ man auch Preußen in Gottes Namen lieber in Ruhe.

Trotzdem war das eine Scheinruhe. Diese neue Halbgroßmacht im europäischen Nordosten lebte auf einer ungesicherten Zwischenstation, auf der sie sich nicht auf die Dauer heimisch machen konnte; Preußen mußte vorwärts oder zurück. Ein Kleinstaat mit einer Großmachtarmee, das ganze Land nichts als Grenze, das ganze Land nichts als Garnison, und dahinter immer das Bewußtsein der Auslöschbarkeit, »toujours en vedette«: Auf Dauer war das unhaltbar. Es gab nur Abdankung und Rückbildung oder Flucht nach vorn. Friedrichs Nachfolger wählte die Flucht nach vorn.

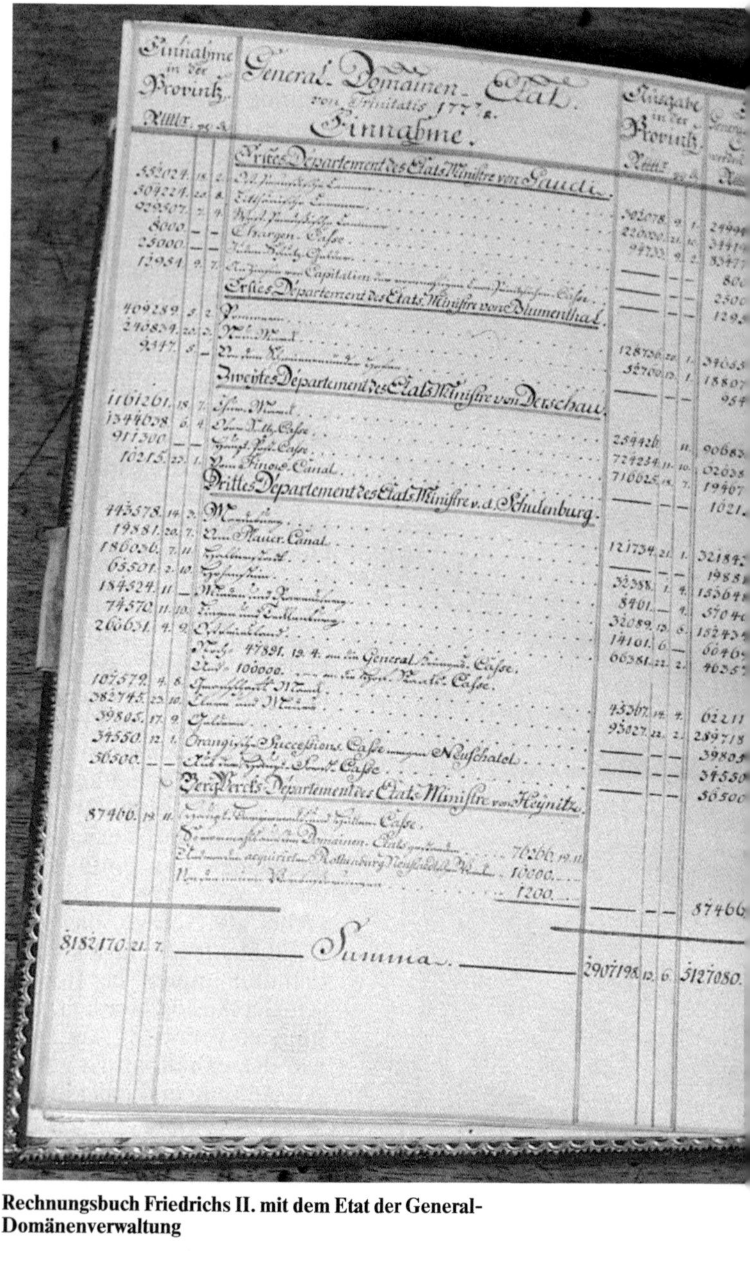

Rechnungsbuch Friedrichs II. mit dem Etat der General-Domänenverwaltung

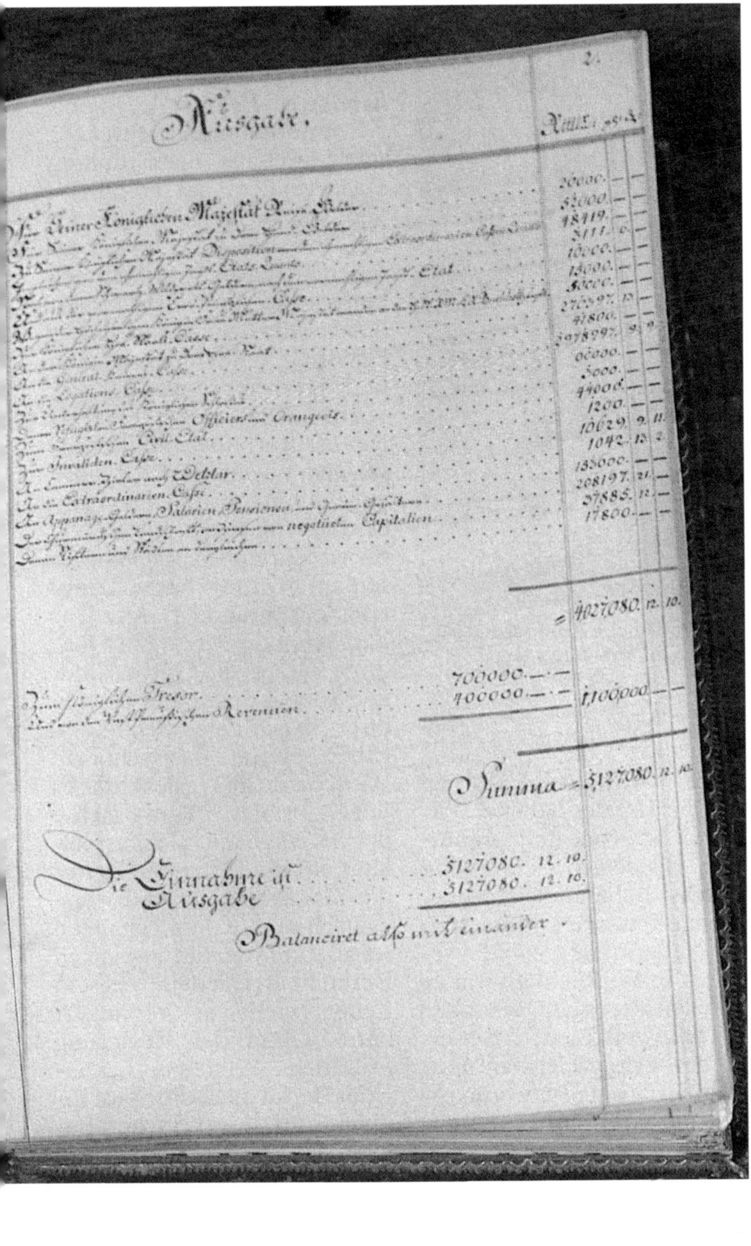

2.

Ausgabe.

Rthlr. gr. d.

[illegible] Seiner Königlichen Majestät [illegible]
[illegible] Königlichen Majestät [illegible]
[illegible] Majestät Disposition [illegible] Extraordinarien Casse [illegible]
[illegible] Etats Quartal [illegible]
[illegible] Etat
[illegible]
[illegible] Casse
[illegible]
[illegible]
[illegible] Casse
[illegible] Majestät [illegible]
[illegible] General [illegible] Casse
[illegible] Legations Casse
[illegible] Königlichen [illegible]
[illegible] Officiers und Orangerie
[illegible] Civil Etat
[illegible] Invaliden Casse
[illegible] Zinsen nach Wetzlar
An die Extraordinarien Casse
An Appanage Geldern, Salarien, Pensionen und [illegible]
[illegible] negotiirten Capitalien
[illegible]

Rthlr.	gr.	d.
20000.	—	—
52000.	—	—
48419.	—	—
3111.	6.	—
10000.	—	—
15000.	—	—
5000.	—	—
270597.	10.	—
41800.	—	—
3078997.	9.	9.
60000.	—	—
5000.	—	—
44000.	—	—
1200.	—	—
10629.	9.	11.
1042.	13.	2.
135000.	—	—
208197.	21.	—
27885.	12.	—
17800.	—	—
= 4027080.	12.	10.

Zum Königlichen Tresor . . . 700000. — —
[illegible] Revenüen . . . 400000. — — | 1,100000 — —

Summa = 5127080. 12. 10.

Die Einnahme ist . . . 5127080. 12. 10.
Ausgabe . . . 5127080. 12. 10.

Balanciret also mit einander.

Friedrich Wilhelm II. und seine Mätresse, die Gräfin Lichtenau

Dieser Nachfolger, Friedrich Wilhelm II., der »dicke Wilhelm«, ist von der preußischen Geschichtsschreibung schlecht behandelt worden. Man hat ihm seine Mätressen und Nebenfrauen nicht verziehen. In Wirklichkeit war er so übel nicht; es läßt sich sogar die These vertreten, daß er einer der erfolgreichsten Hohenzollernkönige gewesen ist. Als Charakter war er das genaue Gegenteil seines großen Vorgängers: kein Freigeist und kein Asket, sondern sinnlich und fromm (eine häufige Mischung); im übrigen kunstliebend und gutherzig, impulsiv, unternehmend, ehrgeizig und durchaus nicht dumm. Das Preußen, das er hinterließ, war nicht viel größer als das Preußen, das er übernommen hatte. Es war auch entspannter, selbstsicherer, liebenswürdiger sogar. Unter Friedrich Wilhelm II. begann in dem vorher so nüchternen, ja ärmlichen und rauhen Staat eine Kulturblüte und Talentschwemme, die fünfzig Jahre angehalten hat, und man kann dem König nicht jedes Verdienst daran absprechen: In seinem Auftrag baute Langhans das Brandenburger Tor und Schadow setzte die Quadriga darauf, die Gillys, Vater und Sohn – und später dann in ihrer Nachfolge Schinkel – gaben Berlin das schönste städtebauliche Gesicht, das es je gehabt hat, Iffland brachte das Königliche Schauspielhaus auf die Höhe und Zelter die Singakademie, und wenn es nach dem König gegangen wäre, wäre sogar Mozart nach Berlin übergesiedelt, was sein Leben vielleicht verlängert hätte. Unter der Regierung Friedrich Wilhelms II. begann Berlin auch die Stadt ihrer literarisch-politischen Salons zu werden und das Hauptquartier der deutschen

August Wilhelm Iffland als Shylock

Romantiker. Man könnte sagen: Friedrich Wilhelm II. nahm nach fast einem Jahrhundert die kulturelle Tradition des ersten preußischen Königs wieder auf. Allerdings war er auch, wie dieser, ein Verschwender. Das sind die fürstlichen Mäzene meistens.

In seiner Außenpolitik aber knüpfte er an die Anfangsjahre Friedrichs des Großen an – die ja, das wollen wir nicht vergessen, Jahre einer übermütigen, fast frivolen Unternehmungslust gewesen waren. Wie der junge Friedrich handelte Friedrich Wilhelm II. nach der Maxime (die ein französischer Diplomat, Graf Hauterive, für einen Staat in der Lage Preußens als unerläßlich bezeichnete), »daß nichts auf dem Kontinent sich ereignen konnte, das ihn nicht angegangen wäre, und daß kein politischer Vorgang von einer gewissen Bedeutung ohne seine Beteiligung statthaben durfte«. In seinen Anfängen übertrieb er das. Seine Intervention in Holland, wo er die Oranier mit Waffengewalt wieder auf den Thron setzte (1787), und in einem österreichisch-russischen Türkenkrieg, den er mit Kriegsandrohung an der Spitze seiner mobilisierten Armee stoppte (Konvention von Reichenbach, 1790, von Bismarck hart kritisiert) waren mehr Prestige- als nüchterne Interessenpolitik. Immerhin bildete die Konvention von Reichenbach den Auftakt zu einer Annäherung an Österreich, aus der 1792 ein ideologisch-monarchisches Bündnis gegen das revolutionäre Frankreich wurde. Der Krieg, der daraus entstand (übrigens von Frankreich, nicht von den Verbündeten erklärt) hat dann bekanntlich mit kurzen Unterbrechungen über zwanzig Jahre lang gedauert. Aber nicht für Preußen.

Preußen schlug 1795 plötzlich die Volte. Es machte einen Sonderfrieden mit Frankreich, zu sehr günstigen Bedingungen: Ganz Nord-

Uniformen auch im zivilen Leben: Ein königlicher Marstall (links) und ein Bergwerksverwalter deutschland bis zum Rhein und Main wurde unter preußischer Garantie neutralisiert; es wurde, was man heute eine preußische Einflußzone nennen würde. Gleichzeitig bekam Preußen im Osten, wo seit 1792 Krieg zwischen Polen und Rußland herrschte und damit die endgültige Aufteilung Polens auf die Tagesordnung gekommen war – denn über den Ausgang gab es wenig Zweifel –, die Hände frei, während Österreich im Kriege mit Frankreich gebunden blieb; mit dem Ergebnis, daß diesmal Preußen den Löwenanteil bekam. Polen bis zum Bug und bis zur Pilitza kam an Preußen. Preußen gewann zwei neue riesige, rein polnische Provinzen, Südpreußen mit der Hauptstadt Posen und Neuostpreußen mit der Hauptstadt Warschau. Fast das ganze Kernpolen war damit preußisch geworden. Preußen aber war jetzt praktisch ein Zweivölkerstaat.

Hier nun muß man tief Atem holen. Preußen als Zweivölkerstaat, ein halbpolnisches Preußen – das erscheint im Lichte seiner späteren Geschichte wie eine Fata Morgana, unwirklich, unnatürlich, ein sonderbarer Schritt vom Wege. Es hat ja auch nur zwölf Jahre lang Bestand gehabt. Aber so unnatürlich war es nicht. Das eigentliche Urpreußen, Ost- und Westpreußen, hatte ja schon lange in engster Verbundenheit mit Polen existiert – Ostpreußen fast 200 Jahre lang als polnisches Nebenland, unter königlich-polnischer Oberhoheit, Westpreußen sogar mehr als 300 Jahre lang als integraler Bestandteil Polens. Warum sollte diese polnisch-preußische Koppelung bei veränderten Machtverhältnissen nicht ebensogut unter preußischem Vorzeichen weitergehen können wie vorher unter polnischem? Ganz so unmöglich, wie es die deutschnationale Geschichtsschreibung später dargestellt hat, war eine Entwicklung Preußens nach Osten statt nach Westen keineswegs. Ein halbpolnisches Preußen – dem Zeitalter des Nationalismus, das mit dem 19. Jahrhundert anbrach und das wir durchaus noch nicht ganz wieder hinter uns haben, mußte oder muß das monströs klingen. Aber dem 18. Jahrhundert waren Zwei- oder Mehrvölkerstaaten keineswegs anstößig, und eine staatliche Vereinigung Preußens etwa mit Bayern, mit dem es nie etwas zu schaffen gehabt hatte, wäre ihm viel unwahrscheinlicher erschienen als die Vereinigung Preußens mit Polen.

Wie auch immer, zweierlei ist

Friedrich Wilhelm II., von 1786–97 König von Preußen

festzustellen: Friedrich Wilhelm II. hatte die »Erhebung Preußens zur Großmacht«, die sein Vorgänger eingeleitet hatte, ernst genommen und recht eigentlich erst wahrgemacht; er war aus der preußischen Zwischenstation, auf der Friedrich nach dem Siebenjährigen Krieg ein Vierteljahrhundert lang verweilt hatte, ausgebrochen. Und zweitens: Er hatte Erfolg gehabt. Ein bißchen wild war es zugegangen; viel Improvisation, viel schnelles Schalten, viel Hin und Her. Aber am Ende zweifellos ein gelungener Durchbruch. Wer die ersten acht Jahre Friedrichs des Großen bewundert – und das tat wie aus einem Munde die ganze preußische Geschichtsschreibung des 19. und 20. Jahrhunderts –, kann nicht, wie es diese Geschichtsschreibung fast einhellig ebenfalls tat, die Politik Friedrich Wilhelms II. als Irrweg und beginnenden Niedergang verwerfen. Es war die gleiche Politik. Das gleiche keck-frivole hohe Spiel, das gleiche diplomatisch-militärische Brillantfeuerwerk, der gleiche schnelle Positions- und Allianzenwechsel, die gleichen Überraschungscoups; und der gleiche Erfolg. Preußen war 1795 keine Halbgroßmacht mehr; es besaß jetzt, was Gebietsumfang und Bevölkerungszahl betraf, die Grundlagen einer wirklichen Großmachtstellung. Es war nicht mehr eine dünne Mondsichel auf der Landkarte, sondern ein solider Landblock (mit einigen Abstrichen ungefähr das, was jetzt die DDR und Polen wären, wenn man sie zusammenlegte); und westlich dieses Landblocks war seit 1795 die norddeutsche Tiefebene bis zum Rhein und Main nicht nur, wie schon vorher, mit preußischen Exklaven gesprenkelt, sondern als Ganzes durch Vertrag mit Frankreich unter preußischer Garantie neutralisiert, also zur preußischen Einflußzone geworden. Man könnte etwas zugespitzt sagen: Preußen beherrschte

Zwei Philosophen: Der Preuße Kant, der Franzose Voltaire

Sein Leben lang beschäftigt sich Friedrich der Große intensiv mit den Geisteswissenschaften seiner Zeit und bezeichnet sich gelegentlich als den »Philosophen von Sanssouci«. Den großen französischen Aufklärer Voltaire kann er für drei Jahre nach Potsdam einladen. Von seinem preußischen Untertanen Kant hat er noch nicht viel gehört. Denn der Königsberger Universitätsprofessor veröffentlicht sein Hauptwerk erst in Friedrichs letzten Lebensjahren und nach dessen Tod

Voltaire. Radierungen
von Jean Huber

jetzt das ganze Gebiet von Warschau bis Köln: das polnische direkt – freilich von Gnaden Rußlands; das deutsche indirekt – freilich von Gnaden Frankreichs. Aber auch die so begründete Partnerschaft mit Rußland und Frankreich war nicht zu verachten: Sie gab der preußischen Machtstellung soliden Rückhalt. Nicht Preußen, Österreich war jetzt in Europa isoliert. Kein Gedanke mehr daran, das es sich Schlesien noch zurückholen könnte.

Warum ist diese preußische Gewaltleistung der Jahre 1786/95 von der deutschen und preußischen Geschichtsschreibung nie so anerkannt worden wie die ganz ähnlichen preußischen Gewaltleistungen von 1740/48 und die späteren von 1864/71? Vielleicht weil sie noch kürzeren Bestand gehabt hat? Sehr dauerhaft sind die preußischen Erfolge alle nicht gewesen. Hauptsächlich doch wohl aus ganz anderen Gründen. Die preußisch-deutsche Geschichtsschreibung der Schule Treitschke hat sie verdammt, weil sie in ihren Augen ein Irrweg war: Der preußisch-polnische Zweivölkerstaat vertrug sich nicht mit Preußens »deutscher Sendung«. Heute wiederum schämt man sich der polnischen Teilung um Polens willen, empfindet sie als Unrecht, ja, als Verbrechen am polnischen Volk, das ja dabei nicht gefragt wurde.

Aber die Völker wurden damals eben nicht danach gefragt, unter welcher Herrschaft sie leben wollten, niemals und von niemandem, und sie erwarteten es auch nicht. Es gab im 18. Jahrhundert weder einen deutschen noch einen polnischen Nationalismus. Politik war Sache der Kaiser und Könige, und daß Bevölkerungen je nach dem Gange der Politik ihren Staat und ihren Herrn wechselten, war gang und gäbe; sie fanden sich damit ab, sie waren daran gewöhnt. An eine »deutsche Sendung« Preußens dachte kein Mensch; am wenigsten die Deutschen; aber auch die Preußen nicht. Und die Polen, die in ihrer Glanzzeit ja auch ihrerseits nicht gezögert hatten, sich litauische, weißrussische, ukrainische, auch deutschbesiedelte Gebiete (Westpreußen!) einzuverleiben, waren zwar gekränkt, aber kaum verwundert, wenn ihnen bei veränderter Machtlage von seiten Rußlands, Preußens und Österreichs das gleiche widerfuhr. Eher waren sie froh, wenn sie an Preußen oder Österreich gerieten und nicht an Rußland; etwa so, wie die Deutschen nach 1945 froh waren, wenn sie unter eine westliche Besatzungsmacht fielen und nicht unter die östliche.

Allerdings stand am Ausgang des 18. Jahrhunderts der Nationalismus als massenbeherrschende Idee sozusagen vor der Tür. Die Französische Revolution brachte ihn auf, zugleich mit den ebenso neuen Ideen der Demokratie und der Volkssouveränität. Und viele Deutsche wurden dann in der Folgezeit gerade durch die napoleonische Fremdherrschaft, viele Polen gerade durch das Teilungsregime zu Nationalisten. Viele, noch längst nicht alle. Der Kampf zwischen dem neuen Nationalismus und der alten Staatenordnung zog sich noch durch das ganze 19., ja – in Österreich – bis tief ins 20. Jahrhundert; erst heute hat der Nationalismus weithin gesiegt, wenigstens als Idee. Aber in der Zeit Friedrich Wilhelms II. lag das alles noch in der Zukunft, und es hätte mehr als normaler Weitsicht bedurft, es vorauszusehen. Man kann dem Preußen der 1780er und 1790er Jahre keinen Vorwurf daraus machen, daß es nach den Ideen seiner Zeit handelte und nicht nach denen des 19. und 20. Jahrhunderts.

Freilich war es den Ideen gerade dieser Zeit – seiner Entstehungszeit – tiefer verbunden als andere, ältere Staaten, in denen noch das Mittelalter und das Zeitalter der Glaubenskämpfe nachklang. Preußen war modern, der modernste Staat der Aufklärungszeit, man könnte geradezu mit friderizianischem Zynismus sagen: Preußen war im 18. Jahrhundert ein Modeartikel; und Modeartikel veralten schnell, wenn die Mode wechselt. Wir werden im nächsten Kapitel sehen, wie krampfhaft Preußen unter dem Nachfolger Friedrich Wilhelms II. versuchte, mit der Zeit zu gehen, »auf der Höhe der Zeit« zu bleiben, und auch das werden wir sehen, wie das große Reformwerk, das es zu diesem Zweck unternahm, trotz aller Anstrengungen mißlang. Aber 1790 und 1795 war von alledem noch keine Rede. Diese Zeit war außerhalb Frankreichs in ganz Europa noch Rokokozeit, die letzte Hochblüte der Aufklärung, der Staatsraison und des monarchischen Absolutismus, und Preußen war ganz und gar das Geschöpf dieses Zeitgeistes, seine reinste Verkörperung: kein Nationalstaat, sondern ein Rationalstaat. Darin lag vielleicht seine Schwäche, aber darin lag ein Jahrhundert lang auch seine Stärke.

***A**uf der allegorischen Darstellung (unten), zwei Jahre nach dem Tode Friedrichs des Großen entstanden, heißen ihn die Großen aller Zeiten als einen der Ihren willkommen. Neben dem Vater (A), Großvater (B) und allen Ahnen, darunter der Große Kurfürst (C) und der Kurfürst Friedrich I. (D), haben sich Alexander der Große (E), Julius Cäsar (F) und Platon (G) zur Begrüßung eingefunden*

Wir haben – man erinnert sich vielleicht – am Anfang dieses Kapitels kurz von einer besonderen Elastizität Preußens gesprochen, einer gummiartigen Ausdehnungsfähigkeit, die ihm das ganze Jahrhundert lang gute Dienste leistete; und wir hatten versprochen, am Schluß, bei Gelegenheit der polnischen Teilungen, noch einmal darauf zurückzukommen. Jetzt sind wir soweit.

Die Erfolgsgeschichte Preußens im 18. Jahrhundert – und eine geradezu sensationelle Erfolgsgeschichte war es unbestreitbar – beruhte nicht nur auf dem »Genie« Friedrichs des Großen, nicht nur auf der Gunst äußerer Umstände und ihrer geschickten Ausnutzung, auch nicht nur auf Waffenglück und militärischer Tüchtigkeit, sondern vor allem eben darauf, daß

Dem verstorbenen König wird

Elysion ein würdiger Empfang bereitet

Dom und Schloß in Berlin von der Neuen Börse aus gesehen

Fischmarkt in Berlin mit cöllnischem Rathaus und Petrikirche

Aufgeklärte Sachlichkeit charakterisiert die Arbeiten des Kupferstechers und Zeichners Jean Georg Rosenberg, der in Berlin lebt und im letzten Drittel des 18. Jahrhunderts bei Hof in hohem Ansehen steht. Mit liebevoller Sorgfalt stellt der Künstler das Alltagsleben bis ins Detail dar

Preußen sich dieses Jahrhundert lang in so vollkommener Übereinstimmung mit dem Zeitgeist befand. Dieser Vernunftstaat paßte ins Zeitalter der Vernunft wie bestellt. Nichts als Staat und ganz Staat, volklos, stammlos, abstrakt, ein aus dem Geiste der Aufklärung konstruiertes reines Verwaltungs-, Justiz- und Militärsystem, ließ sich »Preußen« fast beliebig verlagern und übertragen, beliebigen Völkern, Stämmen und Gebieten sozusagen überstülpen. Ein gängiger Reim jener Zeit lautete:

»*Niemand wird Preuße denn aus Not.*
Ist er's geworden, dankt er Gott.«

Denn dieser preußische Rationalstaat – in dem Hegel später, vielleicht übertreibend, aber nicht ganz grundlos die vollkommenste Ausprägung der Staatsidee, der Idee reiner Staatlichkeit sah, die die Geschichte je produziert hat – hatte nicht nur etwas Hartes, Metallisches, Mechanisch-Maschinelles. Das hatte er allerdings, aber er hatte auch eine kühle Liberalität, Gerechtigkeit und Toleranz, die für seine Untertanen deswegen nicht weniger wohltuend war, weil sie, wie wir im vorigen Kapitel gesehen haben, auf einer Art Gleichgültigkeit beruhte. In Preußen wurden keine Hexen mehr verbrannt, als das anderswo noch durchaus üblich war, es gab keine Zwangsbekehrungen und Glaubensverfolgungen, jeder konnte denken und schreiben, was er wollte, für alle galt gleiches Recht. Der Staat war vorurteilslos, vernünftig, praktisch und gerecht. Solange man dem Staat gab, was des Staates war, gab er seinerseits »jedem das Seine«.

Den Millionen Polen zum Beispiel, die sich Preußen zwischen 1772 und 1795 einverleibte, ging es in Preußen nicht schlechter als zuvor; eher besser. Kein Gedanke an eine »Germanisierung«, wie sie viel später, in der Bismarck- und noch mehr in der Nachbismarckzeit, im Deutschen Reich zur traurigen Übung wurde. Und wer im 18. Jahrhundert einem Preußen vorgeschlagen hätte, mit den Polen so zu verfahren, wie es im 20. Jahrhundert Hitler (und dann, im Gegenzug, Polen mit den seiner Verwaltung unterstellten Deutschen) getan hat, den hätte dieser Preuße des 18. Jahrhunderts wie einen Irren angestarrt. Die preußisch gewordenen Polen wurden weder als Untermenschen behandelt noch als Fremdkörper abgestoßen, sie wurden in ihrer Sprache, Sitte und Religion nicht im geringsten gestört oder belästigt; im Gegenteil, sie bekamen zum Beispiel mehr Volksschulen als je zuvor, mit Lehrern, die selbstverständlich polnisch sprechen mußten. An die Stelle der polnischen Leibeigenschaft trat die mildere preußische Erbuntertänigkeit, und alle Polen kamen in den Genuß des 1794 in Kraft getretenen Allgemeinen Preußischen Landrechts, einer Rechtssicherheit, die sie ebenso zu schätzen wußten wie die Rheinländer, die zehn Jahre später in den Genuß des Code Napoléon kamen. Interessant übrigens, daß Preußen in der Kodifikation des bürgerlichen Rechts, dem ersten großen Schritt zur Ver-

Den alternden König portraitierte Anton Graff

wirklichung des Rechtsstaatsgedankens, Frankreich immerhin um zehn Jahre voraus war. Was die polnische Oberschicht betraf, so standen ihr die preußischen Ämter und Offiziersstellen offen, und viele polnische Adlige, die Radziwills, Radolins, Hutten-Czapskis und Podbielskis etwa, wurden generationenlang nicht nur loyale, sondern prominente Preußen. Einer von ihnen erklärte später, nach 1871, traurig, Preußen hätten die Polen jederzeit werden können; Deutsche niemals.

Diese abstrakte Staatlichkeit, die in keinem besonderen Volk oder Volksstamm verwurzelt, sondern sozusagen beliebig verwendbar war, war Preußens Stärke. Sie konnte aber auch, wie sich nun herausstellen sollte, zur Schwäche werden. Sie machte den Staat fast unbegrenzt ausdehnungsfähig – nicht nur eroberungstüchtig, sondern auch geeignet, sich das Eroberte wirklich einzuverleiben und neue Stärke daraus zu schöpfen. Aber sie machte diesen Staat für seine Untertanen auch auf eine besondere Weise entbehrlich, wenn er einmal versagte. Es war nicht nur annehmbar, sondern in vieler Hinsicht angenehm, ein preußischer Untertan zu werden. So viel Ordnung, Rechtssicherheit und Gewissensfreiheit fand man nicht überall; es gab auch einen gewissen Stolz. Aber es war nicht unvermeidlich, nicht notwendig, Preuße zu sein; man war nicht Preuße von Natur, wie man Franzose, Engländer, Deutscher oder selbst Bayer oder Sachse war. Die preußische Staatsangehörigkeit war mehr als jede andere auswechselbar, und wenn der preußische Staat beliebigen Bevölkerungen, ohne sie besonders zu stören, übergestülpt werden konnte wie ein Zelt, dann konnte man dieses Zelt auch wieder abbrechen, ohne daß seine Bevölkerung das als Katastrophe empfand. Preußen war kein Organismus mit Selbstheilungskräften, sondern eher eine wundervoll konstruierte Staatsmaschine; aber eben eine Maschine; versagte das Schwungrad, dann stand sie still. Unter Friedrich Wilhelm III., dem Nachfolger Friedrich Wilhelms II., versagte das Schwungrad, und die Maschine kam zum Stillstand. Ja, es schien ein paar Jahre lang, als würde nichts sie je wieder in Gang bringen können.

Und doch überstand Preußen seine Zerreißprobe. War es am Ende doch noch etwas anderes als eine Maschine? Oder konnte es wenigstens etwas anderes werden?

4. KAPITEL

Die Zerreißprobe

Ein friedliebender König

Ein unverständlicher Krieg

Reform und Reformstreit

Die Westverschiebung Preußens

In Frankreich ist Revolution, der König gefangen. Der Franzose Graf Artois sucht Hilfe beim Kaiser Leopold II. (Mitte) und beim Preußenkönig Friedrich Wilhelm II. (rechts)

F*riedrich Wilhelm II. ist von ganz anderer Art als seine Vorfahren und sein Onkel, der »Alte Fritz«: Der liebenswerte »dicke Wilhelm« ist kein Asket, kein Freigeist, sondern ein sinnenfroher und zugleich tiefreligiöser Mensch. Seine Mätressen – von denen Wilhelmine Enke, die »schöne Wilhelmine«, eine gewisse Berühmtheit erlangt – sind ihm ebensowenig verziehen worden wie seine spiritistisch-mystischen Neigungen zum Geheimbund Rosenkreuzerorden. Aber als Außenpolitiker ist er unternehmend und erfolgreich. Sein Preußen erreicht 1795 die bisher größte Ausdehnung. Als Mäzen und Bauherr greift er tief in die Staatskasse; »eine grenzenlose Bautätigkeit beginnt« – kommentiert Goethe. Im Auftrag des Königs baut Langhans im Jahr der Französischen Revolution nach dem Vorbild der Propyläen in Athen das Brandenburger Tor, auf das Schadow die Victoria mit dem Vierergespann setzt. Iffland macht aus dem bis dahin noch recht provinziellen Königlichen Schauspielhaus ein weltstädtisches Theater, und Goethe-Freund Zelter gibt der Singakademie nationale Reputation*

Friedrich Wilhelm II. (rechts) mit seiner zweiten Frau
Friederike (links) und ihrer Kinderschar

der Gräfin von Lichtenau
Reisen der Gräfin Lichtenau

Karikatur der Wilhelmine Enke, die der König zur Gräfin Lichtenau macht

Der preußischen Armee gelingt es nicht, das französische Revolutionsheer 1792 bei Valmy zu schlagen

Die Zerreißprobe

Schon einmal, im Siebenjährigen Kriege, war Preußen einer Zerreißprobe ausgesetzt gewesen. Hätte es diesen Krieg verloren, so wäre es nach den Plänen der feindlichen Koalition aufgeteilt worden wie später Polen, und die preußische Geschichte wäre zu Ende gewesen.

Ein halbes Jahrhundert nach dem Siebenjährigen Krieg drohte Preußen dieses Schicksal wiederum, und jetzt gleich zweimal. Nach dem verlorenen Krieg von 1806 stand seine Weiterexistenz auf Spitz und Knopf; knapp gerettet, riskierte es sie 1813 aufs neue. Auch 1813 – das wird in den patriotischen Geschichtsdarstellungen gern unterschlagen – hing Preußens Existenz ein paar Monate lang an einem Haar. Diesmal ging es schließlich gut. Aber Preußen ging aus seiner doppelten Zerreißprobe verändert hervor; kaum wiederzuerkennen.

Doppelt war diese Zerreißprobe noch aus einem anderen Grunde: nicht nur weil Preußen zweimal, 1806 und 1813, va banque spielte, sondern weil dabei, anders als ein halbes Jahrhundert zuvor, zu der äußeren Zerreißprobe eine innere kam. Preußen geriet nicht nur in seiner Außenpolitik zwischen die Fronten der großen europäischen Auseinandersetzung mit Napoleon und der Französischen Revolution, sondern diese Fronten gingen auch innenpolitisch mitten durch Preußen hindurch, und Preußen kämpfte seinen Existenzkampf im Zustand innerer Zerrissenheit, hin- und hergerissen zwischen Reform und Reaktion. In diesem inneren Kampf brachte die existenzgefährdende Niederlage von 1806/7 den vorübergehenden Sieg der Reformpartei; der rettende Befreiungskrieg von 1813/15 aber wurde zugleich zum Triumph der Reaktion.

Die preußische Geschichtslegende hat das nie wahrhaben wollen. Für diese Legende, die auch heute noch fest in vielen Köpfen sitzt, zerfallen die zwanzig Jahre preußischer Geschichte von 1795 bis 1815 in zwei scharf voneinander abgesetzte Perioden, die so schwarz und weiß sind wie die preußische Fahne. Die Jahre des Baseler Friedens mit dem revolutionären Frankreich, von 1795 bis 1806, sind nach dieser Darstellung eine Periode des Stillstands und der Dekadenz, für die der Zusammenbruch von 1806 die Quittung war; die Zeit von 1807 bis 1812 ist eine Zeit mutiger Reformen, Regeneration und Vorbereitung auf die Erhebung, die dann 1813 sozusagen programmgemäß stattfand und durch die siegreichen Befreiungskriege belohnt wurde.

Von dieser Legende muß man sich lösen. Sie ist nicht nur eine Übersimplifizierung, sie ist eine Verfälschung der wirklichen Geschichte. Die ganze Periode ist in Wirklichkeit eine Einheit. Dieselben Personen und Kräfte waren die ganze Zeit am Werk. Die beiden berühmtesten Reformminister, Stein und Hardenberg, waren schon vor 1806 preußische Minister, der bedeutendste Militärreformer, Scharnhorst, war schon damals stellvertretender Generalstabschef. Um die Modernisierung des preußischen Staatswesens wurde die ganze Zeit gerungen, vor 1806 ebenso wie nachher. Schon in dem Jahrzehnt des Baseler Friedens war Preußen eifrig – man könnte sagen: rührend – bemüht, es dem nachrevolutionären Frankreich an Fortschrittlichkeit und Modernität gleichzutun und die Errungenschaften der Französischen Revolution durch Reform von oben nachzuahmen. Die Katastrophe von 1806 verhalf den Reformern zum Durchbruch auch gerade dadurch, daß sie die Überlegenheit der neuen französischen Ideen so drastisch demonstrierte. Daß es je ein 1813 geben würde, war dabei nicht vorauszusehen. Und als es 1815 mit dem napoleonischen Nimbus aus war, war es auch mit den preußischen Reformen vorbei.

Schon 1799 sagte der preußische Minister Struensee (ein Bruder des berühmten Stru-

Napoleon Bonaparte, Kaiser der Franzosen von 1804–1814/15

ensee, der dreißig Jahre früher in Dänemark als Reformer gewirkt und dafür mit seinem jungen Leben gezahlt hatte) zum französischen Gesandten in Berlin: »Die heilsame Revolution, die ihr von unten nach oben gemacht habt, wird sich in Preußen langsam von oben nach unten vollziehen. Der König ist Demokrat auf seine Weise. Er arbeitet unablässig an der Beschränkung der Adelsprivilegien ... In wenigen Jahren wird es in Preußen keine privilegierte Klasse mehr geben.« Das war vielleicht ein wenig dem Angesprochenen nach dem Munde geredet, aber gelogen war es nicht. Wenn man verstehen will, was dahintersteckte, muß man sich folgendes klarmachen:

Das Preußen des 18. Jahrhunderts war nicht nur der neueste, sondern auch der zeitgemäßeste Staat Europas gewesen, stark nicht durch Tradition, sondern durch Modernität. Seit der Französischen Revolution aber gab es plötzlich einen moderneren Staat und modernere, zugkräftigere politische Ideen. Das französische »Freiheit, Gleichheit, Brüderlichkeit« klang zündender als das preußische »Jedem das Seine«.

Und es stärkte den Staat, der es sich zu eigen machte auf einem Gebiet, wo Preußen besonders hellhörig war: dem militärischen. Die Französische Revolution war ja nicht nur eine politische und soziale Revolution, sondern auch eine militärische. Jetzt gab es in Frankreich etwas ganz Neues: die allgemeine Wehrpflicht. Und schon in den Kriegsjahren 1792/95 hatten die Preußen die schockierende Erfahrung machen müssen, daß die französischen Revolutionsarmeen dem Krieg eine ganz neue Dimension gaben, nicht nur durch ihre Masse, sondern auch durch ihren Kampfgeist. Die Französische Revolution hatte die französischen Bauern eben gleichzeitig zu Soldaten und zu freien Eigentümern gemacht, jetzt kämpften sie wirklich für »ihr« Land. Wenn Preußen nicht auf dem Gebiet seiner bisher größten Stärke, dem militärischen, zurückfallen sollte, dann mußte man etwas Ähnliches irgendwie auch in Preußen möglich machen, nur natürlich ohne Revolution: Diese Folgerung zog die fortschrittlichsten Köpfe in Preußen schon von 1795 an. Was sie bewegte, hat Hardenberg nach der militärischen Katastrophe von 1806 in kurze Formeln gefaßt. Die Ideen von 1789 seien unwiderstehlich, schrieb er. »Die Gewalt dieser Grundsätze ist so groß, daß der Staat, der sie

Das preußische Königspaar auf der Pfaueninsel in Berlin

nicht annimmt, entweder seinem Untergang – oder der erzwungenen Annahme derselben entgegensehen muß.« Und: »Demokratische Grundsätze in einer monarchischen Regierung, dieses scheint mir die angemessene Form für den gegenwärtigen Zeitgeist.«

Sehr gut gesagt, aber natürlich leichter gesagt als getan. Was den preußischen Reformern vorschwebte – Bauernbefreiung, allgemeine Wehrpflicht, Aufhebung der Standesgrenzen zwischen Adel und Bürgertum – war mehr als eine bloße Reform, es wäre eine Revolution von oben gewesen, und der neue König Friedrich Wilhelm III., obwohl neuen Ideen zunächst durchaus aufgeschlossen, war alles andere als ein Revolutionär. Er war ein sehr bürgerlicher, sehr nüchterner König, Mustergatte der schönen, gescheiten und populären Königin Luise, tugendhaft, anpassungsfähig, auf eine schüchterne und etwas mürrische Art fortschrittlich, aber entschlußschwach und dann auch wieder ängstlich-starrsinnig. Seine liebste Zeit, sagte einer seiner Kabinettsräte hinter seinem Rücken, sei die Bedenkzeit.

Und dann die Widerstände! Daß sich die preußische Armee, bisher unbesiegt und mit den freilich etwas welk gewordenen Lorbeeren der friderizianischen Kriege geschmückt, jeder Reform widersetzte, war fast das wenigste. Armeen sind konservativ, das scheint ein politisches Naturgesetz zu sein. Schwerer wog etwas anderes. Preußen konnte kein zweites Frankreich werden, beim besten Willen nicht, einfach weil es eine ganz andere gesellschaftliche Struktur hatte.

Die Französische Revolution war eine bürgerliche Revolution gewesen, und die französischen Bauern verdankten ihre Befreiung einem festen Klassenbündnis mit einem mächtigen, revolutionären städtischen Besitzbürgertum. Ein mächtiges, selbstbewußtes städtisches Besitzbürgertum aber gab es in Preußen damals nicht, es war schlechterdings nicht vorhanden. 87 Prozent der preußischen Bevölkerung lebten um 1800 in Dörfern und Gutsbezirken auf dem flachen Lande, von den restlichen 13 Prozent nur 6 Prozent in Städten mit über 20000 Einwohnern. Und diese 6 Prozent – alles in allem kaum mehr als eine halbe Million, Laufburschen und Gesinde eingerechnet – waren, neben einer sehr bescheidenen, fast dürftigen Kaufmannschaft, reines Bildungsbürgertum, Pastoren, Profes-

Achim von Arnim, 1781-1831

Friedrich Schlegel, 1772-1829

soren, Lehrer, Künstler und, in der großen Mehrzahl: Beamte. Damit kann man keine Revolution machen, auch keine Revolution von oben. Dieses preußische Bildungsbürgertum blühte in den zehn Jahren des Baseler Friedens freilich auf wie nie zuvor; Berlin erlebte damals eine beinahe hektische Kulturblüte, wie sie politischen Katastrophen merkwürdigerweise oft vorausgeht. Man kann Ähnliches in Paris vor 1870, in Wien vor 1914 und wiederum in Berlin vor 1933 beobachten. Eine ganze Heerschar von literarischen Talenten bevölkerte damals die preußische Hauptstadt. Adlige wie Kleist, Hardenberg (Novalis), Arnim, de la Motte-Fouqué; Bürgerliche wie Tieck, Brentano, Friedrich Schlegel, E.T.A. Hoffmann. Das romantische Berlin fing an, das klassische Weimar als intellektuelles Zentrum in den Schatten zu stellen. In den Salons der Rahel Levin und der Dorothea Schlegel mischten sich die literarische und die politische Welt. Sogar ein Mitglied des Königshauses, der brillant-exzentrische Prinz Louis Ferdinand, verkehrte dort; und in der Umgebung des Königs selbst hatten jetzt bürgerliche Kabinettsräte das Sagen, die »preußischen Jakobiner«

Beyme, Lombard und Menkken, (der letztgenannte übrigens Bismarcks Großvater mütterlicherseits). Unter den adligen Ministern und Diplomaten gab es Köpfe wie Hardenberg und Humboldt, die sich der neuen bürgerlichen politisch-literarischen Intelligenz näher fühlten als ihren Standesgenossen, den Landjunkern. Keineswegs Verknöcherung und Stillstand; vielmehr eine glänzende, geistreiche Welt, in der es von modernen, fortschrittlichen, humanen und reformerischen Ideen nur so wimmelte. Ein Offizier, der spätere Heeresreformer Boyen, empfahl bereits öffentlich die Abschaffung des Fuchtelns und Prügelns beim Militär, und auch von Bauernbefreiung, Gewerbefreiheit, Judenemanzipation, städtischer Selbstverwaltung war allgemein die Rede.

Nicht nur in den Salons. Die meisten der Reformen, die dann zwischen 1806 und 1813 von Stein und Hardenberg ins Werk gesetzt wurden, sind bereits vor 1806 in den Ministerien geplant und vorbereitet worden. Nur durchgesetzt wurden sie nicht. Denn im wesentlichen blieb der Reformwille eben doch eine Angelegenheit der Hauptstadt, der Intellektuellen und der hohen Beamtenschaft. Auf dem fla-

Ludwig Tieck, 1773-1853

Clemens Brentano, 1778-1842

Spielzeug-Händler auf der Straße Unter den Linden

Gegen Ende des 18. Jahrhunderts portraitiert J. W. C. Rosenberg Berliner Händlertypen, Ausrufer genannt. Er stellt seine Figuren vor die architektonischen Prunkstücke der Stadt. Wenzeslaus von Knobelsdorff, ein Jugendfreund Friedrichs des Großen, erbaute 1741 bis 1743 die Oper. Vier Jahre später begann Boumann mit der Kuppelkathedrale St. Hedwig (nächste Seite). Unter den Linden steht auch das Palais des Prinzen Heinrich, das 1810 Besitz der Berliner Universität wird. Heute heißt sie Humboldt-Universität.

Käse-Händler vor dem Palais des Prinzen Heinrich

Stiefelspanner-Verkäufer auf dem Opernplatz

Wacholdersaft-Händler vor der Oper und der katholischen St.-Hedwigs-Kathedrale chen Land, wo 87 Prozent der preußischen Untertanen lebten und wo die Junker herrschten, brach er sich einstweilen an dem massiven Widerstand eines noch ganz intakten, robust-gesunden Feudalsystems. Man könnte sagen: Preußen konnte die Französische Revolution nicht nachahmen – obwohl seine besten Köpfe dies durchaus als notwendig begriffen –, weil es zu gesund dafür war. Es gab in Preußen um 1800 keine »revolutionäre Situation« wie in Frankreich zehn Jahre zuvor. Dort war der Feudalismus im 18. Jahrhundert langsam verfault. In Preußen war er noch vollkommen robust und lebenskräftig und brauchte sich nicht einmal besonders anzustrengen, um die Reformpläne der Hauptstadt als Geschwätz abzutun.

Eine einzige größere Reform ist schon vor 1806 vollzogen worden: Die Bauernbefreiung auf den staatlichen Domänen. Die allerdings war viel erfolgreicher als später Steins Versuch einer Bauernbefreiung auf den privaten Gütern. Wo der Staat selbst wirtschaftete, konnte er nicht nur planen und diskutieren, sondern handeln. Über 50000 Domänenbauern wurden vor 1806 freie Eigentümer; das sind mehr als später in der ganzen

Epoche von 1807 bis 1848. Im übrigen aber blieb es bei Plänen und Entwürfen; es herrschte Reformatmosphäre, aber es gab noch keine Reformpolitik. Dem Preußen des Baseler Friedens fehlte es nicht an Aufgeschlossenheit und Fortschrittswilligkeit, aber zugleich blieb es irgendwie bewegungsunfähig an seine alten Einrichtungen gefesselt. Diese Fesseln brach erst die äußere Niederlage; aber sie zerbrach zugleich auch fast schon den ganzen Staat.

Wie es zu dem Krieg und der Niederlage von 1806 kam, das ist eine merkwürdige und lehrreiche Geschichte. König Friedrich Wilhelm III., im stärksten Gegensatz zu seinen beiden Vorgängern, war ein aufrichtiger Pazifist. Kurz vor seinem Regierungsantritt hatte er zu seiner eigenen Belehrung und Festlegung »Gedanken über die Regierungskunst« aufgeschrieben. Darin heißt es: »Das größte Glück eines Landes besteht zuverlässig in einem fortdauernden Frieden; die beste Politik ist also diejenige, welche stets diesen Grundsatz insofern vor Augen hat, als unsere Nachbarn uns in Ruhe lassen wollen. Man mische sich nie in fremde Händel, die einen nichts angehen ... Um aber nicht wider Willen in fremde Händel gemischt zu werden, so hüte man sich vor Allianzen, die uns früh oder spät in solche verwickeln könnten.« Also Friede durch Neutralität; und daran hielt sich Friedrich Wilhelm neun Jahre lang scheinbar mit Erfolg.

Diese neun Jahre waren in Europa fast durchwegs Kriegsjahre. Nur gerade das Land, das unter Friedrich Wilhelms beiden Vorgängern, man erinnert sich vielleicht, nach der Maxime gehandelt hatte, »daß nichts auf dem Kontinent sich ereignen konnte, das Preußen nichts angegangen wäre, und daß kein politischer Vorgang von einer gewissen Bedeutung ohne seine Beteiligung statthaben durfte«, verharrte jetzt in selbstgewählter Isolierung und blieb eine Insel des Friedens. Es machte sogar noch gute Geschäfte dabei: Bei der großen westdeutschen Flurbereinigung unter französischen Auspizien, dem sogenannten Reichsdeputationshauptschluß von 1803, fiel für Preußen noch einmal ein großer Gebietszuwachs ab, praktisch das ganze Westfalen. Ganz ohne Krieg. Was wollte man mehr? Und ein Jahr später, als sich Napoleon zum Kaiser der Franzosen machte und der deutsche Kaiser Franz, in Vorahnung kommender Dinge, den Titel

»Kaiser von Österreich« annahm, forderte Napoleon den Preußenkönig sogar auf, sich nun ebenfalls einen Kaisertitel zuzulegen: Kaiser von Preußen. Das wehrte Friedrich Wilhelm III. bescheiden ab. »Man lasse sich nicht durch einen vermeinten zu erlangenden Ruhm verblenden«, hatte er sich in den schon zitierten »Gedanken über die Regierungskunst« vorgeschrieben. Er wollte Preußen nicht den vier Kaiserreichen gleichstellen und sich womöglich in ihre Händel einmischen. Er wollte ein schlichter König von Preußen bleiben, und vor allem wollte er in Ruhe gelassen werden. Wenn Krieg sein sollte – er »begehrte, nicht schuld daran zu sein«.

Der Minister eines der mitteldeutschen Kleinstaaten, die damals im Schutze der preußischen Neutralität lebten, Goethe, hat sich zu alledem mit weltkluger Skepsis geäußert, gleichsam kopfschüttelnd: »Zwar brannte die Welt an allen Ecken und Enden, Europa hatte eine andere Gestalt genommen, zu Lande und zur See gingen Städte und Flotten zu Trümmern, aber das mittlere, das nördliche Deutschland genoß noch eines gewissen fieberhaften Friedens, in welchem wir uns einer problematischen Sicherheit hingaben. Das große Reich im Westen war gegründet, es trieb Wurzeln und Zweige nach allen Seiten hin. Indessen schien Preußen das Vorrecht gegönnt, sich im Norden zu befestigen.« Man hört die Ungläubigkeit heraus. Goethe traute dem preußischen Frieden nicht. Er war ein realistischerer Staatsmann als Friedrich Wilhelm III.

Friedrich Wilhelm erkannte nicht, daß Neutralität ihren Charakter ändert, wenn sich die umgebenden Machtverhältnisse ändern. Als Preußen 1795 mit Frankreich den Sonderfrieden von Basel geschlossen hatte, war die französische Republik noch ein hartbedrängter Staat gewesen, froh, Preußens Neutralität zu erkaufen, und bereit, dafür teuer zu zahlen. Zehn Jahre später war das französische Kaiserreich zur stärksten Macht Europas geworden und im Begriff, die Vorherrschaft über den ganzen Kontinent anzutreten. Unter der Hand hatte sich die Neutralität Preußens in eine passive Parteinahme für Frankreich verwandelt.

1805 verbündeten sich Österreich und Rußland mit England, um Napoleons Übermacht zu brechen. Jetzt hieß es Farbe bekennen. Rußland und Österreich drängten Preußen zum Bündnis. Aber

Friedrich Wilhelm der Dritte,

König von Preußen, ꝛc ꝛc. ꝛc.

Ist gebohren am 3ten August 1770, hat sich vermählt den 24ten December 1793. mit Luise, Auguste, Wilhelmine, Amalie, Tochter des regierenden Herzogs Karl zu Meklenburg-Strelitz, und den Thron bestiegen den 16ten November 1797.

Einstimmig wird unser edler Monarch der gerechte König genannt, und Er hat sich dieses Beinamens bisher im höchsten Grade würdig gemacht. Alle seine Gesinnungen und Thaten bezeichnet hohe Gerechtigkeitsliebe; mit welcher Er sein Ihm von Gott anvertrautes Volk regiert und zu beglücken strebt. Gleich der erste Tag seiner Regierung war Zeuge von dieser seiner hohen Tugend, es darf Ihn keiner umgeben, wer nicht ein erprobter, bewährter rechtschaffner Mann ist; denn Er schätzt nichts höher als Rechtschaffenheit. Diese ist sein Panier. Mit ihr handelt Er gegen Freund und Feind. Rechtschaffenheit und Mässigung wird Er sich nach seinen eignen Worten in den auswärtigen Verhältnissen heilig seyn lassen. Er will überall der ehrliche Mann seyn, dessen Worte nie auf Schrauben stehen, der hält, was Er verspricht, und keinen, auch seinen Feind nicht verdrehen und mißdeuten wird. So wird Er sich vor allen Völkern ehrwürdig machen und Alles mit Ehrfurcht vor sich erfüllen; denn die Tugend gebietet überall Ehrfurcht und auch das Laster muß sie ihr bringen.

Er ist ein zärtlicher Familien-Vater, ein herablassender Menschenfreund, ein tapferer Soldat. Schon als Kronprinz hat Er davon Beweise gegeben.

Am Rhein und in Polen hat Er standhaft, tapfer und helden denmüthig Heere angeführt. Auf Ihm ruht der Geist Friedrichs des Großen, der Ihn stets um sich hatte und sich seiner männlichen Tapferkeit und Muth verrathenden Spiele freute, und der einst zu Ihm sagte, da der Prinz den vom großen Könige aufgefangenen und verwehrten Ball mit Gewalt forderte: „Du wirst dir Schlesien nicht nehmen lassen!" Schon im Kinde zeigte sich der Held, der vor uns hergehen wird, wenn man unsere Rechte kränken sollte und dem wir dann auch bis in den Tod folgen werden. Bei dem Feldzuge in Polen gab Er den armen, matten und verwundeten Soldaten selbst den Wein zu trinken und half beim Verbande! Die armen Leute! rief Er da einmal über das andere aus und sorgte redlich für Hülfe.

Er lebt häuslich ohne große Pracht. Er gehet und reitet oft ohne alle Begleitung, weil die Liebe seines Volkes seine Leibwache ist. Er ist ein sparsamer redlicher Haushalter, um seinem Lande mit gutem Beispiel voranzugehn. Er ist ein großer König im Frieden, das wird uns Segen bringen, dies heißt tausendmahl mehr, als nur groß im Kriege seyn.

Du bist, was Friedrich war,
Ein großer Mann und König,
Ein Vielfraß [illegible] Er,
Und Gott nur unterthänig.

Volkslied.

Einen solchen König preise, preis' Ihn hoch, o Festgesang! schon als Jüngling brav und weise giebt sein Herz Ihm Königsrang. :,: In der Laufbahn rascher Jugend, die Er, festen Schritts, betrat, ward Er früh am Scheide-Pfad der Gefährte strenger Tugend. Erhalt uns Ihn, o Gott! Erhalt Ihn groß und gut! Für Ihn :,: giebt gern sein Volk dann Leben hin und Blut.

Nicht dem Purpur, nicht der Krone räumt Er einen Vorzug ein; Er ist Bürger auf dem Throne, und sein Stolz ist: Mensch zu seyn. :,: Zu dem Flehn bedrängter Brüder neigt Er liebreich gern sein Ohr; wer die Hofnung schon verlor, o! dem giebt sein Blick sie wieder. Erhalt uns Ihn, o Gott! Erhalt Ihn weich und mild! In Ihm :,: sieht dann die Welt von Deiner Huld ein Bild.

Er zerreißt der Selbstsucht Netze, auf das Wohl des Volks bedacht. Er verehret die Gesetze, auch als Schranken eigner Macht :,: Er entfernt der Heuchler Schaaren, und verachtet Schmeichler-Ton; denn Er winkt zu seinem Thron nur den biedern Mann, den wahren. Erhalt uns Ihn, o Gott! Erhalt Ihn so gerecht! Durch Ihn :,: wird dann sein Volk ein glückliches Geschlecht.

Er erhorcht nicht fremmen Wahne, nicht [illegible] Seine Thaten, seine Plane sind Geburten deutscher Kraft. :,: In der Wissenschaft Gebiete, durch das Lächeln seiner Huld, treiben deutscher Fleiß und Kunst neue Früchte deutscher Blüte. Erhalt uns Ihn, o Gott! Erhalt Ihn deutsch gesinnt! Durch Ihn :,: sieht dann die Welt, was deutsche Kraft beginnt.

Diesen braven König preise, preis' Ihn hoch, o Festgesang! Hier in treuer Freundschaft Kreise singt Ihm, Freunde! lauten Dank! :,: für des besten Königs Leben, für die edle Königinn, für dies Paar von deutschem Sinn, trinkt den Saft von deutschen Reben! Erhalt, o Gott! dies Paar, vereint durch ew'ges Band, zum Heil :,: für Welt und Staat, für Thron und Vaterland!

Berlin, zu haben bei J. J. Zürngibl, an der Grünstraßen-Brücke.

Flugblatt zur Krönung Friedrich Wilhelms III.

Eine Liebesehe verbindet Friedrich Wilhelm III. und Luise, Prinzessin von Mecklenburg-Strelitz (rechts: Luises Portrait von Tischbein). Ihre fast bürgerliche Lebensweise ist neu und stilbildend

Das Königspaar mit Zar Alexander am Grab Friedrichs des Großen

Friedrich Wilhelm klammerte sich weiter an seine Neutralität. Das äußerste, wozu er sich vom Zaren 1805 in Potsdam bei einer feierlichen und etwas theatralischen Verbrüderungszene am Sarge Friedrichs des Großen überreden ließ, war eine bewaffnete Vermittlung. Aber dafür war Napoleon zu schnell. Ehe er den preußischen Abgesandten empfing, schlug er die Österreicher und Russen bei Austerlitz und zwang Österreich zum Sonderfrieden. Rußland zog sich grollend hinter seine Grenzen zurück. Zu vermitteln gab es für Preußen nichts mehr.

Statt dessen bot Napoleon nunmehr Preußen ein Bündnis an – vielmehr: Er drängte es ihm auf, er forderte es gebieterisch. Und im Februar 1806 – eine gern verschwiegene Tatsache – kam dieses Bündnis, sehr gegen die Neigung des Königs, tatsächlich zustande, freilich nur gegen England, nicht gegen Rußland. Preußens Neutralität war schon im Kriege von 1805 auf eine Begünstigung der stärkeren Seite, also der französischen, hinausgelaufen. Nach dem französischen Sieg in diesem Krieg mußte Preußen froh sein, daß Napoleon sie durch ein Bündnisangebot honorierte und mit einer Gebietserweiterung belohnte.

Napoleon Bonaparte am Grab Friedrichs des Großen

Preußen durfte sich das englische Hannover nehmen; das tat es im Juni. England antwortete mit der Wegnahme aller preußischen Handelsschiffe. Preußen fand sich, es wußte kaum wie, an der Seite Frankreichs im Kriege mit England. Und dann, nur drei Monate später, wurde aus dem Krieg gegen England plötzlich ein Krieg gegen Frankreich.

Wie das? Die Wendung schien unerklärlich. Gewollt und geplant hatte niemand diesen Krieg, auch Napoleon nicht. Er hatte vor der preußischen Armee immer noch Respekt – »Wenn er noch lebte, wären wir nicht hier«, sagte er am Grabe Friedrichs des Großen, das er nach seinem Siege aufsuchte –, und er zog es 1806 noch vor, Preußen zum Juniorpartner zu machen, statt es besiegen und erobern zu müssen. Was Friedrich Wilhelm betraf, so war er die Friedensliebe selbst. Ja, man kann sagen: Er stolperte in den Krieg aus gekränkter Friedensliebe. Er verzieh Napoleon nicht, daß er ihn zum Bündnis gezwungen hatte. Er war auch beleidigt durch die Mißachtung, mit der französische Truppen schon vorher in Ansbach ungefragt durch preußisches Gebiet marschiert waren. Wenn schon Krieg, dann doch lieber gegen

Eine Postkutsche um 1820

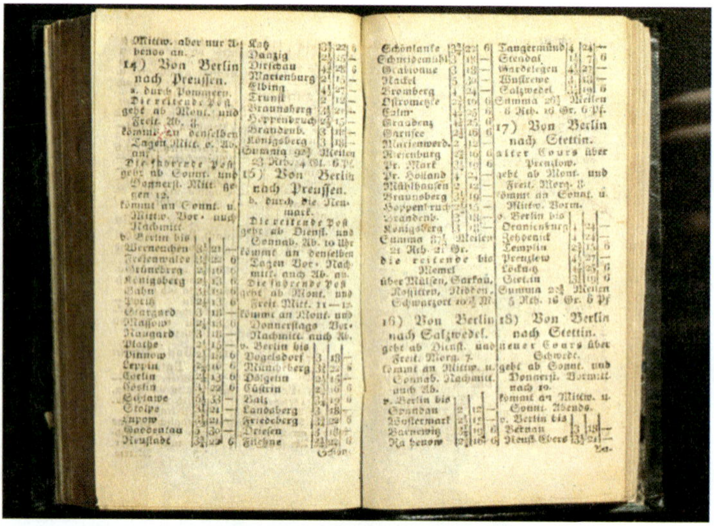

Fahrplan in einem Damenkalender

Schon Mitte des 18. Jahrhunderts gibt es in Preußen ein perfekt durchorganisiertes Verkehrssystem, das die Verwaltung der einzelnen Provinzen, die Hunderte von Kilometern auseinanderliegen, erst ermöglicht. Sechs Tage benötigt die Postkutsche für die 93 Meilen (rund 670 Kilometer) von Berlin nach Königsberg, pro Meile hat der Reisende sechs Groschen zu zahlen. Auf den Wasserwegen rund um Berlin werden bereits 1818 Dampfschiffe eingesetzt

Das erste Dampfschiff legt bei Schloß Bellevue an

den Beleidiger, der ihn »nicht in Ruhe lassen wollte«, als gegen England, das ihm nichts getan hatte! Auch sah der König, daß er, einmal mit Napoleon verbündet, dem Krieg gegen seinen Freund, den Zaren, auf die Dauer nicht entgehen würde. Im Juli schloß Preußen hinter dem Rücken seines neuen französischen Verbündeten eine Art Rückversicherungsvertrag mit dem Zaren. Napoleon erfuhr davon und antwortete mit einem drohenden Aufmarsch in Thüringen. Darauf mobilisierte Preußen und verlangte ultimativ, diesen Aufmarsch zu stoppen. Napoleons Antwort war der Einmarsch. Mißtrauen auf der französischen, Verärgerung auf der preußischen Seite, auf beiden gekränkte Eigenliebe – ein Krach unter Verbündeten; und dann ein Kurzschluß. Klare Pläne, was sie mit diesem Krieg eigentlich wollten, hatten beide Seiten nicht; auf der preußischen fehlte überdies jedes Kalkül der Chancen. Man führte ohne Verbündete und ohne politisches Ziel den Krieg eines beleidigten Ehrenmannes; fast ließe sich sagen: Preußen verteidigte 1806 immer noch seine

Maskenball im Berlin der Friedenszeit Anfang des 19. Jahrhunderts. Unter der Löwenm

e rechts) verbirgt sich der patriotische Dichter Heinrich von Kleist

In den 20 Jahren, die zwischen dem Tod Friedrichs II. und der Katastrophe von 1806 liegen, gewinnt die vorher nüchterne preußische Hauptstadt allmählich das Ansehen einer europäischen Metropole. In Berlin entstehen viele politische und literarische Salons, das gesellschaftliche Leben blüht

schon verlorene Neutralität. Welcher Kontrast zu den preußischen Kriegen des 18. Jahrhunderts!

Die militärische Entscheidung fiel an einem einzigen Tage. Am 14. Oktober 1806 wurden die beiden preußischen Armeen, getrennt marschierend, getrennt geschlagen, in den Schlachten bei Jena und Auerstedt (es waren zwei getrennte Schlachten, nicht, wie immer gesagt wird, eine »Doppelschlacht«). Das war eigentlich keine Überraschung: Napoleon hatte bis dahin noch jede seiner Schlachten gewonnen, gegen jeden Gegner. Überraschend war, was dann folgte: die völlige Widerstandslosigkeit, ja Beflissenheit, mit der die Entscheidung von Jena und Auerstedt in Preußen akzeptiert wurde; die schnelle Kapitulation der geschlagenen, aber keineswegs vernichteten Armeen, die kampflose Übergabe der Festungen, die Flucht des Königs nach Ostpreußen, der beinahe jubelnde Empfang des Siegers in Berlin, die bereitwillige »Kollaboration« des gesamten Staatsapparats mit dem Sieger; die preußischen Beamten leisteten Napoleon sogar eine Art Treueeid. Wiederum: Was für ein Kontrast zu der preußischen Unerschütterlichkeit im Siebenjäh-

rigen Krieg, nach der ebenso schweren Niederlage von Kunersdorf!
Dieser Kontrast verlangt nach Erklärung, wie schon zuvor der Kriegsausbruch. Vielleicht ist die Erklärung dieselbe. Der Krieg von 1806 war eine Kurzschlußhandlung gewesen. Er war niemandem so recht verständlich geworden, alles war Hals über Kopf gegangen. Keiner hatte Zeit gehabt zu begreifen, wieso Preußen und Frankreich, zehn Jahre lang Freunde, gerade erst Verbündete geworden, jetzt plötzlich Feinde waren. Alles wirkte wie ein unbegreifliches Mißverständnis – und Napoleons schneller Sieg wie seine Auflösung. Man würde sich wieder vertragen, und alles würde wie vorher sein.
Tatsächlich war nichts wie vorher, und die Lebenskrise des preußischen Staates sollte erst beginnen. Sein Schicksal lag jetzt vollkommen in der Hand des Siegers; und Napoleon war von Preußen in doppelter Hinsicht enttäuscht: Er hatte es sich als Bundesgenossen gewünscht, und er hatte es sich viel stärker vorgestellt. Verärgerung und Verachtung bestimmten jetzt seine Politik; Preußen mußte bestraft werden, und gleichzeitig konnte es als politisches Spielmaterial benutzt werden.

Rahel Levin Varnhagen von Ense, 1771–1833

Adelbert von Chamisso, 1781–1838

Jena, 14. Oktober 1806, schwerste Niederlage der preußischen Armee

5

Prinz Louis Ferdinand von Preußen

Bei Jena und Auerstedt wird am 14. Oktober 1806 die getrennt marschierende preußische Armee getrennt geschlagen. Im Gefecht bei Saalfeld vier Tage zuvor fällt Prinz Louis Ferdinand. Die Folgen der Niederlage sind katastrophal. Die Armee löst sich auf, die Festungen und Berlin kapitulieren, das Königspaar flieht nach Memel. Ganz Preußen wird französisch-besetztes Gebiet

Darüber hinaus hatte Napoleon keinen festen Plan für Preußen. Er improvisierte. Sein erstes Konzept war ein halbiertes Preußen als Pufferstaat und Glacis gegen Rußland: Die westdeutschen Gebiete Preußens würde er seinem Rheinbund zuschlagen; zwischen Elbe und Bug mochte Preußen als nunmehr rein östlicher, halb polnischer Staat einstweilen bestehen bleiben. Auf dieser Basis kam tatsächlich zunächst am 30. Oktober in Charlottenburg ein Präliminarfriede zustande. Aber dann kam Napoleon mit Nachforderungen: Bruch mit Rußland und unbegrenztes Durchmarschrecht für die französischen Armeen. Der seit Austerlitz ruhende Krieg mit Rußland war ja noch nicht beendet! Nun legte sich Friedrich Wilhelm quer, nach nervenzerfetzenden Debatten mit seinen Ministern im ostpreußischen Osterode, wohin er geflohen war. Und nun entwarf Napoleon, zornig und ungeduldig, einen Plan zur völligen Auflösung Preußens: Schlesien zurück an Österreich, Wiederherstellung Polens, Entthronung der Dynastie Hohenzollern. Es ist bezeichnend, daß er einen solchen Plan überhaupt ernsthaft fassen konnte; für Österreich, gegen das er viel öfter und viel länger Krieg ge-

Vor dem Brandenburger Tor übergeben Abgesandte von Berlin Napoleon am 27. Oktober 1806 die Schlüssel der Stadt

führt hatte, ist ihm so etwas nie in den Sinn gekommen. Aber Preußen war eben wegzudenken.
Dann ließ Napoleon den Gedanken doch zunächst wieder fallen. Was aus Preußen werden würde, hing jetzt, auch für ihn, vom Ausgang des Krieges mit Rußland ab. Er setzte seine Armeen in Marsch nach Ostpreußen.
Dort waren inzwischen auch die Russen eingerückt, und auch die Preußen kratzten dort noch einmal ein Armeekorps zusammen. Am 18. Februar 1807 kam es zu einer furchtbar blutigen Winterschlacht bei Eylau, der ersten, die Napoleon nicht gewann. Man trennte sich unentschieden, und die Verbündeten schöpften wieder Mut. Im April wurde ein formelles russisch-preußisches Bündnis abgeschlossen, das inhaltlich schon das spätere Bündnis von 1813 vorwegnahm: Krieg bis zur völligen Niederwerfung Napoleons, kein Sonderfrieden, Wiederherstellung Preußens in den Grenzen von 1805. Aber das blieb einstweilen ein Traum. Im Juni errang Napoleon wieder einen klaren Sieg über die Russen, die Generale des Zaren rieten dringend zum Waffenstillstand, auch Napoleon war zu einem Rußlandfeldzug 1807 noch nicht bereit, und so kam es zu dem dramatischen Versöhnungstreffen zwischen Kaiser und Zar auf einem Floß in der Mitte des Njemen und schließlich zum Frieden von Tilsit. Damit entschied sich auch das Schicksal Preußens. Selber hatte es dabei nicht mehr mitzureden.
Mit seinem russischen Bündnis und seinem – wenn auch nur mehr oder minder symbolischen – Widerstand in Ostpreußen hatte aber Preußen wenigstens das eine erreicht, daß seine Zukunft nicht mehr allein in der Hand Napoleons lag, sondern in zwei Händen: der Napoleons und der des Zaren Alexander. Viel war es nicht, was dabei für Preußen herauskam. Über den Bündnisvertrag vom April und die Verpflichtung, das Preußen von 1805 wiederherzustellen, setzte sich der Zar freizügig hinweg; was ging ihn das ohnehin halbtote Preußen an! Immerhin war er seiner Ehre schuldig, seinen kleinen preußischen Verbündeten vor der vollständigen Auslöschung zu bewahren, und dazu fand sich auch Napoleon jetzt ohne große Widerstände bereit. Man machte ein Geschäft: Jeder der beiden hohen Vertragschließenden behielt sozusagen einen Bauern im Schachfeld des anderen; Frankreich das preußische Polen; es wurde als Herzog-

Napoleon empfängt die Besiegten zur Tafel

»Nur um Gottes willen keinen schändlichen Frieden«, schreibt Königin Luise dem König nach der Niederlage von Jena und Auerstedt. Als aber Rußland Frieden macht, muß auch er es tun. Drei Tage vor dem Friedensschluß sind die Besiegten bei Napoleon zur Tafel geladen (links neben dem Franzosenkaiser Zar Alexander, rechts von ihm das preußische Königspaar). Die Friedensbedingungen aber sind noch härter, als Luise befürchtet hatte. Gebiet und Bevölkerung Preußens schrumpfen um mehr als die Hälfte

Ein Bild der Königsfamilie
aus der Zeit der
französischen Besetzung

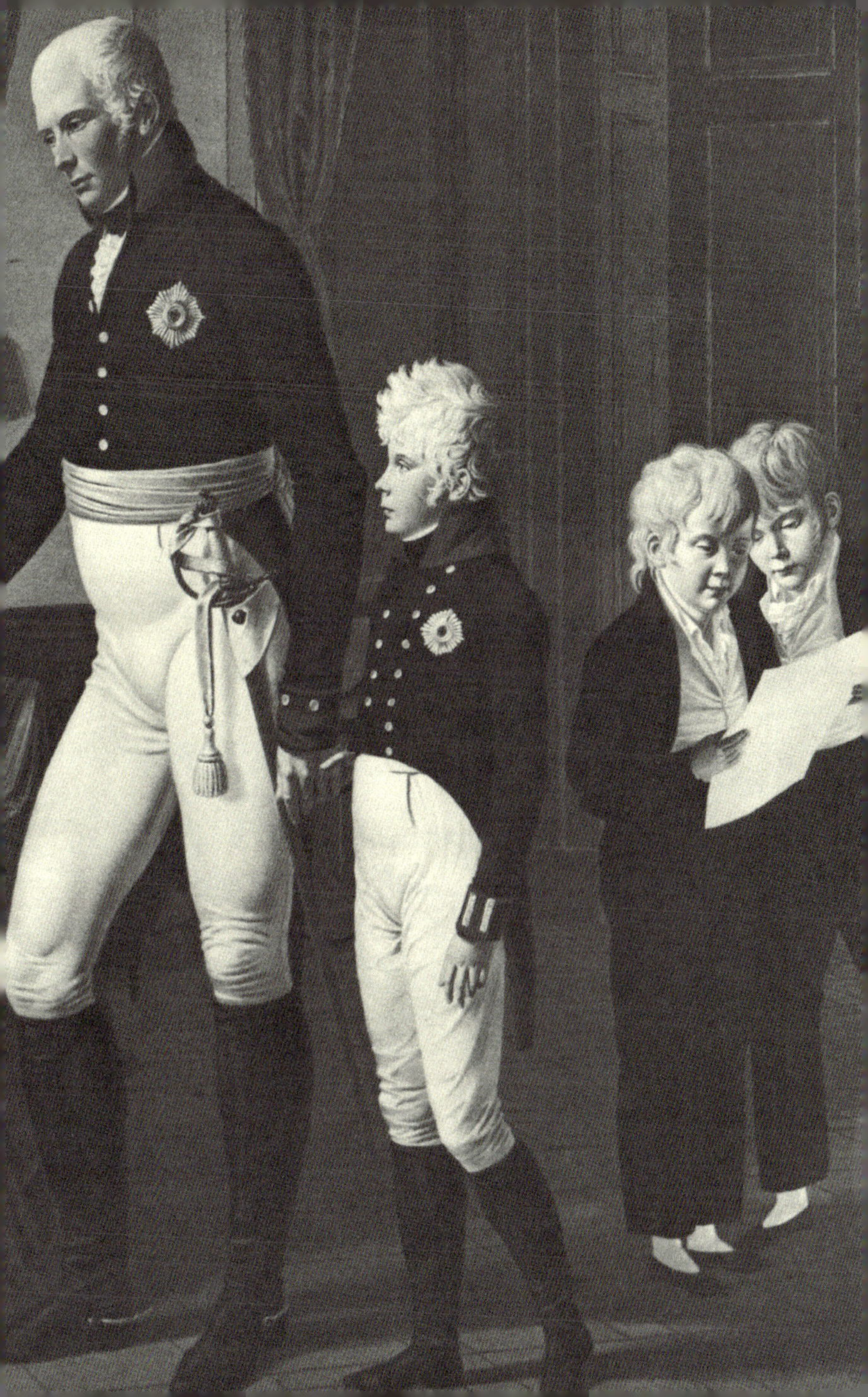

Auf Befehl Napoleons sorgt in Berlin eine Nationalgarde für Ruhe und Ordnung

tum Warschau aus den Gebieten, die Preußen bei den letzten polnischen Teilungen erworben hatte, gebildet und dem Königreich Sachsen – also praktisch dem Rheinbund – zugeschlagen. Rußland sicherte sich dafür als Vorfeld das auf die Grenzen von 1772 reduzierte Preußen; das wurde nicht dem Rheinbund zugeschlagen, sondern behielt eine nominelle Selbständigkeit, für die es dem Zaren zu danken hatte. Freilich, es blieb französisch besetztes Gebiet; insofern machte der Zar das schlechtere Geschäft, aber das entsprach der Machtlage. Preußen hatte sich mit dem Machtanspruch der beiden Großen wohl oder übel abzufinden. Seine staatliche Existenz war gerade noch einmal gerettet; freilich eine Kümmerexistenz.

Und in diesem verkümmerten und gedemütigten Preußen wurden nun, Schlag auf Schlag, all die großen Reformpläne durchgeführt, die vor der Katastrophe nur Pläne gewesen waren: die Bauernbefreiung; die Selbstverwaltung der Städte; die Öffnung des Offizierskorps für Bürgerliche; die Gleichstellung von Adel und Bürgertum im Recht auf Landbesitz; die bürgerliche Gleichstellung der Juden; die Gewerbefreiheit; das neue französische Militärsystem; die Abschaffung der Körperstrafen im Heer – kurz, das ganze soziale Programm der Französischen Revolution. Nur das soziale allerdings; nicht auch das politische; keine Volkssouveränität, kein Parlament, natürlich keine Republik. An Abdankung dachte der König von Preußen nicht. Sein Staat sollte nur gestärkt auf eine breitere Grundlage gestellt werden, und zu diesem Zwecke übernahm der Besiegte das siegreiche System des Siegers: »demokratische Grundsätze in einer monarchischen Regierung«, wie Hardenberg es formulierte.

Die Revolution von oben, vorher nur viel beredet, jetzt fand sie statt. Knapp mit dem nackten Leben davongekommen, auf weniger als die Hälfte seines Umfangs reduziert, fand Preußen immerhin die Kraft zu einer inneren Erneuerung. Das war eine gewaltige Leistung und ein Beweis, daß noch Leben in diesem Staat steckte. Auf eine ganz andere Weise als im Siebenjährigen Krieg, aber vielleicht noch überzeugender, bewies Preußen Stärke im Unglück. Damals hatte es mit zusammengebissenen Zähnen durchgehalten; diesmal konnte man beinahe sagen: Es war vom Tode auferstanden.

Karl Freiherr vom Stein, 1757-1831

Beinahe. Denn bei allem Respekt vor dem Lebenswillen und der Erneuerungskraft, die sich in den Reformen der Jahre 1807 bis 1812 manifestierte, muß man doch nüchtern feststellen, daß viele davon fürs erste auf dem Papier blieben.
Auch etwas anderes darf man nicht übersehen: Die Reformen, und ganz besonders die Bauernbefreiung, einigten das Land nicht etwa, sondern sie spalteten es. Preußen war ja nicht nur ein Königsstaat, sondern auch immer noch ein Junkerstaat, und Steins Bauernbefreiungs-Edikt war praktisch eine Kriegserklärung an die Junker; wie einst Friedrich Wilhelm I. sagte Stein sinngemäß: »Ich ruiniere die Junkers ihre Autorität.« So leicht ließen sich aber die Junker ihre Autorität nicht ruinieren, früher nicht und auch jetzt nicht.
Gegen die Reformen bildete sich eine mächtige Adelsfronde. Ihr Wortführer, Friedrich Ludwig von der Marwitz, ein bedeutender Mann, schrieb: »Stein fing die Revolutionierung des Vaterlandes an, den Krieg der Besitzlosen gegen das Eigentum, der Industrie gegen den Ackerbau, des Beweglichen gegen das Stabile«, und als Stein, der »landfremde Nassauer«, 1808 entlassen wurde, schrieb ein an-

derer Altpreuße, der General Yorck, derselbe, der fünf Jahre später das Signal zum Befreiungskrieg geben sollte: »Ein unsinniger Kopf ist schon zertreten; das andere Natterngeschmeiß wird sich in seinem eigenen Gift auflösen.« So groß war damals in Preußen die Erbitterung, mit der Reformer und Antireformer aufeinander blickten. Zwei Jahre später ließ Hardenberg Marwitz als Hochverräter auf Festung setzen. Aber auch Marwitz eilte 1813 zu den Waffen, als Anführer einer berittenen Landwehrkompanie »seiner« Bauern, die er auf eigene Kosten ausrüstete und persönlich drillte und führte. Preußische Patrioten waren auch die Reformfeinde.

Karl August von Hardenberg, 1750–1822

Und gespalten waren überdies auch noch die Reformer unter sich – eine subtile Spaltung, zunächst scheinbar nur ein Nuancenunterschied, ein Haarriß, der sich aber später allmählich zur Kluft ausweiten sollte. Die einen waren einfach preußische Patrioten; die anderen fingen in dieser Zeit an, manchmal zunächst noch unbewußt, Nationalisten zu werden, und zwar deutsche Nationalisten: Denn eine preußische Nation gab es ja eigentlich nicht. Am besten begreift man den Unterschied, wenn man sich die

beiden großen Reformminister, Stein und Hardenberg, näher ansieht.
Beide waren Wahlpreußen aus dem deutschen Westen: Stein ein Hesse, Hardenberg ein Hannoveraner. Aber während Hardenberg lebenslänglich ganz im preußischen Staatsdienst aufging, gab Stein dort eigentlich immer nur eine Gastrolle. »Ich habe nur ein Vaterland, das heißt Deutschland«, schrieb er nach seiner Entlassung, und in demselben Brief noch schärfer: »Wenn Österreich der Herr eines einigen Deutschland werden kann, will ich Preußen gerne zur Disposition stellen.« So etwas hätte Hardenberg nie geschrieben; für ihn stand Preußen keinen Augenblick zur Disposition. Das unterschied die beiden Männer auch in ihrer Außenpolitik: Stein war jederzeit bereit, die Existenz Preußens seinem Franzosenhaß aufzuopfern. Wenn es nach ihm gegangen wäre, hätte Preußen schon 1808 und 1809, aus gänzlich aussichtsloser Position, wieder losgeschlagen und versucht, einen gesamtdeutschen Volkskrieg wie in Spanien oder Tirol zu entfesseln. Das wies Hardenberg weit von sich: Es hätte ja mit Sicherheit Preußens Existenz gekostet! Auch er handelte 1813 mit immer noch großer Kühnheit; aber er wartete ab, bis sich wenigstens eine knappe Erfolgschance ausrechnen ließ. Bis dahin trieb er Anpassungspolitik.
Unverkennbar war Hardenberg von den beiden der bessere Politiker. Stein, ein Charakter zwischen Martin Luther und Michael Kohlhaas, wollte immer mit dem Kopf durch die Wand und ist im ganzen als Politiker gescheitert. Nach seiner zweiten Entlassung 1808 (er hatte schon einmal 1806 sein Amt im Zorn hingeworfen) ist er nie mehr preußischer Minister geworden. (Er trat später zum Kampf gegen Napoleon in russische Dienste, wo er es aber auch nicht weit gebracht hat, und lebte nach 1815 als verbitterter Privatmann auf seinem nassauischen Stammgut.) Hardenberg, viel geschickter und geschmeidiger, übrigens auch privat kein Puritaner wie Stein, sondern Weltmann, Kavalier und Lebenskünstler wie Metternich und Talleyrand, erreichte 1810 als »Staatskanzler« eine Stellung, wie sie vor ihm in Preußen niemand und nach ihm nur Bismarck gehabt hat, und hielt sie bis zu seinem Tode 1822. In der entscheidenden Krise von 1813 machte er, weit mehr als der König, praktisch die preußische Politik.

Die ersten preußischen Stadtverordneten empfangen nach Einführung der Neuen Ständeordnung von 1808 in der Nicolaikirche ihren Segen.

Heinrich von Kleist, 1777–1811

Johann Gottlieb Fichte, 1762–1814

Aber zurück zu dem Riß innerhalb der Reformpartei, den Stein und Hardenberg personifizierten. Die deutschen Frühnationalisten, die damals in Preußen auftauchen, tragen in der deutschen Geistesgeschichte berühmte Namen: die Dichter Heinrich von Kleist und Ernst Moritz Arndt, der Philosoph Fichte (»Reden an die deutsche Nation«), der Theologe Schleiermacher, der General Gneisenau; selbst eine eher skurrile Figur wie der »Turnvater« Jahn ist nicht ohne Nachruhm geblieben. Sie verkörperten etwas, das im späteren 19. Jahrhundert eine gewaltige politische Kraft werden sollte; als Vorläufer der deutschen Nationalbewegung sind sie in der deutschnationalen Geschichtsschreibung zu Helden geworden. Aber dadurch dürfen wir uns nicht darüber täuschen lassen, daß sie zu ihrer Zeit Einzelgänger waren, mit Anhängern höchstens in der akademischen Jugend und ohne jeden wirklichen Einfluß auf die tatsächliche preußische Politik. Ihnen und ihren Auffassungen den Entschluß zum Kriege von 1813 zuzuschreiben, wie es später oft geschehen ist, ist Geschichtsklitterung. Den ersten realen Anstoß zu diesem Kriege gab vielmehr ein Mann extrem entgegengesetzter

Friedrich Daniel Ernst Schleiermacher, 1768–1834

Friedrich Ludwig Jahn, 1778–1852

Couleur, der altpreußische Eisenfresser und Reformfeind General Yorck. Und der Krieg selbst war durchaus kein revolutionärer Volkskrieg, sondern ein vollkommen disziplinierter Staatskrieg, man kann ruhig noch sagen: ein Kabinettskrieg. Was Theodor Körner anders gedichtet hat – »Es ist kein Krieg, von dem die Kronen wissen«; »das Volk steht auf, der Sturm bricht los« –, mag »als Poesie gut« sein (wie der König einmal zu den Volkskriegsgedanken Gneisenaus bemerkte); geschichtliche Wahrheit ist es nicht.
Geschichtliche Wahrheit ist es auch nicht, daß Preußen die ganze Zeit zwischen 1807 und 1813 der Befreiung sozusagen entgegengefiebert habe, und daß es der Zweck oder wenigstens die Wirkung der Reformen gewesen wäre, das Volk für einen Befreiungskrieg zu gewinnen. Der Zweck der Reformen war zunächst viel eher, aus der Niederlage durch Anpassung das Beste zu machen, und was die ganze Bevölkerung allmählich wieder kriegsbereit machte, war etwas ganz anderes: die steigende materielle Not, verursacht durch die französische Besetzung und die unerschwingliche Kriegsentschädigung, die Napoleon dem besiegten Land abforderte.

Preußen war für Napoleon immer noch ein besiegter Feind, der die Chance, ein Bundesgenosse zu werden, sträflich ausgeschlagen hatte; es wurde bewußt schlecht behandelt, es wurde so etwas wie der Prügelknabe des napoleonischen Europa. Der preußische Alltag der Franzosenzeit war weit weniger von den Reformen und dem Reformstreit bestimmt als von der nackten wirtschaftlichen Not.
Um die 120 Millionen Franken Kriegsentschädigung aufzubringen, damals eine Riesensumme, die Napoleon unerbittlich eintrieb, mußten Domänen verkauft, Wucherkredite aufgenommen, Steuern erhöht werden; sogar etwas damals so Unerhörtes wie eine gestaffelte Einkommensteuer (10 bis 30 Prozent) mußte den Preußen eine Zeitlang auferlegt werden. Zugleich lähmte Napoleons Kontinentalsperre – das Verbot allen Überseehandels, mit dem er England treffen wollte – Wirtschaft und Schiffahrt und verursachte massenhafte Bankrotte und Arbeitslosigkeit. Das schuf natürlich Erbitterung und trug weit mehr als das Reformwerk dazu bei, daß auch der gemeine Mann in Preußen 1813 kriegsbereiter und grimmiger bei der Sache war als 1806. Der Krieg von 1813 war populär, was der Krieg von 1806 nicht gewesen war; aber ein Volkskrieg war er deswegen noch lange nicht. Überdies war er bis zum letzten Augenblick nicht vorauszusehen gewesen – wer konnte denn bis 1812 ahnen, daß es zwischen den Potentaten, die Europa in Tilsit unter sich geteilt hatten, wieder Krieg geben würde, und wer bis zum Winter 1812/13, daß dieser Krieg für Napoleon eine militärische Katastrophe bringen würde? Bis dahin mußte sich Preußen im napoleonischen Europa schlecht und recht einrichten, und das tat es, zähneknirschend, ohne Wehleidigkeit, mit einer gewissen nüchternen Härte im Nehmen und sogar mit einer gewissen Anpassungswilligkeit, wie sie sich in den Reformen ausdrückte.
Es ist durchaus nicht leicht, die Stimmung des Reformpreußen der Franzosenzeit auf einen einfachen Nenner zu bringen. Not, Bedrükkung, Rückfall in kümmerliche Verhältnisse, patriotischer Ingrimm auf der einen Seite; auf der anderen auch durchaus das Gefühl »Wir sind noch einmal davongekommen«, Neuerungsfreude, sogar Hoffnungen – die durchaus nicht unbedingt nur Hoffnungen auf einen Befreiungskrieg wa-

ren. »Preußen muß durch geistige Kräfte ersetzen, was es an physischen verloren hat«, erklärte der Kultusminister Humboldt, als er 1810 die Universität Berlin gründete. Das klang nicht kriegerisch. In vieler Hinsicht war das Berlin der Jahre nach 1806 immer noch dasselbe Berlin wie in den Jahren des Baseler Friedens. Dieselben literarisch-politischen Salons wie damals blühten weiter, dieselben romantischen Dichter dichteten weiter. Nicht einmal die Gefühle gegenüber den Franzosen waren so einheitlich und eindeutig feindlich, wie sie die patriotische Legende später gemalt hat. Theodor Fontane, ein Nachgeborener zwar, aber einer, der auf seinen Wanderungen durch die Mark Brandenburg noch reichlich Gelegenheit hatte, überlebende Zeugen der Zeit auszufragen, gibt in seinem Roman aus dem Winter 1812/13 »Vor dem Sturm« ein viel differenzierteres Zeitbild. Da schildert er zum Beispiel, wie noch im Januar 1813 ein verwundet aus dem Rußlandfeldzug zurückgekehrter Rheinbundoffizier in einem Berliner literarischen Zirkel unter großem Beifall seine Aufzeichnungen über die Schlacht bei Borodino vorliest, in denen französische Heerführer eine Hel-

Gerhard von Scharnhorst, 1755-1813

August Graf Neidhardt von Gneisenau, 1760-1831

Der Wiederaufbau Preußens beginnt mit umfassenden Reformen. Der Hesse Karl Freiherr vom Stein und der Niedersachse Karl August Fürst von Hardenberg betreiben den Übergang vom Absolutismus zum Verfassungsstaat. Der Preuße Wilhelm von Humboldt gründet 1810 die Universität, deren erster Rektor Johann Gottlieb Fichte (rechts als Landsturmmann) wird

Universitätsgründer Wilhelm von Humboldt

Freiheitskämpfer Ernst Moritz Arndt

Die Befreiungsbewegung gegen Napoleon trägt nicht nur preußisch-patriotische, sondern auch deutsch-nationale Züge. Der Preuße Arndt will ein größeres Vaterland.

Im preußischen Freicorps Lützow kämpft und fällt der Sachse Theodor Körner (rechts, am Baum sitzend)

denrolle spielen. Dann fährt er fort: »Die Verhältnisse lagen damals (noch Anfang 1813!) in Preußen und ganz besonders in seiner Hauptstadt so eigentümlich, daß solcher Vorliebe ohne die geringste Besorgnis vor einem Anstoß Ausdruck gegeben werden konnte. Niemand wußte, wohin er sich politisch, kaum, wohin er sich mit seinem Herzen zu stellen hatte, denn während unmittelbar vor Ausbruch des Krieges dreihundert unserer besten Offiziere in russische Dienste getreten waren, um nicht für den ›Erbfeind‹ kämpfen zu müssen, standen ihnen in dem Hilfskorps, das wir eben diesem ›Erbfeind‹ hatten stellen müssen, ihre Brüder und Anverwandten in gleicher oder doppelter Zahl gegenüber. Wir betrachteten uns im wesentlichen als Zuschauer, erkannten deutlich alle Vorteile, die uns aus einem Siege Rußlands erwachsen mußten, und wünschten deshalb diesen Sieg, waren aber weitab davon, uns mit Kutusow oder Woronzow derartig zu identifizieren, daß uns eine Schilderung der französischen Kriegsüberlegenheit, an der wir, gewollt oder nicht gewollt, einen hervorragenden Anteil hatten, irgendwie hätte verletzlich sein können.«
Tatsächlich hatte Napoleon

vor dem Ausbruch des Rußlandkrieges, Anfang 1812, Preußen zum zweiten Mal ein Bündnis aufgenötigt – »aufgenötigt« von Preußen aus gesehen, das lieber Zuschauer geblieben wäre; von Napoleon aus gesehen, hatte er ihm eher eine Chance gegeben, den Bündnisbruch von 1806 gutzumachen und, nachdem es sozusagen seine Strafe abgebüßt hatte, doch noch in Gnaden als Juniorpartner aufgenommen zu werden. Es war ein reiner Glückszufall, daß im Rußlandkrieg von 1812 das Korps Yorck nur als Flankenschutz im Baltikum eingesetzt wurde und so der Katastrophe der Großen Armee auf dem Rückzug von Moskau entging. Yorck war es dann bekanntlich, der nach dieser Katastrophe am 31. Dezember 1812 in Tauroggen über den Kopf von König und Regierung hinweg mit dem russischen General Diebitsch vereinbarte, aus dem französischen Kriege auszuscheren. Keineswegs ging er schon zu den Russen über. Kurz darauf, als Stein, jetzt ein russischer Kommissar, bei Yorck erschien und einen klaren Bündniswechsel verlangte, fauchten sich die beiden Eisenköpfe an wie zwei Kater, die mit gesträubten Haaren aufeinander losgehen. Yorck weigerte sich

Ludwig Graf Yorck von Wartenburg, 1759–1830, rechts

ganz entschieden, über die militärische Neutralisierung seines Korps (und Ostpreußens unter dem Schutz dieses Korps) hinauszugehen; über Krieg und Frieden habe der König zu entscheiden. Stein: Dann werde er russische Waffengewalt anwenden. Yorck: Dann werde er Generalmarsch schlagen lassen, und dann werde Stein sehen, wo er mit seinen Russen bleibe! Eine Szene, die später in keinem preußischen Schullesebuch zu lesen war.

Die Entscheidung über Krieg und Frieden fiel in der Tat nicht in Ostpreußen. Der König traf sie, aber er traf sie sehr zögernd und widerwillig. Friedrich Wilhelm, ohnehin kein abenteuerliebender Charakter, war jetzt ein gebranntes Kind. Die Erfahrung von 1807 saß ihm in den Knochen. Auch damals hatte er ja schon ein Bündnis mit dem Zaren gehabt, aber der Zar hatte in Tilsit dieses Bündnis, kaum abgeschlossen, bedenkenlos in den Wind geschlagen, als es ihm nicht mehr in den Kram paßte. Das sollte Friedrich Wilhelm nicht ein zweites Mal passieren! Auch traute er der russischen Waffenüberlegenheit nicht recht. Wie früher in den Gedanken der Neutralität, verbiß er sich jetzt in den Grundsatz: Kein Schritt gegen Napoleon ohne festes Bündnis mit Rußland *und* Österreich. Österreich aber war ja immer noch, wie Preußen, offiziell mit Napoleon verbündet. Der General von dem Knesebeck, der schließlich Ende Februar 1813 ins russische Hauptquartier nach Kalisch abging, hatte zunächst nur die Instruktion, einen Waffenstillstand zu vermitteln.

Dann wurde doch ein Bündnisvertrag daraus. Wahrscheinlich hatte Knesebeck Eventualinstruktionen, im Notfall abzuschließen, wenn die Russen sich auf Vermittlungen nicht einließen; es ist nicht einmal ganz sicher, daß der König diese Eventualinstruktionen ausdrücklich gebilligt hatte. Ihr geistiger Urheber war jedenfalls nicht der König, sondern Hardenberg. Hardenberg, kühl kalkulierend, sah im russischen Bündnis jetzt, da Preußen ohnehin Kriegsschauplatz wurde, nicht nur die größere Chance, sondern auch das geringere Risiko als in der Fortsetzung des französischen. Nach der Vernichtung der Großen Armee schienen ihm die Russen jetzt eindeutig die Stärkeren geworden zu sein.

Der König bezweifelte das. Er bestand darauf, daß Napoleon gegenüber Rußland und Preußen allein immer noch der Stärkere war und daß

Die Völkerschlacht
bei Leipzig,
18. Oktober 1813

höchstens ein Dreibund Rußland-Preußen-Österreich ihm gewachsen sein könnte. Er behielt recht. Der Frühjahrsfeldzug von 1813 verlief unglücklich, die verbündeten Preußen und Russen verloren zwei Schlachten, und als im Juni ein Waffenstillstand geschlossen wurde, krachte das Bündnis schon wieder in allen Fugen. Berater des Zaren fanden nach den Niederlagen von Lützen und Bautzen, man solle es mit der erfolgreichen Selbstverteidigung genug sein lassen, den Tilsiter Frieden erneuern und sich hinter die eigenen Grenzen zurückziehen. Wäre das geschehen, so wäre Preußen verloren gewesen. Ein zweites Mal hätte ihm Napoleon seinen Abfall bestimmt nicht durchgehen lassen. Im Sommer 1813 schwebte Preußen zwischen Leben und Tod. Aber es gab noch einen Hoffnungsschimmer.

Der Hoffnungsschimmer lag darin, daß Österreich den Waffenstillstand zur bewaffneten Vermittlung benutzte. Aber die französisch-österreichischen Verhandlungen in Dresden und der folgende Friedenskongreß in Prag brachten Preußen aufs neue in Lebensgefahr. Napoleon nämlich bot dort dem österreichischen Unterhändler Metternich einen allgemeinen Frieden auf Kosten Preußens an: Schlesien zurück an Österreich, Polen mit Westpreußen wiederhergestellt, Ostpreußen an Rußland, und Brandenburg samt der Hauptstadt Berlin an Sachsen. Alle hätten aus dem Kriege etwas davongetragen, nur von Preußen wäre nichts übriggeblieben. Man kann es von Napoleons Standpunkt aus verstehen, daß er das zweimal abtrünnige Preußen jetzt auslöschen wollte; und für Österreich muß die angebotene Wiedergewinnung Schlesiens eine ernstliche Versuchung gewesen sein. Es ehrt Metternich, daß er auf den Köder nicht anbiß. Metternich nämlich dachte nicht eng österreichisch; was er wollte, war ein wiederhergestelltes europäisches Mächtegleichgewicht. Und das verlangte seiner Meinung nach einen preußischen Faktor; vor allem verlangte es den Rückzug Frankreichs hinter den Rhein. Dazu aber war Napoleon nicht bereit, und daran scheiterten die Verhandlungen. Österreich trat an der Seite Rußlands und Preußens in den Krieg ein, und das entschied ihn. Bei Leipzig, in der viertägigen »Völkerschlacht« vom 16. bis 19. Oktober, erlag Napoleons Feldherrnkunst der Übermacht der Verbündeten. Der König von Preußen hatte

Wellington und Blücher nach der Schlacht von Waterloo

recht behalten: Wozu die Kraft Rußlands und Preußens nicht ausgereicht hatte, das hatte das Hinzutreten Österreichs bewirkt. Die Macht Napoleons war gebrochen. Mit Leipzig war der Krieg entschieden. Der Frankreichfeldzug von 1814 und erst recht der kurze belgische Feldzug von 1815 nach Napoleons kurzlebiger Rückkehr auf den französischen Thron waren nur noch ein Nachspiel.

Wir haben die Befreiungskriege, über die sich natürlich allein ein ganzes Buch schreiben ließe – und viele sind ja auch geschrieben worden – hier sehr kurz abgemacht; und das mit gutem Grund. Unser Gegenstand ist Preußen, und die Befreiungskriege waren nicht preußische Kriege, wie es die Kriege Friedrichs des Großen und auch die seines Nachfolgers gewesen waren. Sie waren der letzte Akt in einem mehr als zwanzigjährigen Krieg Europas gegen die Französische Revolution und Napoleons gegen Europa, und in diesem Kriege hatte Preußen nur eine Nebenrolle gespielt. Die eigentlichen Vorkämpfer gegen Frankreich waren Österreich, Rußland und vor allem England gewesen. Sie alle hatten viel länger, viel öfter und viel entschiedener als Preußen ge-

Nach einem kurzen Winterfeldzug 1814 in Frankreich besetzen die Alliierten, geführt von Kaiser Franz I., Zar Alexander I. und König Friedrich Wilhelm III., die französische Hauptstadt. Napoleon wird nach Elba verbannt

Deutsch soll die Mode sein, wenn es nach dem Wunsch der vielen Frauenvereine ginge, und nicht modisch-französisch. Zur Erinnerung an den ruhmreichen Einzug der Alliierten in Paris kreieren sie ein »deutsches Feyerkleid«, das deutsche Frauen tragen sollen. Denn als eine Sache des Vaterlands wird es angesehen, sich sparsam zu kleiden und altdeutschen Trachtenbrauch zu pflegen

Nach einem kurzen Winterfeldzug ziehen die Alliierten am 31. März 1814 in die französische Hauptstadt ein

Französische Karikatur zum Einzug der Alliierten

kämpft. Preußen war die längste Zeit neutral gewesen, zweimal sogar kurz mit Frankreich verbündet; sein seltsamer Zwischenauftritt von 1806/7 war katastrophal verlaufen, und eine nützliche Rolle – immer noch keineswegs die Hauptrolle – hatte es erst im letzten Akt gespielt. Dabei hatte es zwar seine Existenz riskiert, hatte sich auch wacker geschlagen und seine 1806 ramponierte militärische Reputation einigermaßen wiederhergestellt, aber für die siegreichen Hauptmächte war es doch ein Spätkommer und Mitsieger, der erst in letzter Minute zur gemeinsamen Sache sein Scherflein beigetragen hatte. Auf dem Wiener Kongreß, der 1814/15 die neuen Ländergrenzen zog – sie sollten ein rundes halbes Jahrhundert vorhalten –, spielte Preußen deutlich eine zweite Geige: äußerlich gewiß gleichgestellt und gleichgeachtet mit den vier Großmächten Rußland, Österreich, England und Frankreich, blieb es doch in Wirklichkeit mehr ein Objekt als ein Mitgestalter ihrer Politik. Es durfte mitreden, und es war von allen Seiten zugestanden, daß es wieder eine ähnliche Stellung haben sollte wie vor dem Malheur von 1806. Aber wie und wo, darüber entschieden andere.

Der kurzlebige preußisch-russische Bündnisvertrag von 1807 hatte noch eindeutig die Wiederherstellung Preußens »im Umfang von 1805« vorgesehen; der von 1813 nur »in ähnlichem Umfang und gleicher Stärke wie 1806«. Rußland war jetzt nicht mehr bereit, Kernpolen bei Preußen zu lassen; es wollte Polen selber haben. Nur Westpreußen und Posen durften bei Preußen bleiben, um ihm ein zusammenhängendes Gebiet und eine leidliche Ostgrenze zu geben. Als Entschädigung für das verlorene Polen verlangte Preußen Sachsen, das alte Wunschziel Friedrichs des Großen, und Rußland hatte keine Einwände. Aber Österreich hatte den Siebenjährigen Krieg nicht vergessen, der ja seinerzeit mit Friedrichs versuchter Annexion Sachsens begonnen hatte. Es widersetzte sich der Auslieferung Sachsens an Preußen entschieden, und eine Weile drohte an dieser Frage das Bündnis zu zerbrechen und der Wiener Kongreß zu scheitern. Dann gab Preußen nach.

Ferdinand von Schill, 1776–1809

Blücher spielt mit Napoleon

Napoleon spielt mit dem Tod

Ein Jahr nach seiner Verbannung kehrt Napoleon nach Frankreich zurück. Nur hundert Tage dauert dieser letzte napoleonische Auftritt. Am 18. Juni 1815 wird er bei Waterloo in Belgien endgültig von englischen und preußischen Truppen unter Wellington und Blücher besiegt. Haß auf den Tyrannen (auf der nächsten Seite: deutsches Flugblatt mit Napoleon als gesuchtem Verbrecher) und unverhohlene Freude über sein Ende drücken die Karikaturen aus

Es fühlte sich nicht stark genug, seinen Anspruch auf Sachsen durchzusetzen, hatte wohl auch nicht den festen Willen dazu. Die Überzeugung, daß es seine Existenz nur im festen Dreibund mit Rußland und Österreich sichern konnte, war 1813 Staatsmaxime geworden und blieb es ein Menschenalter lang; alle anderen Interessen wurden ihr untergeordnet.

So erhielt Preußen seine Kompensation für die polnischen Verluste schließlich an einer Stelle, wo es sie nie erwartet hatte und wo sie ihm nicht einmal ganz gelegen kam: im Rheinland. Die Grenze, die dort zu verteidigen war, galt immer noch als gefährdet; die »Wacht am Rhein« war keine beneidenswerte Aufgabe. Die Bevölkerung, die jetzt zu Preußen kam, war so unpreußisch wie möglich – bürgerlich, städtisch, katholisch, lange Zeit an geistliche und neuerdings an französische Herrschaft gewöhnt. Der englische Historiker Taylor nennt die Abfindung mit dem Rheinland eine Art Schabernack, den die Großmächte dem armen Preußen spielten. Daß dort das größte deutsche Kohlefeld lag und eines Tages das größte deutsche Industriegebiet entstehen würde, ahnte damals niemand.

Preußen ging aus dem Wiener Kongreß in einer merkwürdig veränderten territorialen Gestalt hervor: bestehend aus zwei getrennten Gebietsmassen im Osten und Westen, die sich auf der Landkarte wie Gottvater und Adam auf Michelangelos berühmten Deckenbild in der Sixtinischen Kapelle sozusagen die Zeigefinger entgegenstreckten, ohne sich zu berühren. Dieser merkwürdig zerrissene Staatskörper symbolisierte sehr passend Preußens nicht ganz gelungene Wiederherstellung, die halbe Niederlage, die ihm immer noch anhing, den zweischneidigen Erfolg, mit dem es aus der großen napoleonischen Krise, trotz 1813/15, hervorgegangen war. Es war jetzt mit Gottes Hilfe wieder ein einigermaßen bedeutender, einigermaßen gesicherter Staat, aber es war nicht mehr das alte Preußen, nicht mehr die keckselbständige, abenteuerlustige, frei operierende kleine Großmacht, die es gewesen war. Es war abhängig, eingebettet in ein europäisches System und abhängig von anderen, Stärkeren, von denen es sich nicht zu lösen wagte und die sogar sein Gebiet festlegten – so festlegten, wie Preußen selbst es sich nicht ausgesucht hätte. Das Wildpferd war gezähmt und ging jetzt im Geschirr.

Steckbrief

hinter

Niklas Bonaparte, genannt: Napoleon, auch Veilchen-Vater, Prinz Lamballe 2c., von Teufels Gnaden.

Dem gesammten Deutschen Volke ist vorbemerkter Sünder nur allzu genau bekannt, so wie es auch dessen nicht unkundig ist, daß derselbe, nachdem man ihm für seine vormaligen gräßlichen Uebelthaten ein ganz erträgliches Gefängniß auf der Insel Elba angewiesen hatte, im tollem Wahnwitze aus demselben entsprungen ist, und weil er neuerdings nach Mord, Raub und Brandstiftung lechzte, von allen höchsten Obrigkeiten Europens in früherer Zeit Millionen von Menschen mit und Dörfern in Asche gelegt hat, mithin der die Welt jemals sah; nachdem er ferner, nach kurze Zeit die Mord- und Brandwuth getrieben, die Seinigen zum zweitenmal böslich verlassen nun übervoll geworden; und jedem Deutschen felssohn endlich einmal den ihm gebührenden vil- und Militair-Behörden hierdurch auf's Drin höllischen Bösewichts zu bemächtigen. Demnach bildlich hierher, um jedem Teutschen die Mit ders zu erleichtern und ihn lebendig oder todt einbalsamirt und herumreisenden Männern, welche übergeben werden, damit er, ein Gegenstand des Deutschen und als ein abschreckendes Beispiel

für vogelfrei erklärt wurde. Nachdem er schon kaltem Blute gemordet, Tausende von Städten gräßlichste Mörder und Mordbrenner ist, den Entspringung aus dem Gefängniß, wieder eins und da er seinen Zweck nicht erreichen konnte, hat, ist das Maaß seiner gräßlichen Sünden besonders muß daran liegen, daß dieser Teu-Lohn empfange. Wir ersuchen daher alle Ci-gendste, Alles aufzubieten, sich der Person dieses setzen wir das Signalement schriftlich und tel zur Habhaftwerdung dieses fürchterlichen Sün-gn fangen. Im letztern Falle soll sein Kopf für Geld wilde Thiere sehen lassen, pachtweise Abscheues, als eine ewige Warnung für die für ähnliche Verbrechen dienen möge.

Signa lement.

Klein von Statur, untersetzt und von starkem von Gerechtigkeit, Mitleid und Erbarmen rein ein finster-stieres, blut-verlangendes, kleines höhnisch-aufgeworfener Mund, dickes Kinn, farbe blasgrünlich-braun. Auch ist er besonders bald rast, tobt und wüthet, bald wieder eine lich die hier angegebene Stellung annimmt.

Knochenbau, das Gesicht rund, und alle Züge hinweggeschwollen und aufgedunsen. Dagegen schwarzes und blitzendes Auge, gebogene Nase, schwarzes und struppiges Haar. Die Gesichts-an seinem unstäten Wesen kennbar, indem er

Wem nun das unaussprechliche Glück beschieden, aller reißenden Thiere einzufan-sehr großen Summe von dem Schmgelde die gerechtesten An dieser Summe sollen zum Besten Krüppeln, Wittwen und Waisen wird jenem Glücklichen das süße, loser Thränen, der Erhalter von einer weit größern Belohnung und Söhne, in der Freuden Schwestern, sein Name glänzen

diesen Auswurf der Menschheit, dieses wildeste gen, der hat auf den dritten Theil der gewiß für des Ungeheuers Kopf einzunehmenden sprüche zu machen. Die andern beiden Theile der Unglücklichen, die durch das Ungeheuer zu geworden sind, verwendet werden. — Außerdem unbeschreiblich hohe Gefühl, der Trockner zahl-Strömen kostbaren deutschen Bluts zu sein, zu gereichen, indem im Dankgefühl geretteter Väter Thräne ihrer Weiber und Kinder, Brüder und wird für und für!

Ihr habt nun, lieben Freunde und durchgelesen und werdet finden, daß hier die Rede ist, die ungeheuersten und daß Menschen ihm für alle diese nicht den hinreichenden Lohn reichen allein der gerechte Gott, der alle Sünders aufgezeichnet hat, ihm vergelten was er auf der Welt Böses und führte. Seiner schlechten Thaten Theil noch einmal in's Gedächtniß gedrängter Kürze seine Lebensge Verbrecher ward zu Ajaccio auf Jahre 1769 geboren, kam im März Frankreich auf die Militair-Schule. halt allda ward er, als ein fleißiger Schule nach Paris geschickt. Schon

Mitbürger, obigen Steckbrief der Mensch, von welchem Verbrechen begangen hat, begangenen Gräuelthaten können, sondern daß nur Uebelthaten des gräßlichen gelten wird für dasjenige, Verabscheuungswerthes voll-Zahl wollen wir Euch zum zurück rufen und zugleich in schichte berühren. Gedachter Korsika den 15. August im 1779 nach Brienne in Nach fünfjährigem Aufent-Schüler, in die Königliche in seinem zarten Jünglings-

Alter ward er Artillerie-Lieutenant, bald zeichnete er sich in der französischen Revolution aus und stieg, indem er mehrere Stufen übersprang, zum Ober-General der italienischen Armee, ging mit einem Heere nach Egypten, kam, nach verunglückter Expedition, mit wenigen Begleitern nach Paris zurück, stürzte die damalige Regierung und machte sich zum Ober-Konsul von Frankreich. Schon als Ober-General hatte er Thronen theils erschüttert, theils umgeworfen und Republiken geschaffen, und als unumschränktes Oberhaupt der französischen Regierung gelüstete ihm nach größeren Verbrechen; er wollte Herr von Europa werden, denn kaum hatte er einen Frieden unterzeichnet, so entspann er durch seine Hinterlist und Wortbrüchigkeit immer wieder einen neuen Krieg. Trotzig auf das Glück, das ihn zu suchen schien, opferte er Millionen von Menschen seinem Blutdurst und seiner Habgier. Endlich nahm er die Kaiserwürde an. Da fiel es ihm ein, alle großen Reiche in Europa nacheinander zu erdrücken und seine Kreaturen auf deren Thron zu setzen. Zwar lächelte ihm auch hier Anfangs das Glück; doch länger konnte der gerechte und gütige Gott diesen Frevel nicht zusehen. Ein Heer von 500,000 Mann Franzosen und ihm Verbündeten waren größtentheils ein Opfer seines Blutdurstes und seiner Habsucht. Er floh nach Paris, sammelte abermals ein Heer von 300,000 Mann und wollte den Sieg erzwingen, welchen der König aller Könige dem Trotzigen für immer versagt hatte. Die Verbündeten drangen bis Paris. Er entsagte der Regierung und ging nach Elba. Kaum ein Jahr dort anwesend, kehrte er, als Wortbrüchiger, nach Paris zurück und setzte sich auf den zum zweiten Mal von ihm geraubten Thron. Von allen Mächten Europens außer dem Gesetz und für vogelfrei erklärt, schuf er an der Grenze des Reichs binnen 3 Monaten bedeutende Armeen, besonders war die Armee in den Niederlanden sehr groß. Mit dieser versuchte er nun selbst sein Glück und griff die Verbündeten an; allein trotz der Ueberzahl, die ihm zu Gebote stand, ward er nach dreien Tagen gänzlich auf's Haupt geschlagen, mußte sein Heil in schimpflicher Flucht suchen und wäre beinahe auf der Flucht selbst gefangen worden. Jetzt hat er abermals der Regierung entsagt, und erwartet, was die Gnade der verbündeten Monarchen ihm gewähren wird. Außer den Millionen, die früher seinem Blutdurst fielen, hat er nun auch die 60,000 Krieger, welche in der letzten ungeheueren Schlacht bei la belle Alliance ihren Tod fanden, auf seinem Gewissen. Seid fest versichert, daß Gott diesen unaussprechlich großen Sünder dereinst nach seinen Thaten lohnen wird; daher flehet auch zugleich täglich zu dem Allbarmherzigen, daß er die Welt vor einem ähnlichen Ungeheuer bewahren möge.

Gedruckt und zu bekommen bei dem Buchdrucker Ernst Litfaß, Adlerstraße 6 in Berlin, 1815.

Beim Meierhof »La belle Alliance« werden nach der Schlacht von Waterloo die Toten verscharrt

5. KAPITEL

Die drei Schwarzen Adler

Ein anderes Preußen

Konsolidierung und Reaktion

Preußen Deutsche Union

Die Kapitulation von Olmütz

Die »Heilige Allianz« der Reaktion: König Friedrich Wilhelm III., Kaiser Franz I und Zar Alexander I. (von links nach rechts) treffen sich vor den Toren Wiens

Berliner Kaffee- und Lesestube

Nach dem Wiener Kongreß setzt unter den siegreichen Mächten eine Periode der Restauration und Reaktion ein. Ihr Repräsentant ist der österreichische Außenminister Klemens Lothar Fürst von Metternich. Er setzt 1819 die Karlsbader Beschlüsse durch, die auch in Preußen allen liberalen und nationalen Strömungen Fesseln anlegen und die Pressefreiheit einschnüren (siehe Karikatur auf der nächsten Seite)

Karikatur auf die Beschneidung der Pressefreiheit

Die Neue Wache und das Zeughaus mit Rauchs Denkmälern der preußischen Feldherren von 1813/15

Die drei Schwarzen Adler

Es war ein anderes Preußen, das sich in den Jahrzehnten nach 1815 der Welt präsentierte. Das Preußen des 18. Jahrhunderts war fortschrittlich, kriegerisch und freigeistig gewesen, ein Staat der Aufklärung. Das Preußen der Zeit zwischen Napoleon und Bismarck war reaktionär, friedlich, betont christlich, ein Staat der Romantik.

Romantisch und reaktionär freilich war das ganze jetzt anbrechende Zeitalter, und insofern blieb sich Preußen doch wieder treu, als es eben – wie gewohnt – mit der Zeit ging; und auch darin blieb es das alte Preußen, daß es mit der Zeit nicht nur ging, sondern sozusagen marschierte – im Gleichschritt wie eine Kompanie auf dem Exerzierplatz, beginnend mit einer exakt ausgeführten Kehrtwendung.

Das Preußen der Jahrhundertwende war drauf und dran gewesen, die Französische Revolution von oben nachzuvollziehen, und das besiegte Preußen der Jahre zwischen 1806 und 1813 hatte sogar auf vielen Gebieten ernst damit gemacht. Die Reformen waren allerdings, wie wir gesehen haben, schon damals auf eine erbitterte innere Reaktion gestoßen, und der Sieg über Napoleon war zugleich der Sieg dieser Reaktion.

Man muß das verstehen. Innere und äußere Politik waren in der großen europäischen Krise nicht sauber zu trennen. Bis 1813 hatte Preußen versucht, in dieser Krise neutral zu bleiben, zweimal war es sogar kurze Zeit, willig oder nicht, mit Frankreich verbündet gewesen. Dazu paßte es, daß es auf seine Weise die modernen französischen Ideen aufnahm und in Reformpolitik umsetzte. Nun aber hatte es sich im entscheidenden letzten Augenblick doch schließlich der antifranzösischen Koalition der alten Mächte angeschlossen und mit ihr gesiegt; und dieser Sieg nahm der Reformpartei den Wind aus den Segeln. Solange Frankreich siegreich gewesen war, schienen auch seine Ideen unwiderstehlich; mit dem Sieg der alten Mächte, zu denen Preußen nun gehörte, hatten sich auch die alten Ideen wieder durchgesetzt. Scheinbar waren sie eben doch die stärkeren. Selbst Frankreich beeilte sich ja, die Bourbonen zurückzuholen. Preußen brauchte die Hohenzollern nicht zu restaurieren; aber von Reformen wollte es nichts mehr wissen.

Erstaunlich genug, daß es die meisten nicht sofort rückgängig machte. Nur die Bauernbefreiung, mit der es ja von Anfang an nicht recht geklappt hatte, wurde 1816 weitgehend zurückgenommen. Bei der Städteordnung und der Gewerbefreiheit blieb es; auch, wenigstens auf dem Papier, bei der rechtlichen Gleichstellung von Bürgertum und Adel und bei der bürgerlichen Gleichberechtigung der Juden. Die neue Militärverfassung der allgemeinen Wehrpflicht wurde sogar erst 1814 formell in Kraft gesetzt; in der Besatzungszeit hatte man sie ja nur heimlich praktizieren können. In den folgenden Jahren kam dazu eine durchgreifende Neugliederung des Staatsgebiets und der Staatsverwaltung, die Bildung einer Staatskirche und eines Staatsrats, und sogar mit dem Gedanken einer »Repräsentation des Volkes«, die der König 1815 in Aussicht gestellt hatte, wurde noch ein paar Jahre lang gespielt, ehe er 1819 endgültig fallengelassen wurde. 1818 wurden die Binnenzölle aufgehoben, Provinzialstände und Provinziallandtage wurden eingerichtet.

Hans-Joachim Schoeps, der Apologet des »anderen Preußen« der Restaurationszeit, spricht von einem »vorkonstitutionellen« Zustand, den sich Preußen damals herstellte, und man kann diese Bezeichnung akzeptieren: Verglichen mit dem monarchischen Absolutismus des 18. Jahrhunderts wirkt der institutionell durchgliederte, nach festen Sachkompeten-

Zu Beginn des 19. Jahrhunderts erwacht Berlin zu wissenschaftlichem und künstlerischem Leben und wird eine europäische Metropole. Persönlichkeiten aus allen Teilen Deutschlands fühlen sich von der Hauptstadt angezogen

Der Dichter E. T. A. Hoffmann und der Schauspieler Ludwig Devrient im Weinhaus Lutter und Wegner

Dichter und Übersetzer Ludwig Tieck (sitzend links)

zen geordnete preußische Beamtenstaat der Zeit nach 1815 fast schon wie ein Verfassungsstaat; nur daß eben, wie es ein rheinischer Liberaler 1818 formulierte, unter den vielen die monarchische Machtausübung regulierenden Staatsinstitutionen keine war, »in der der Fürst die Nation sieht. Nichts Großes steht ihm gegenüber.«
Immerhin nimmt sich die preußische Staatsorganisation, wie sie in den Jahren 1814 bis 1819, den Jahren der Konsolidierung und der »Gegenreform«, für hundert Jahre Gestalt annahm, in ihrer Systematik, Ordnung und Übersichtlichkeit imponierend aus. Im Mittelpunkt als letzte Entscheidungsinstanz steht immer noch der König, aber umgeben jetzt von einem verantwortlichen Ministerium und einem Staatsrat, einer Art Herrenhaus, in dem die königlichen Prinzen, die Minister, die Oberpräsidenten der Provinzen, die kommandierenden Generale und 34 vom König ernannte Mitglieder über die Gesetzgebung mitreden. Im übrigen: zehn (später durch Zusammenlegung acht) Provinzen mit Oberpräsidenten an der Spitze, eingeteilt in Regierungsbezirke, diese wieder eingeteilt in Kreise; in jeder Provinz ein beratender Provinziallandtag aus den drei »Ständen«: Adel, Bürger, Bauern. Parallel geschaltet, aber unabhängig, in sich ebenfalls dreifach gegliedert, die Justiz: Amtsgerichte, Landgerichte, Oberlandesgerichte. Ebenfalls unabhängig und ebenfalls parallel geschaltet, das Militär: in jeder Provinz ein Korps unter einem kommandierenden General, in jedem Regierungsbezirk eine Division, in jedem Kreis

Staatsphilosoph Georg Wilhelm Friedrich Hegel

Die drei Schwarzen Adler: Friedrich Wilhelm III., Franz I. und Alexander I.

ein Regiment. Und nun auch noch eine parallel geschaltete Landeskirche, mit Generalsuperintendenten, die den Oberpräsidenten, Superintendenten, die den Regierungspräsidenten entsprechen.
Darüber muß etwas ausführlicher gesprochen werden, denn es ist etwas ganz Neues in der preußischen Geschichte. Das klassische Preußen des 18. Jahrhunderts war ein ausgesprochen weltlicher Staat gewesen, ein Staat der Aufklärung, allen Religionen gegenüber tolerant – aus Gleichgültigkeit. Das Preußen der Restaurationsepoche wollte ein christlicher Staat werden, es war »offiziell« fromm, und es gab sich sogar so etwas wie eine Staatskirche – die »preußische Union«, mit der der König die kalvinistischen und lutherischen Konfessionen als oberster Bischof in eine gemeinsame kirchliche Organisation hineinnötigte. Bei weiter getrennten Glaubensbekenntnissen mußten sie doch eine Kultusunion bilden, eine gemeinsame Kirchenorganisation, mit gemeinsamen Kirchenbehörden, einem gemeinsamen Pastorenstand, gemeinsamen geistlichen Aufsichtsbehörden und einer gemeinsamen Gottesdienstordnung; über die letztgenannte, die soge-

nannte »Agende«, gab es unendlichen Streit, in den der König mehrfach höchstpersönlich schlichtend eingriff. Bösen Streit gab es auch erstmals mit der katholischen Kirche im neupreußischen Rheinland, besonders wegen ihres Widerstandes gegen konfessionelle Mischehen. Der König war für Mischehen. Was er am liebsten gesehen hätte, wäre eine Ökumene gewesen, eine allgemeine christliche Kirche, in der die Konfessionen sozusagen nur Glaubensprovinzen darstellten. Toleranz wollte auch er, aber nicht mehr die friderizianische aus religiöser Gleichgültigkeit, sondern eine gleichsam brüderliche Toleranz aus allgemeinchristlichem Glaubensenthusiasmus.

In dieser neuen Staatsfrömmigkeit steckte viel Politik – Christentum als Staatsideologie –, aber auch viel Romantik. Die deutsche Romantik, nicht zufällig schon seit der Jahrhundertwende in Berlin zu Hause, war ja nicht nur eine literarische Schule, sondern auch eine politische Ideologie: die Gegenideologie zur Aufklärung, der Rückgriff auf die Kräfte des Gemüts gegen den Anspruch der Vernunft. Die Französische Revolution hatte sich das antike Rom zum Vorbild genommen – erst das republikanische, dann das imperiale. Die Restaurationsmächte, die die Revolution überwinden wollten, suchten mit der Romantik das Mittelalter wieder ins Leben zu rufen, das christliche Königtum, das Rittertum, die feudalen Gefühlswerte von Treue und Gefolgschaft. Und keine der drei Bundesmächte tat das mit mehr Enthusiasmus als Preußen, das ja kein Mittelalter gehabt hatte, aber es nun gewissermaßen nachzuholen versuchte. Heine sah darin nur abstoßende Heuchelei: »Ich traute nicht diesem Preußen, diesem langen frömmelnden Kamaschenheld mit dem weiten Magen und dem großen Maule und mit dem Korporalstock, den er erst in Weihwasser taucht, ehe er damit zuschlägt. Mir mißfiel dieses philosophisch-christliche Soldatentum, dieses Gemengsel von Weißbier, Lüge und Sand. Widerwärtig, tief widerwärtig war mir dieses Preußen, dieses steife, heuchlerische und scheinheilige Preußen, dieser Tartuffe unter den Staaten.«

Zugeben muß man, daß der Konvertiteneifer dieses spätbekehrten Staates etwas Gebrochenes, Überspanntes an sich hatte. Eine perfekt konstruierte Staatsmaschine, beseelt – gewissermaßen künst-

Joseph von Eichendorff, 1788–1857

Caspar David Friedrich, 1774–1840

lich beatmet – von einem romantischen Traum mittelalterlicher Christlichkeit; Militärkapellen, die den großen Zapfenstreich mit dem Choral eröffnen: »Ich bete an die Macht der Liebe« – seltsam ist das schon. Aber der Vorwurf bloßer Heuchelei und Scheinheiligkeit greift trotzdem zu kurz. Die neue preußische Frömmigkeit war eine gewollte Frömmigkeit, aber sie war ernsthaft gewollt. Es gab nicht nur die etwas künstliche, etwas erzwungene neue Staatskirche der »preußischen Union«. Es gab auch die gänzlich inoffizielle, spontane, tief emotionale, pietistische Erweckungsbewegung, die in den dreißiger und vierziger Jahren viele pommersche Gutshöfe zu privaten Buß- und Bethäusern machte. Und man kann solche Zeugnisse romantischer Frömmigkeit wie die Bilder des Pommern Caspar David Friedrich und die Gedichte des Schlesiers Joseph von Eichendorff (eines preußischen Ministerialrats) unmöglich heuchlerisch nennen. Widerwärtig? Eher seltsam ergreifend, dieser verspätete Wunsch eines Kunststaats, sich um der Staatsraison willen eine Seele zu geben.

Preußen stand damit nicht allein. Im September 1815 hatten der Zar, der Kaiser von

Österreich und der König von Preußen die »Heilige Allianz« geschlossen, ein innen- und außenpolitisches Bündnis gegen Aggression und Revolution, das ihre drei Staaten zu »Gliedern ein und derselben christlichen Nation« machen sollte. Christentum als politisches Bindeglied auch hier – und das unbeschadet der Tatsache, daß der Zar orthodox, der Kaiser von Österreich katholisch und der König von Preußen protestantisch war. Ein undefiniertes, ökumenisches Allgemeinchristentum diente der »Heiligen Allianz« als Bündnisideologie, wie es dem Preußen Friedrich Wilhelm III. als Staatsideologie dienen sollte. Über diese geistliche Verbrämung des Bündnisses der »drei Schwarzen Adler« ist bitter gespottet worden, nicht nur von Gegnern, auch von Teilhabern; Metternich nannte sie ein »tönendes Nichts«. Aber auch Metternich nahm das Bündnis als solches durchaus ernst; es bildete die Machtgrundlage des europäischen Friedenssystems, das er auf dem Wiener Kongreß zimmerte. Der König von Preußen nahm es noch ernster. In seinem Politischen Testament von 1835 ermahnte er seinen Nachfolger: »Verabsäume nicht, die Eintracht unter den europäischen Mächten, soviel

Klemens Fürst von Metternich, 1773-1859

Karl Friedrich Schinkels Dekorationsentwurf für die »Zauberflöte«

in Deinen Kräften, zu befördern. Vor allem aber mögen Preußen, Rußland und Österreich sich nie voneinander trennen; ihr Zusammenhalten ist als der Schlußstein der großen europäischen Allianz zu betrachten.«
Man vergleiche das mit den Schlußsätzen des Politischen Testaments Friedrichs des Großen von 1776: »Solange das Land keine größere Geschlossenheit und bessere Grenzen besitzt, müssen seine Herrscher toujours en vendette sein, über ihre Nachbarn wachen und jeden Augenblick sich bereit halten, die verderblichen Anschläge ihrer Feinde abzuwehren.«
Man kann sich keinen schärferen Gegensatz denken. Auch das Preußen von 1815 hatte kein geschlossenes Staatsgebiet und keine verteidigungsfähigen Grenzen. Aber die Folgerungen, die Friedrich Wilhelm III. daraus zog, waren genau die umgekehrten wie die seines großen Vorgängers. Friedrich hatte gefolgert, daß Preußen sich vergrößern müsse und von seinem Staat verlangt, daß »alles bei ihm Kraft, Nerv und Lebensfrische ist«. Friedrich Wilhelm folgerte, daß Preußen sich bescheiden müsse und seine Sicherheit in Eintracht und Zusammenhalten mit einer »großen europä-

Unter dem Intendanten Karl Graf Brühl erleben die Königlichen Theater in Berlin eine Glanzzeit. Mit seiner Kostümreform gibt er entscheidende Impulse für ganz Europa. Die Figurinen sind entworfen für Shakespeares »Falstaff« (Devrient verkörpert ihn), für das Festspiel »Lalla Rukh« nach Thomas Moore, für Kleists »Käthchen von Heilbronn« und Webers »Freischütz«, der im Juni 1821 in Berlin uraufgeführt wird

Das »Fest der Weißen Rose« hinter dem Neuen Palais in Potsdam

Am 13. Juli 1829 wird zur Geburtstagsfeier der Zarin Alexandra Feodorowna – sie ist die älteste Tochter des Preußenkönigs – ein Spiel im Stil vergangener ritterlicher Zeiten inszeniert, das »Fest der Weißen Rose«. Es beginnt mit dem Aufzug (oben) und den »Carussels« (rechts) der Reiter. Dann folgt ein »Melodram«. Den Abschluß bildet ein glanzvoller Ball. Prinzen, Fürsten und Grafen, darunter die Podewils, Arnims, Pücklers, Sydows, Nostiz' und Stolbergs machen mit. Sie alle erhalten zur Erinnerung eine weiße Rose aus der Hand der Zarin, ihre Lieblingsblume

Polnischer Revolutionär

ischen Allianz« suchen müsse, insbesondere mit Rußland und Österreich.

Friedrich der Große hatte mit seiner sehr gewagten Politik Glück gehabt, aber auch Friedrich Wilhelm III. hatte in den letzten 25 Jahren seiner Regierung Glück: Es gab in diesen Jahren der Restaurationszeit und der »Heiligen Allianz« keine Nachbarn, die Feinde waren und »verderbliche Anschläge« planten. Preußen war akzeptiert; man könnte auch sagen: arriviert. Und es akzeptierte auch seinerseits die Rolle, die ihm auf dem Wiener Kongreß zugewiesen worden war, auch wenn es keine großartige Rolle war. Preußen war jetzt – zum ersten Mal in seiner Geschichte – allseitig anerkannt als eine der in Europa maßgebenden fünf Großmächte, wenn auch unverkennbar auf Platz fünf. In dem engeren konservativen Bündnis der »drei Schwarzen Adler«, das die neue europäische Ordnung trug und garantierte, war es gleichberechtigt und gleichgeachtet, aber neben den Riesen Rußland und Österreich deutlich im Bunde der Dritte. Und in dem Deutschen Bund, der auf dem Wiener Kongreß an die Stelle des untergegangenen Reiches gesetzt wurde und in dem Österreich mit einer gewissen

Selbstverständlichkeit den Platz der Präsidialmacht einnahm, begnügte sich Preußen, bescheiden und einsichtig, mit der Rolle des ewigen Zweiten. Ein Menschenalter lang, von 1815 bis 1848, war Preußen ein Friedensstaat in einem Friedenssystem. Die Rolle, die es in diesem Friedenssystem spielte, war nicht unähnlich der heutigen Rolle der Bundesrepublik in der Europäischen Gemeinschaft und der NATO.

Wie die heutige EG und NATO war das europäische System, das auf dem Wiener Kongreß geschaffen wurde, eine Staatengemeinschaft, innerhalb deren Krieg ausgeschlossen sein sollte und lange Zeit auch wirklich ausgeschlossen blieb; eine Friedensordnung. Nach den furchtbaren Erschütterungen und Leiden der mehr als zwanzigjährigen Kriegsepoche, die vorausgegangen war, war Frieden eine Generation lang für alle europäischen Staaten in der Tat das höchste Gut geworden, dem sie ihre Sonderinteressen willig unterordneten. Österreich erhob keinen Anspruch mehr auf Schlesien, Frankreich fand sich mit dem Verlust der Rheingrenze ab, und auch Preußen sah in der Zerrissenheit seiner alten östlichen und seiner neuen westlichen Gebiete keinen Anlaß mehr zu einer Arrondierungspolitik. Und anders als die heutige EG und NATO umfaßte das Friedenssystem des Wiener Kongresses ganz Europa. Die Siegermächte von 1813/15 hatten die Weisheit besessen, das besiegte Frankreich als gleichberechtigten und gleichgeachteten Teilhaber in das europäische System, das sie errichteten, aufzunehmen und einzuordnen; sie hatten ihre kriegerische Einigkeit in den Frieden hinübergerettet und sogar ideologisch verfestigt, so daß dieser Friede Europa nicht teilte wie der heutige, sondern einigte. Das alles summiert sich zu einer bedeutenden, seither nie wieder ganz erreichten staatsmännischen Leistung, und man tut gut daran, sich ihre Vorteile vor Augen zu führen und sie in ihrer Seltenheit zu würdigen, ehe man die Schwächen betrachtet, an denen sie schließlich – immerhin erst nach einem Menschenalter – zugrunde ging.

Diese Schwächen lagen in einer gewissen Ideenblindheit. Der Friede von 1815 war ein Friede zwischen Staaten. Was der Wiener Kongreß erstrebte und auch erreichte, war ein möglichst perfektes Machtgleichgewicht, das sich, wie Wilhelm von Humboldt dem Deutschen Bunde nachrühm-

Als Genremaler des Biedermeier ist Wilhelm Schütze (1814–1878) zu seiner Zeit in Berlin sehr populär gewesen, später aber – wohl zu Unrecht – in Vergessenheit geraten. Der Akademie-Professor findet die Motive für seine Gemälde meist im bürgerlichen Milieu. Um 1838 – Schütze ist erst 24 Jahre alt – entsteht seine vielleicht liebenswürdigste Arbeit, die »Wasserfahrt auf der Spree«. Sie erinnert daran, daß das Reaktionszeitalter zugleich das Zeitalter des Biedermeier ist

Im Besitz der Staatlichen Schlösser und Gärten Potsdam: Die »Wasserfahrt auf der Spree« von Wilhelm Schütze

te, »durch innewohnende Schwerkraft« von selbst erhalten sollte. Die Staatsgrenzen wurden so zugeschnitten und die Einflußbereiche der Großmächte so ausbalanciert, daß sich ein Krieg zu ihrer Änderung für niemanden lohnte und niemandem Erfolg versprach; und tatsächlich war die Friedensordnung von 1815 denn auch nie durch Staatenkonflikte bedroht; was sie schließlich 1848 aus den Angeln hob, war kein Krieg, sondern eine Revolution.

Aber diese Revolution drohte von Anfang an, und wenn König Friedrich Wilhelm III. von einer »großen europäischen Allianz« sprach, deren »Schlußstein« das Bündnis der »drei Schwarzen Adler« Rußland, Österreich und Preußen bildete, dann traf er mit diesem zunächst befremdenden Ausdruck genau ins Schwarze. Das europäische Staatensystem von 1815 war in der Tat eine Allianz – aber nicht, wie herkömmlich, die Allianz einer Staatengruppe gegen eine andere, sondern die Allianz aller Staaten gegen eine Revolution, von der sich alle bedroht sahen: gegen die nationalen, demokratischen und liberalen Kräfte, die die Französische Revolution geweckt und der Kampf gegen Napoleon entfesselt hatte. Die Völker hatten begonnen, sich ihrer nationalen Identität bewußt zu werden und demokratische Nationalstaaten zu verlangen; ein aufstrebendes Bürgertum wünschte sich liberale Verfassungen. Über diese Kräfte und Wünsche ging der Wiener Kongreß hinweg – mußte darüber hinweggehen, wenn er das perfekte Machtgleichgewicht und überdies die Solidarität der Staaten erreichen wollte, die den Staatsfrieden sicherten. Dieser Staatsfriede wurde erkauft durch einen – überspitzt gesagt – stillen Dauerkrieg zwischen den Staaten und den Völkern.

Beileibe nicht allen Völkern, und auch nicht den ganzen Völkern. Auch die Völker waren ja kriegsmüde und wußten zunächst den wiederhergestellten Frieden zu schätzen. Nicht umsonst heißt die Zeit zwischen 1815 und 1848 das Biedermeierzeitalter. Aber unter der Idylle rumorte es, und das unterirdische Donnergrollen schwoll die ganze Zeit an. Zuerst war es nur eine Studentenrevolte, später eine weitverbreitete bürgerliche Oppositionsbewegung, und dann, 1848, plötzlich eine gesamteuropäische Revolution. Die Nationalbewegungen, die das System Kongreßeuropas schließlich sprengen sollten, waren nicht mit einem Schlage da. Zuerst rührten sich nur die Italiener und die Polen; dann auch die Belgier, die Ungarn und die Deutschen. Noch lange nicht die slawischen Völker der österreichischen Monarchie. Immerhin, die Geschichte der äußerlich so ereignisarmen Restaurationsepoche ist zugleich die Geschichte einer langsam sich vorbereitenden, in der Stille immer mächtiger werdenden nationalen und liberalen Revolution, die dem Restaurationseuropa schließlich das Ende bereitete.

Vor diesem doppelten Hintergrund muß man die Geschichte Preußens in dieser Epoche sehen. Und dabei fällt eines auf: Obwohl Preußen sich ganz bewußt und geradezu enthusiastisch in die »große europäische Allianz« gegen die Revolution einordnete, hatte es doch ganz unwillkürlich, ja, gegen seinen Willen, immer auch einen Fuß im andern Lager. Es war nicht ganz zu vergessen und auszulöschen, daß es in der napoleonischen Zeit mit den Ideen der Französischen Revolution mindestens kokettiert hatte; viele der Stein-Hardenbergschen Reformen waren ja auch jetzt nicht rückgängig gemacht.

Weiter: Es hatte auch jetzt noch – gerade jetzt wieder – einen merkwürdig unvollständigen, zerrissenen Gebietskörper. Und es war nicht ganz zu vergessen, daß es sich durch eine so unbefriedigende territoriale Gestaltung während seiner ganzen bisherigen Geschichte stets zu einer Arrondierungs- und Vergrößerungspolitik veranlaßt gesehen hatte. Es mochte dem jetzt noch so aufrichtig abschwören, man glaubte ihm nicht ganz.

Und schließlich lag auch in der jetzt langsam anrollenden deutschen Nationalbewegung für Preußen nicht nur eine Gefahr, sondern auch eine Chance. Für den österreichischen Vielvölkerstaat war diese Nationalbewegung reiner Sprengstoff. Für Preußen konnte sie eine Verführung werden: Es war jetzt, trotz seiner polnischen Minderheit, kein Zweivölkerstaat mehr, sondern ein ganz überwiegend deutscher Staat – die einzige fast rein deutsche Großmacht; und manche deutsche Nationalisten der Restaurationszeit, der Schwabe Pfizer zum Beispiel und der Hesse Gagern, trugen Preußen schon lange vor 1848 eine deutsche Führungsrolle an. Davon wollte das offizielle Preußen zwar in dieser Zeit durchaus nichts wissen, und soweit die Männer, die solche Gedanken äußerten, preußi-

Friedrich Wilhelm Joseph von Schelling, 1775-1854

sche Untertanen waren, wie Arndt, Jahn oder Schleiermacher, wurden sie belästigt und verfolgt.

Überhaupt tat sich Preußen in den »Demagogenverfolgungen« der zwanziger und dreißiger Jahre unrühmlich hervor. Daß viele der verfolgten »Demagogen« – also der liberalen deutschen Nationalisten, die von einem kommenden deutschen bürgerlichen Nationalstaat träumten – ihre Hoffnungen gerade auf Preußen setzten, half ihnen bei preußischen Behörden und preußischen Gerichten gar nichts. Preußen wehrte sich gegen eine »deutsche Sendung« und ebenso gegen seine eigene liberale Vergangenheit mit der doppelten Verbissenheit, die aus dem Bewußtsein einer heimlichen Versuchung kommt; und in den letzten zwanzig Jahren Friedrich Wilhelms III. erwarb es sich einen schlimmen Ruf als Zensur- und Polizeistaat. Das Merkwürdige war, daß es gleichzeitig eine durchaus respektable Kulturblüte erlebte. Während Heine und Görres vor dem preußischen Zensor flohen – oder gar vor dem preußischen Haftrichter –, verschönten Schinkel und Rauch Berlin, und Mendelssohn entdeckte dic Matthäuspassion. Auch das akademische Leben im Preußen des

Biedermeier hatte ein Doppelgesicht. Nie besaß die Berliner Universität glänzendere Namen: Hegel und Schelling, Savigny und Ranke; zugleich verschwanden Hunderte von aufsässigen Studenten hinter Festungsmauern. In den Berliner Salons, die in der napoleonischen Zeit ihre erste große Blüte erlebt hatten, war man immer noch geistreich. Eine merkwürdige Epoche preußischer Geschichte, sozusagen ein silbernes Zeitalter: elegante Stagnation, muffige Idylle – und tiefster Frieden; selbst die berühmte Armee war auf ihren Lorbeeren schlafen gegangen. Als 1864, nach dem Sturm auf die Düppeler Schanzen, Unter den Linden Siegessalut geschossen werden sollte, fand sich niemand mehr, der wußte, wieviel Schuß dabei abzufeuern waren.

In diesen »stillen Jahren« geschah wenig; und doch änderte sich viel. Das Preußen von 1815 war noch ein fast reiner Agrarstaat gewesen. In den folgenden Jahren entwikkelten sich Manufakturen und Industrien, in den Städten gab es jetzt ein Bürgertum, das nicht mehr nur vom Hof und vom Staat lebte, und zugleich entstand ein Proletariat. In den dreißiger Jahren fuhren in Preußen die ersten Eisenbahnen. In dieselben Jahre fallen

Friedrich Karl von Savigny, 1779–1861

Leopold von Ranke, 1795–1886

Am Oranienburger Tor in Berlin gründet August Borsig 1837 eine Maschinenfabrik

die Zollanschlüsse, die einen großen Teil Deutschlands im preußisch-deutschen Zollverein für den freien Güterverkehr öffneten. Und mit den Gütern begannen die Ideen zu kursieren, die neuen vorlauten Ideen von bürgerlicher Freiheit und nationaler Einheit. Es war paradox: Vor 1813 war staatlicher Reformwille in Preußen auf eine noch ganz intakte agrarisch-feudale Gesellschaftsstruktur gestoßen, die ihn praktisch lähmte. Nach 1815 entwikkelte sich eine neue Gesellschaft, die nach Reformen geradezu schrie; aber jetzt war es der Staat, der von Reformen nichts mehr wissen wollte, ja sich gegen jede Neuerung geradezu verstockte. Das Wort »verstockt« trifft besonders den alternden König Friedrich Wilhelm III. Er war in seinen letzten Lebensjahrzehnten ein gebranntes Kind, verhärtet von erschütternden Erfahrungen. Friedliebend war er immer gewesen; mit dem Alter kam in sein Ruhebedürfnis ein grimmiger, lebensfeindlich abwehrender Zug, etwas Fenster Zusperrendes und Stickluft Verbreitendes. Der Thronwechsel im Jahre 1840 wurde lange herbeigesehnt; er änderte in der Tat zwar nicht eigentlich die Politik, aber die Atmosphäre. Aus trübem

Mit Skepsis äußert sich Friedrich Wilhelm III. zu der ersten preußischen Eisenbahn, die ab 1838 zwischen Berlin und Potsdam verkehrt. Der König dazu: »Unser Zeitalter liebt den Dampf. Alles soll Karriere gehen. Die Ruhe und Gemütlichkeit leidet aber darunter.« Nicht in Berlin – denn noch lange feiern die Bürger in Stralau ihr Volksfest, und die Schneidermamsell (auf der nächsten Seite) will sicher nicht »Karriere gehen«

Sommerliches Volksfest in Stralau

Eisenbahn Berlin – Potsdam

B. D.

Winter wurde Vormärz.
Über den neuen König Friedrich Wilhelm IV. dichtete Heine – kein Freund Preußens, wie wir gesehen haben – mit freundlichem Spott:
»*Ich habe ein Faible für diesen König;*
ich glaube, wir sind uns ähnlich ein wenig.
Ein vornehmer Geist, hat viel Talent.
Auch ich, ich wäre ein schlechter Regent.«
Keine schlechte Charakteristik. Ein vornehmer Geist mit viel Talent war Friedrich Wilhelm IV. wirklich, besonders mit einem ausgesprochenen Redetalent, von dem er ausgiebig Gebrauch machte. Sein Vater hatte nie eine öffentliche Rede gehalten und selbst im privaten Gespräch am liebsten nur Infinitive und Satzfetzen von sich gegeben. (»Schon alles verstehen. Mir fatal.«) Der Sohn überraschte seine Untertanen gleich bei der Thronbesteigung mit einer langen, predigtartigen Rede, und dann gleich noch einmal bei der Krönung, und auch später bei jeder sich bietenden Gelegenheit. Er wünschte, ein »volksnaher« Monarch zu sein; zugleich aber war er, mehr noch als sein nüchterner Vater, durchdrungen von einer mystisch-romantischen Vorstellung seines Gottesgnadentums und

Friedrich Wilhelm IV. mit seiner Frau Elisabeth, Prinzessin von Bayern

Heinrich Heine, 1797–1856

von einer geradezu angeekelten Abneigung gegen den modernen Konstitutionalismus, von dem er gelegentlich bemerkte, sein Boden sei überall in Europa »mit Strömen von Blut gedüngt. In Deutschland hält nur die Existenz dcs Bundes Österreichs und Preußens das wilde Tier grinsend im Käfig.«

Aber wenn man aus solchen starken Worten auf einen harten Despoten schließt, irrt man. Friedrich Wilhelm IV. war eine weiche, liebenswürdige Natur, und seine liebste Kampfmethode war die Umarmung. Er wollte seine Feinde immer durch Menschlichkeit und Entgegenkommen entwaffnen, handelte dabei sogar oft gegen seine wahren Überzeugungen – und war dann tief enttäuscht und erbost, wenn er nicht Dank erntete. Seine Regierung begann mit einer Generalamnestie für die verurteilten »Demogagen« und der Rehabilitierung verfolgter Professoren und Publizisten. Sogar den radikalen Revolutionsdichter Georg Herwegh empfing dieser König von Preußen in Audienz und erklärte ihm: »Ich liebe eine charaktervolle Opposition.« Herwegh wurde dadurch nicht gewonnen.

Es ist der Zusammenstoß dieses Charakters mit der Revolution von 1848, der die eigentümliche Geschichte Preußens in den drei tumultuarischen Jahren 1848/50 bestimmte.

Die Revolution war mindestens zwei Jahre lang sichtlich im Anrollen gewesen, und Friedrich Wilhelm hatte nach seiner Art schon früh versucht, ihr durch halbes Entgegenkommen den Wind aus den Segeln zu nehmen. Im Frühjahr 1847 berief er aus königlicher Machtvollkommenheit einen »Vereinigten Landtag«, eine parlamentsähnliche Versammlung sämtlicher Provinzialstände, entwertete diese Geste freilich gleich durch eine Eröffnungsrede, in der er sagte, keine Macht der Erde werde

Parade in Potsdam, ein Werk des Berliner Hofmalers Franz Krüger

ihn zwingen, daraus eine verfassungsmäßige Dauereinrichtung zu machen. Sein Schwager, der Zar, bemerkte dazu: »Merkwürdiges neues Regime; der König gewährt eine Verfassung und leugnet, daß es eine ist.« Der Vereinigte Landtag zeigte sich unbotmäßig und wurde im Herbst ungnädig wieder aufgelöst. Die Forderung nach seiner »Periodizität« wurde fortan zur revolutionären Parole. Die königliche Geste war verpufft. Aber der damals einflußreichste Berater des Königs, Radowitz, hatte bereits einen neuen Gedanken: »Der König muß Preußen in und durch Deutschland gewinnen.«

Dazu war der König schon immer bereit gewesen. Schon bei seiner Thronbesteigung hatte er Metternich vorgeschlagen, »im Verein mit Österreichs kaiserlicher Macht auf die Hebung und Verherrlichung unseres teuren teutschen Vaterlandes zu wirken und so im Herzen Europas eine schwungvolle Einigkeit und Einheit zu erzielen«. Metternich hatte das immer hinhaltend und abwehrend behandelt und tat es auch jetzt. Sehr widerstrebend ließ sich Friedrich Wilhelm nun von Radowitz überreden, ohne Österreich zu handeln: Ein deutscher Fürstenkongreß sollte nach Potsdam berufen werden, um aus dem Deutschen Bund einen Bundesstaat zu machen, mit Heer, Flotte, Zollunion, Bundesgericht und Pressefreiheit – wohlgemerkt, alles als Gnadengeschenk von oben. Ganz zuletzt, als in Frankreich und Italien schon die Revolution ausgebrochen war und auch in Wien und Berlin die Lage immer bedrohlicher wurde, gestand der König sogar das zu, was ihm am schwersten fiel: ein Bundesparlament, gebildet aus den »Ständen« der Bundesländer, und damit denn also in Gottes Namen einen ständigen Vereinigten Landtag auch in Preußen. Am 18. März 1848 verkündete ein königliches Patent das ganze Programm. Und gerade da brach in Berlin der Barrikadenkampf los.

Man muß diese Vorgeschichte kennen, um das Verhalten des Königs in den Revolutionstagen zu verstehen: die Zurückziehung der Truppen aus dem revolutionären Berlin, den Ritt durch Berlin mit schwarzrotgoldender Schärpe, den Aufruf »An meine lieben Berliner«, den berühmten Ausspruch »Preußen geht fortan in Deutschland auf«. Es war nicht nur so, daß er die Nerven verloren hatte und kein Blut sehen konnte. Gewiß: Es war ihm schrecklich,

seine Truppen auf seine »lieben Berliner« feuern zu hören. Aber vor allem kam ihm alles wie ein furchtbares Mißverständnis vor: Er hatte doch alles oder fast alles, was seine Untertanen ihm jetzt mit Rebellion und Gewalt abzwingen wollten, schon aus freien Stücken gnädig gewährt!
Nun freilich war er ins Schwimmen geraten, und das, was eine großartige königliche Geste hatte sein sollen, geschah über seinen Kopf. Berlin war den ganzen Sommer über in der Hand der Bürgerwehr, ein radikales preußisches Parlament arbeitete an einer radikalen preußischen Verfassung, in Fankfurt tagte eine deutsche Nationalversammlung, ohne von den Fürsten berufen zu sein, und der König mußte Demütigungen einstecken. Aber zugleich erschöpfte sich im Laufe des Sommers 1848 die Revolution. Sie war im Grunde mächtiger gewesen, solange sie drohte, als nun, da sie stattgefunden hatte. Das Schicksal aller Revolutionen entscheidet sich in letzter Instanz durch den Besitz der bewaffneten Macht. Die Armee aber, obwohl in den Märztagen auf königlichen Befehl aus Berlin zurückgezogen, war immer noch fest in der Hand des Königs; und im Herbst rückte sie auf königlichen Befehl in Berlin wieder ein. Sie fand keinen Widerstand mehr. Das Parlament wurde vertagt und nach Brandenburg an der Havel verlegt, dann aufgelöst. Die Revolution war in Preußen vorüber. Der König hatte das Heft wieder in der Hand.
Bemerkenswert, daß damit keineswegs sofort eine Reaktions- und Repressionsperiode einsetzte. Friedrich Wilhelm blieb seinem aus Weichheit und Eigensinn merkwürdig zusammengesetzten Charakter treu; er nahm keine Rache, sondern wollte ein großmütiger Sieger sein. Jetzt, da er die Hände wieder frei hatte, schien ihm die Zeit gekommen, sein Märzprogramm mit großer Geste in Kraft zu setzen: In Preußen die Verfassung, die ihm das Volk hatte abtrotzen wollen, aus königlicher Machtvollkommenheit selbst zu gewähren; und dann unter preußischer Führung Deutschland zu einigen – nicht durch das Volk, sondern, wie es sich gehörte, durch die Fürsten.
Für Friedrich Wilhelm und seine Berater – die jetzt alle wieder aus der staatstragenden konservativen Adels- und Beamtenschicht kamen – stellte sich im Herbst 1848 die Frage so: Mußte sich Preußen von der deutschen bürgerlichen Revolution benutzen

Die berühmtesten Berliner Bildhauer und Maler des 19. Jahrhunderts sind auf dem Sammelportrait von George Gropius abgebildet. Sie sind die Chronisten des preußischen Hofes und der Gesellschaft ihrer Zeit. Von oben im Uhrzeigersinn: Karl Begas, Maler, Wilhelm Wach, Maler, Ludwig Wichmann, Bildhauer, Christian Friedrich Tieck, Bildhauer, Karl Friedrich Schinkel, Baumeister und Maler, Christian Daniel Rauch, Bildhauer, Karl Friedrich Wichmann, Bildhauer, Franz Krüger, Maler. In der Mitte: Johann Gottfried Schadow, Bildhauer und Graphiker

lassen, oder konnte es seinerseits die Revolution benutzen? Mußte es ein bürgerlich-parlamentarischer Staat werden, oder konnte es, mit einigen konstitutionellen Konzessionen, sein Wesen bewahren und sein Bürgertum zähmen? Mußte es wirklich »in Deutschland aufgehen«, oder konnte es Deutschland beherrschen?

Alle diese Fragen entschied Preußen im Jahre 1849 zunächst zu seinen Gunsten. 1850 war es bereits ein paar Monate lang kaum weniger deutsche Vormacht als zwanzig Jahre später. Aber was zwanzig Jahre später dauerhaft gelang, scheiterte bei diesem ersten Versuch schließlich doch. Der preußischen Deutschlandpolitik von 1849/1850 gelang es, die deutsche Revolution aufzufangen, zu beherrschen und zu Preußens Vorteil zu wenden. Was ihr nicht gelang, war der damit vollzogene Ausbruch aus dem Bund der »drei Schwarzen Adler«. Preußen scheiterte 1850 nicht an Deutschland, sondern an seinen alten Partnern, Rivalen und Gegnern: an Österreich und Rußland.

Zunächst gab der König am 5. Dezember 1848 Preußen durch königliches Patent eine Verfassung. Diese »oktroyierte« Verfassung, die mit geringen Änderungen bis 1918 gegolten hat, entsprach in ihrem Inhalt durchaus den damaligen liberalen Anforderungen. Sie garantierte alle wesentlichen Grundrechte, eine unabhängige Justiz, Presse- und Versammlungsfreiheit und ein freigewähltes Abgeordnetenhaus, zunächst sogar mit gleichem Wahlrecht. Das später so berüchtigte preußische Dreiklassenwahlrecht, das erst mehrere Jahre später durch eine vom Abgeordnetenhaus selbst beschlossene Verfassungsänderung eingeführt wurde, war für die damaligen Auffassungen nichts Ungewöhnliches. Auch in England und Frankreich und anderen Ländern mit parlamentarischen Verfassungen galt es damals noch als selbstverständlich, das Wahlrecht an bestimmte Besitz- und Einkommensvoraussetzungen, an einen »Census«, zu binden. Und die nach dem Klassenwahlrecht gebildeten preußischen Kammern waren durchaus keine willfährigen Jasagerparlamente: In den sechziger Jahren produzierten sie mit Regelmäßigkeit liberale Mehrheiten und brachten in dem berühmten Verfassungskonflikt, von dem im nächsten Kapitel zu reden sein wird, einen preußischen König an den Rand der Abdankung.

Aber das lag in der Zukunft.

Zunächst war in Preußen die Revolution beendet und mit der »oktroyierten« Verfassung auch der innere Friede wiederhergestellt. Preußen konnte sich Deutschland zuwenden und dem deutschen Einigungsprogramm, das der König am 18. März, wenige Stunden vor dem Ausbruch der Revolution in Berlin, proklamiert hatte. Dieses Programm hatte einen deutschen Bundesstaat durch Übereinkunft der regierenden Fürsten vorgesehen – keineswegs einen Volksstaat; für Friedrich Wilhelm IV. ein entscheidender Unterschied.

Wenn man sich seine Auffassungen vergegenwärtigt, erscheint es unvermeidlich, daß er die deutsche Kaiserkrone, die ihm die Frankfurter Nationalversammlung im April 1849 antrug, ablehnen mußte. Sie anzunehmen, hätte geheißen, sich an die Spitze der deutschen Revolution zu stellen – und das, nachdem er die preußische Revolution gerade niedergeschlagen hatte. Nichts konnte ihm ferner liegen. Aber eine deutsche Einheit, und zwar unter preußischer Führung, wollte auch er; nur sollte es eine antirevolutionäre Einheit sein, keine revolutionäre. Im Frühjahr 1848 hatte nach seinem Plan ein Fürstenbund der deutschen Revolution zuvorkommen sollen; ein Jahr später sollte er sie beenden, so wie die oktroyierte Verfassung die preußische beendet hatte.

Der letzte Revolutionsstoß, der im Mai 1849 nach der Auflösung der Frankfurter Nationalversammlung in Sachsen, Baden und der Pfalz erfolgte, gab die Gelegenheit dazu: Der Aufstand wurde auf Ersuchen der bedrängten Landesfürsten von der preußischen Armee niedergeschlagen – teilweise, besonders in Baden, mit böser Brutalität; die preußischen Standgerichte sind im badischen Rastatt bis heute nicht vergessen. Wie auch immer, preußische Truppen standen jetzt in Sachsen, in Hessen, in Baden; und Preußen schien in der Lage, Deutschland als Sieger die Einheit zu diktieren, die ihm die Revolution nicht hatte geben können. Im Sommer 1849 gründete der preußische König die »Deutsche Union«, einen Bund von 28 deutschen Fürsten, die wohl oder übel mitmachen mußten – willig oder weniger willig. Die Angst vor der Revolution saß ihnen allen noch in den Knochen, und Preußen, das mit seiner Revolution fertig geworden war, schien der einzige, jedenfalls der sicherste Hort gegen die Revolution und konnte seine

Auf einer Daguerreotypie aus der Frühzeit der Photographie die Brüder Jakob und Wilhelm Grimm. Friedrich Wilhelm IV. berief die Begründer der deutschen Philologie 1841 nach Berlin

Bedingungen machen: Bundesstaat, Bundesheer und Bundesverfassung. Bayern und Württemberg allerdings schlossen sich aus; diese beiden süddeutschen Königreiche fühlten sich allein stark genug und waren auch der engen Verbindung mit dem wildfremden Preußen besonders abgeneigt. Im übrigen aber hatte die Deutsche Union von 1850 bereits den vollen Umfang des späteren Reichs von 1871. Mit seinen alten Methoden – Überraschung und Überrumpelung, schnelles Schalten, blitzartige Positionswechsel und, im entscheidenden Augenblick, immer wieder das scharfe Schwert – hatte Preußen wieder einmal Erfolg gehabt. Seine Führungsposition in Deutschland schien gesichert.

Sogar die bürgerlichen Liberalen spielten mit. Ein Rumpf der aufgelösten Frankfurter Nationalversammlung kam in Gotha wieder zusammen und gab der preußisch-deutschen Union seinen demokratischen Segen: »Die Zwecke, welche durch die (Frankfurter) Reichsverfassung erreicht werden sollten, stehen höher als das starre Festhalten an der Form, unter der man das Ziel anstrebte.« Ein Jahr nach dem Ende der Frankfurter Paulskirchenversammlung wurde in Erfurt zum zweiten Mal eine deutsche Verfassung ausgearbeitet, diesmal unter preußischen Vorzeichen.

Und dann brach plötzlich alles zusammen und war wie nicht gewesen: ein Zusammenbruch von einer Vollständigkeit wie der von 1806. Das Jena von 1850 hieß Olmütz. Wie damals scheiterte Preußen an einer fremden Übermacht. Nur, daß es sich diesmal gar nicht erst auf einen aussichtslosen Krieg einließ, sondern schon vorher kapitulierte.

Daß Preußen 1849 in Deutschland so souverän schalten und walten konnte, lag nicht nur an der Schwäche seiner deutschen Gegner und Partner: der Machtscheu des Bürgertums, der Kurzatmigkeit der proletarischen Barrikadenrevolte, der Verschüchterung der Fürsten. Es lag vor allem daran, daß die traditionelle deutsche Vormacht, Österreich, immer noch durch seine eigene Revolution gelähmt war – nicht durch die bürgerlich-proletarische Revolution in Wien, die es im November 1848 ebenso entscheidend niedergeschlagen hatte wie Preußen die seine in Berlin, sondern durch die nationale Revolution seiner Fremdnationen. Das ganze Jahr 1849 hatte Österreich noch in Italien und Ungarn

Friedrich Wilhelm IV. in einer Selbstkarikatur. Wegen seiner Leibesfülle hatte er in der Familie den Namen »Butt«

Krieg zu führen: Den in Ungarn gewann es schließlich nur mit russischer Hilfe. Um Deutschland konnte es sich inzwischen nicht kümmern; aber 1850 war es wieder soweit. Österreich kam zurück wie ein zürnender Odysseus – fand sein deutsches Haus von Preußen besetzt und beschloß, rücksichtslos aufzuräumen.

Die österreichische Politik zeigte dabei einen ungewohnt energischen, hochfahrenden, ja, beleidigenden Zug, der die Handschrift seines neuen »starken Mannes« trug: Schwarzenbergs – eines Mannes, der vielleicht der ganzen deutschen Geschichte eine vollkommen andere Richtung gegeben hätte, wenn er nicht 1852 ganz plötzlich gestorben wäre. Schwarzenberg hatte seine eigene, gewaltig ausgreifende Konzeption für Deutschland: Er wollte nicht nur den Deutschen Bund wiederherstellen, sondern die ganze Habsburger Monarchie in ihn einbringen, einschließlich ihrer ungarischen, italienischen und südslawischen Bestandteile, das heißt in Wahrheit Deutschland an Österreich – an das alte große Österreich – anschließen. Er wollte nicht ein nationales Deutschland, sondern ein übernationales Mitteleuropa, ein wahres »Reich« mit dem Zentrum in Wien: die Vision Karls V. und Wallensteins. Für Preußen, so wie es sich im letzten Jahrhundert entwickelt hatte, war in dieser Konzeption kaum Platz: Diese ehrgeizige Halbgroßmacht wäre darin nur ein Störfaktor gewesen. Gefragt, was er mit Preußen in seinem Großdeutschland anfangen wolle, soll Schwarzenberg geantwortet haben: »Avilir, puis démolir«; schwächen, dann vernichten. Zunächst einmal behandelte er alles, was Preußen 1848/50 in Deutschland getan hatte, einfach wie Luft; berief den alten Frankfurter Bundestag wieder ein, als ob nie etwas geschehen wäre;

Schinkels Granitschale, aufgestellt 1834 im Lustgarten zu Berlin, gemalt von Johann Erdmann Hummel

überredete Sachsen und Hannover zum Abfall von der Union; und stellte schließlich Preußen ein Ultimatum, aus Hessen zu verschwinden. Im Herbst mobilisierten Preußen und Österreich gegeneinander. Krieg schien unvermeidlich.
Da intervenierte der Zar, und zwar auf der Seite Österreichs. Freilich, Schwarzenbergs Fernziel teilte er nicht; der Gedanke an ein deutsch-österreichisches Riesenreich vor den Toren Rußlands mochte ihm sogar ziemlich unheimlich sein, und auch an einem geschwächten oder gar demolierten Preußen lag ihm nichts. Er wollte einfach den Status quo – weder Schwarzenbergs mitteleuropäisches Großreich noch Preußens Deutsche Union, sondern schlechthin den Status quo ante 1848, den alten Bund der »drei Schwarzen Adler« gegen Nationalismus und Revolution. Zunächst aber machte ihn das zum Verbündeten Österreichs, denn Schwarzenbergs mitteleuropäisches Großreich war noch Zukunftsmusik, Preußens Deutsche Union aber bereits fast Wirklichkeit. Diese Wirklichkeit mußte erst einmal wieder beseitigt werden. Preußens opportunistisches Spiel mit der Revolution durfte nichts eingebracht haben, es mußte

Weberelend in Schlesien um 1840

Mit aufgepflanztem Bajonett…

Die schlesischen Weber sind die ersten Opfer des anbrechenden Maschinenzeitalters. Mit dem Webstuhl im Heim ist gegen die moderne Tuchfabrikation nicht mehr anzukommen. Tausende von Familien verelenden. 1844 kommt es zum Weberaufstand, einer von Anfang an aussichtslosen Rebellion. Militär wird eingesetzt, um den Aufstand gründlich und schnell niederzuschlagen. Übrig bleibt die Not und als letzter Ausweg die Auswanderung. Im 19. Jahrhundert wird die Massenauswanderung nach Amerika eine Dauererscheinung in Preußen wie im übrigen Deutschland und Europa

alles wieder werden wie vor 1848. Das war jetzt die Forderung, und unter dem vereinten Druck Österreichs und Rußlands, seinen alten Schutzmächten und Verbündeten, die jetzt plötzlich so zornige Gesichter zeigten, kapitulierte Preußen in Olmütz, am 29. November 1850, bedingungslos und vollständig. Die Union wurde aufgelöst, der alte Deutsche Bund von 1815 unverändert wiederhergestellt, alles, was Preußen in Deutschland getan hatte, annulliert. Die Blamage war unverhüllt und ungemildert. Preußen zog aus Olmütz ab wie ein bestrafter Schuljunge, der über einem ungezogenen Streich ertappt

... gegen Hunger und Verzweiflung

worden ist und mit hochrotem Gesicht verspricht, es nie wieder zu tun. Es war eine Niederlage wie 1806, nur diesmal unblutig.
Aber nun das Merkwürdige: Jetzt wie damals nahm Preußen seine Niederlage zunächst mit einer gewissen Härte im Nehmen hin, paßte sich an und versuchte, das Beste daraus zu machen; jetzt sogar mit mehr Gutwilligkeit und Überzeugung als damals. Damals hatte Anpassung Reform bedeutet – einen liberalisierenden Umbau des Staates, dem der Kern der preußischen Gesellschaft, der staatstragende Militäradel, heftig widerstrebte. Jetzt hieß Anpassung konservative Restauration und Reaktion, was dieser Schicht vollkommen paßte. Vielen preußischen Konservativen war bei Friedrich Wilhelms hochfliegenden deutschen Experimenten von vornherein nicht wohl gewesen, und in ihrer Reaktion auf Olmütz war Schmerz über die Blamage überlagert von der grimmigen Genugtuung, es immer gewußt und nun recht behalten zu haben. Sie waren nie wie der gefühlvolle König, »von dem Worte Teutschland mit dem Schauder der Begeisterung durchbohrt« gewesen. Der Abgeordnete Bismarck zum Beispiel hatte im Erfurter Unionsparlament trocken gesagt: »Wir wollen den Bundesstaat; aber lieber

als um den Preis dieser Verfassung wollen wir ihn gar nicht.« Ein halbes Jahr später, im Berliner Abgeordnetenhaus, verteidigte er Olmütz: »Es ist nicht Preußens Aufgabe, überall in Deutschland den Don Quichotte zu spielen.« Das Bündnis mit dem »deutsch-nationalen Schwindel« war ihm – und den meisten preußischen Konservativen – in der Seele zuwider gewesen. Das altbewährte Bündnis der »drei Schwarzen Adler« war etwas viel Solideres, und die preußischen Konservativen waren froh, daß es nun wiederhergestellt war – oder schien. In den Jahren nach Olmütz widmete sich Preußen zunächst der Wiederherstellung dieses Bündnisses mit sentimentalem Enthusiasmus – dem Enthusiasmus des heimgekehrten verlorenen Sohnes.

Nur half ihm das alles nichts. Das Bündnis war auf die Dauer nicht wiederherzustellen, seine Zeit war abgelaufen, es zerbrach. Nicht durch die Schuld Preußens – so wenig, wie vierzig Jahre vorher das Bündnis zwischen Napoleon und Alexander durch die Schuld Preußens zerbrochen war. Es war der Krimkrieg, der in den Jahren 1854 bis 1856 Österreich und Rußland aus Freunden zu Feinden machte, und zwar, wie sich zeigen sollte, für immer. In diesem Krieg zwischen den Westmächten und Rußland ging es zum ersten Mal um die türkische Nachfolge auf dem Balkan, einem Krisenherd, der die europäische Politik von nun an mehr als ein halbes Jahrhundert nicht zur Ruhe kommen lassen und schließ-

Huldigung der Berliner Bevölkerung bei der Thronbesteigung Friedrich Wilhelms IV. Darstellung auf einer Prunkvase, 1840

lich zum Zündpunkt des Ersten Weltkrieges werden sollte. Preußen und Österreich blieben im Krimkrieg beide neutral, aber ihre Neutralität hatte einen sehr verschiedenen Charakter: Preußen war sozusagen neutral auf der russischen, Österreich auf der westlichen Seite. Österreich hatte den Krimkrieg ausnutzen wollen, um die Donaufürstentümer (das heutige Süd- und Ostrumänien) zu erwerben und Rußland vom Balkan abzudrängen; dies ungeachtet der Tatsache, daß Rußland Österreich bloße fünf Jahre vorher vor einer Niederlage im ungarischen Revolutions-

Friedrich Wilhelm IV. – »der Romantiker auf dem Thron« – ist die tragische Figur unter Preußens Königen. Durchdrungen von seinem Gottesgnadentum ist er zugleich eine weiche, liebenswürdige Natur, immer bereit, seine Feinde durch Menschlichkeit und Entgegenkommen zu entwaffnen und dann tief enttäuscht, wenn er nicht Dank erntet. Das erklärt seine schwankende Haltung in der Revolution von 1848 und sein Versagen beim ersten Versuch einer deutschen Einigung durch Preußen in den folgenden Jahren. Die Daguerreotypie ist 1842 entstanden

krieg gerettet hatte. »Österreich wird die Welt durch seine Undankbarkeit in Erstaunen setzen«, hatte Schwarzenberg schon früher erklärt; ein charakteristischer Ausspruch. Österreich und Rußland wurden jetzt tödliche Rivalen auf dem Balkan, und Preußen konnte nicht mehr in ihrem Bunde der Dritte sein, einfach weil es diesen Bund nicht mehr gab. Es mußte fortan zwischen ihnen wählen, ob es wollte oder nicht.

Nicht nur der Bund der »drei Schwarzen Adler« war am

Wohnzimmer des Schlossermeisters Hauschild in der Stralauer Straße in Berlin, gemalt von Eduard Gärtner

Eduard Gärtner (1801–1877) gehört, wie Caspar David Friedrich, zu den preußischen Meistern des 19. Jahrhunderts, die nach langer Vernachlässigung heute wieder entdeckt werden. Friedrich Wilhelm III. ermöglichte ihm eine Ausbildung in Paris. Noch vor Menzel begann er in den 30er Jahren mit der Freiluftmalerei. Seine Architekturbilder erreichen über die topographische Genauigkeit hinaus eine Atmosphäre, die dem Vergleich mit Canaletto duchaus standhalten. Neben Veduten von Berlin (S. 374) und Paris zählen die von Petersburg und Moskau zum Hauptwerk Gärtners. Das Gemälde auf der vorigen Seite stammt aus der Sammlung des Märkischen Museums in Berlin-Ost

Ende; das ganze kunstvolle europäische System, das Metternich 1815 errichtet hatte und in dem Preußen so willig zur Ruhe gegangen war, war durch die Revolutionen und ihre Folgen zerbrochen. Frankreich spielte nicht mehr mit. Dort regierte jetzt wieder ein Napoleon, und wenn der »dritte« Napoleon auch nicht den imperialen Ehrgeiz des ersten hatte, so doch den, das Zentrum der europäischen Politik wieder von Wien nach Paris zu verlegen. Sein Mittel war das Bündnis mit dem Nationalismus: zuerst dem italienischen, wobei er Erfolg hatte; dann dem polnischen, wobei nichts herauskam; schließlich sogar dem deutschen, wobei er sich das Genick brach. Wie auch immer, er sorgte für Unruhe in Europa, für Krieg und Kriegsgeschrei. Das nachrevolutionäre Europa war nicht mehr die friedliche Staatengemeinschaft, die es von 1815 bis 1848 gewesen war. Jeder Staat stand jetzt wieder für sich; wohl oder übel auch Preußen.

Ebensowenig wie der europäische war der deutsche vorrevolutionäre Zustand wiederherzustellen, mochte auch der Deutsche Bund in Frankfurt wieder tagen, als ob nie etwas geschehen wäre. Weder dic nationale noch die bürgerlich-liberale Bewegung hatten durch die Niederlage von 1848/49 ihre Dynamik verloren. Die deutsche bürgerliche Nationalbewegung blieb in ewiger Unruhe, ein Faktor, mit dem man rechnen und dem man sich irgendwie stellen mußte. Das Bürgertum wurde sogar in den fünfziger und sechziger Jahren mit dem jetzt reißenden Fortschritt der Industrialisierung immer mächtiger, und in den frühen sechziger Jahren brachte die Industrialisierung auch die Anfänge einer organisierten Arbeiterbewegung hervor – mit ihrem Zentrum in Preußen. Um 1860 herum war man, auf andere Art, wieder ungefähr so weit wie zehn Jahre zuvor: Die Revolution als solche war zwar zu den Akten gelegt, das deutsche Bürgertum aber mit Nationalverein und Fortschrittspartei wieder mächtig im Vormarsch, Österreich und Preußen in unvermeidlichem Konkurrenzkampf um seine Gunst engagiert; beide in einem scheinbar unaufhaltsamen inneren Liberalisierungs- und Parlamentarisierungsprozeß begriffen, beide bestrebt, »moralische Eroberungen« in Deutschland zu machen, beide darauf aus, den Strom der Nationalbewegung auf ihre Mühlen zu lenken, beide konkurrierend mit Reformplänen für den Deutschen Bund. Wobei es Preußens Vorteil war, daß es von Österreichs vertrackten Nationalitätenproblemen frei war, Österreichs Vorteil, daß es größer und stärker, auch wohl beliebter, vor allem aber, daß es immer noch die traditionelle Vormacht in Deutschland, die alte Reichsmacht war.

Wie das alles ausgehen würde, war in den frühen sechziger Jahren völlig offen. Viele Lösungen schwirrten in der Luft: ein engerer und ein weiterer Bund, ein deutscher Dualismus mit preußischer Vorherrschaft in Norddeutschland, mit österreichischer in Süddeutschland, eine Reform des bestehenden Deutschen Bundes im Sinne einer Parlamentarisierung. Eines erwartete jeder mit Sicherheit: einen bedeutenden Machtzuwachs der bürgerlich-parlamentarischen Einrichtungen in ganz Deutschland. Eines erwartete eigentlich niemand: einen Krieg zwischen den deutschen Staaten.

Daß beide Erwartungen enttäuscht wurden, daß Preußen Reichsmacht und Österreich Ausland wurde, war das Werk eines einzigen Mannes, der Anfang der sechziger Jahre in seinem eigenen Staat noch ein politischer Außenseiter war: Bismarcks.

6. KAPITEL

Preußens Reichsgründung

König Bismarck I.

Politik unter Erfolgszwang

1866: Preußen am Ziel

1870: Ein Unfall und eine Improvisation

Barrikadenkampf auf dem
Berliner Alexanderplatz in der
Nacht vom 18. zum 19. März 1848

Am 18. März 1848 und in der darauffolgenden Nacht tobt im Zentrum von Berlin eine blutige Straßenschlacht zwischen Arbeitern, Studenten, Revolutionären und Militär, die damit endet, daß der König das Militär aus der Hauptstadt zurückzieht. Die Barrikadenkämpfer hatten die öffentliche Meinung auf ihrer Seite. Der Holzschnitt illustriert ihren Heldenmut, und die Gräber der »Märzgefallenen« im Friedrichshain in Berlin-Ost sind bis zum heutigen Tage eine Pilgerstätte für Liberale und Sozialdemokraten wie Kommunisten

Preußens Reichsgründung

Bismarck lebt im Bewußtsein der Deutschen als Reichsgründer fort, und unendlich viel ist darüber gestritten worden und wird noch heute darüber gestritten, ob seine Reichsgründung für Deutschland ein Segen oder ein Unheil war. Dagegen ist merkwürdig wenig darüber nachgedacht worden, ob die Reichsgründung für Preußen segensreich oder unheilvoll war; und das ist um so merkwürdiger, als Bismarck selbst sie unzweifelhaft in allererster Linie vom preußischen Standpunkt aus betrachtet und als eine Maßnahme preußischer Politik vollzogen hat.

Bismarck war kein deutscher Nationalist, er war ein preußischer Staatsmann. Nicht nur in seiner politischen Frühzeit, auch noch in seinen Jahren als preußischer Ministerpräsident kam ihm das Wort vom »deutsch-nationalen Schwindel« sehr leicht von den Lippen, und er hatte 1866 nicht die geringsten nationalen Bedenken, gegen den größten Teil des außerpreußischen Deutschland ebenso wie gegen Österreich Krieg zu führen; in einer der vielen nervenaufreibenden Debatten mit König Wilhelm I., die diesem Krieg vorausgingen, rief der König einmal verzweifelt aus: »Ja, sind Sie denn nicht auch ein Deutscher?« Immer dagegen, wenn er von Preußen redet, sind von Bismarck wahre Herzenstöne zu hören. »Gott wird wissen, wie lange Preußen bestehen soll«,

schrieb er einmal in einem Privatbrief. »Aber leid ist mir's sehr, wenn es aufhört, das weiß Gott!«
Und doch hat Bismarck selbst mehr als jeder andere einzelne Mensch dafür gesorgt, daß Preußen »aufhörte« – nicht durch politisches Versagen oder Mißlingen, sondern, das ist das Paradoxe, durch übermäßigen Erfolg. Er hat Preußen auf eine Höhe geführt, in der es auf die Dauer nicht atmen konnte. Mit der Reichsgründung, die Preußen zur deutschen und Deutschland zur europäischen Vormacht machte, hat er Deutschland vielleicht überfordert – darüber kann man streiten; aber Preußen hat er unbestreitbar den Todeskeim eingeimpft: Neben und in einem geeinigten Deutschland verlor Preußen zwangsläufig nach und nach seine Selbständigkeit, seine Identität und schließlich seine Existenz. Es wurde überflüssig, eine Anomalie im Reichsbau; und am Ende wurde es zum Opfer einer gescheiterten deutschen Weltpolitik – einer Politik, die Preußen als Preußen nie hätte führen oder auch nur wollen können.
Der Historiker Walter Bussmann urteilt: »Wenn sich Bismarck mit der nationalen Idee, einer der treibenden Kräfte des Jahrhunderts, ver-

Otto von Bismarck um 1850

bündete, wollte er dem preußischen Staate nutzen, aber in einem objektiven Sinne diente er zugleich auch der Sache eines nationalen Staates, dem Anliegen seiner politischen Gegner.« Man könnte es noch schärfer formulieren: Das Bündnis zwischen der preußischen Staatsidee und der deutschen Nationalidee war ein Bündnis zwischen Feuer und Wasser; und wenn es auch so aussehen mag, als könnte ein starkes Feuer das Wasser in Dampf auflösen, am Ende wird das Feuer vom Wasser gelöscht. Bismarcks Reichsgründung erschien den Zeitgenossen als der höchste Triumph Preußens; im Endergebnis erwies sie sich als der Anfang von Preußens Ende. Immerhin, das Ende

Versammlung des Demokratischen Klubs in Berlin vor der Revolutionsnacht

machte den Triumph nicht ungeschehen. Wenige Staaten sind ruhmvoller in ihr Verderben gegangen als das Preußen Bismarcks.
Das Preußen Bismarcks – das schreibt und liest sich so hin, als wäre es eine Selbstverständlichkeit; aber man tut gut, bei dem Ausdruck einen Augenblick innezuhalten und sich zu wundern. Es ist wahr: Bismarck hat in der Tat von dem Moment an, da er preußischer Ministerpräsident wurde, die preußische Politik – und was für eine Politik! –

Wilhelm I., 1797–1888

Auf den »Neuruppiner Bilderbogen« sind die Hauptereignisse von 1848 festgehalten: Nach Auseinandersetzungen zwischen Bürgern und Militär ist der König bereit, Preußen in eine konstitutionelle Monarchie umzuwandeln. »Preußen geht fortan in Deutschland auf«, verkündet er. Die Bürgerwehr soll für Ruhe und Ordnung sorgen (nächste Seite). Die Uneinigkeit zwischen »linken und rechten« Revolutionären führt zu neuen Unruhen. Im Herbst läßt der König seine Soldaten wieder nach Berlin einrücken und löst die Preußische Nationalversammlung auf. Die Revolution ist in Preußen zu Ende

21. März 1848: Der König reitet

6. August 1848: Berlin versamme

hinter einer schwarz-rot-goldenen Fahne durch Berlin

sich zum Empfang des »Reichsverwesers« Erzherzog Johann

souverän gestaltet, aber wie war denn das möglich? Bismarck war ja kein preußischer Souverän. Die politischen Entscheidungen hatten in Preußen immer die Könige getroffen: Friedrich Wilhelm I. und Friedrich der Große ganz allein; ihre Nachfolger gewiß unter Zuziehung von Ministern und Beratern; aber daß ein bloßer Minister jahre- und jahrzehntelang die preußische Politik bestimmte, als wäre er der König – schon 1865 sprach der englische Außenminister Clarendon spöttisch von »König Bismarck I.« –, das hatte es in Preußen nie gegeben; nicht einmal in der Glanzzeit Hardenbergs, 1810–1815, als ein tief entmutigter, gedemütigter, überdies von Hause aus entschlußschwacher König seinen Staatskanzler mehr als üblich hatte gewähren lassen.

Wilhelm I. aber, Bismarcks lebenslanger König, war eine weit stärkere Herrschernatur als Friedrich Wilhelm III. Der Titel »der Große«, den ihm sein Enkel postum zu verleihen suchte, hat zwar nie an seinem Namen gehaftet. Aber unter den preußischen Königen gehört er zweifellos in die erste Reihe. Man könnte ihn Preußens zweiten Soldatenkönig nennen: Er war mit Leib und Seele ein wirklicher

20. August 1848: Eine radikale

11. November 1848: Die Bürger

monstration wird von Charlottenburger Bürgern niedergeknüppelt.

wehr wird unter Belagerungszustand entwaffnet

Soldat, ein erfahrener Berufsoffizier; ihm ist die preußische Heeresreform zu verdanken, ohne die Bismarcks Kriege möglicherweise einen militärisch weit weniger glücklichen und glatten Verlauf genommen hätten. Ebenso ist die Berufung des unscheinbaren aber hervorragend tüchtigen Generalstabschefs Moltke das persönliche Verdienst des Königs, und schließlich ist die Unterordnung der Truppenführung unter den Generalstab ein exklusiv preußisches Erfolgsrezept, das unter Wilhelm I. eingeführt wurde und noch lange vorhielt. Und neben seinem durchaus überdurchschnittlichen militärischen Sachverstand verfügte Wilhelm I. über einen robusten gesunden Menschenverstand, viel politische Lebenserfahrung – er war 64, als er König wurde – und ein starkes monarchisches Selbstgefühl. Er war alles andere als ein Schattenkönig, und daß er dann doch während seiner ganzen, unerwartet langen Regierungszeit – er starb erst 1888, 90 Jahre alt – im Schatten seines genialen Ministerpräsidenten und späteren Reichskanzlers stehen würde, war ihm nicht an der Wicge gesungen. Zwischen Wilhelm I. und Bismarck bestand auch nicht etwa eine natürliche Affinität und menschliche Hingezogenheit. Noch kurz ehe er Bismarck, in einer Stunde höchster Not, zum leitenden Minister machte, hatte der König geäußert, der Mann sei ihm unheimlich und flöße ihm einen inneren Widerwillen ein; und Bismarck seinerseits hat nie aufgehört, über den Nervenverschleiß zu klagen, den ihm der ewige Kampf mit dem König und um den König abverlangte.

Diesen Dauerkampf darf man nicht aus den Augen verlieren, wenn man Bismarcks Wirken betrachtet. Er erklärt mehr als alles andere einen wichtigen Zug in Bismarcks Politik gerade der ersten ereignisreichen und dramatischen acht Jahre, der Reichsgründungsjahre. Man hat oft von Bismarcks »Bonapartismus« gesprochen und in seiner Politik zwischen 1862 und 1871 einen napoleonischen Zug gefunden. Mit Unrecht: Bismarck war ja kein Usurpator und hat nie im Traum daran gedacht, sich selbst an die Stelle des legitimen Königs zu setzen; »Revolution machen in Preußen nur die Könige«, sagte er gelegentlich. Aber eines hatte Bismarck wirklich mit den Bonapartes gemein: Wie sie stand er unter ständigem Erfolgszwang – nicht zwar, wie sie, um einen illegitimen Thron,

Helmuth von Moltke, 1800 - 1891, seit 1858 Chef des Generalstabs

wohl aber, um seine Stellung zu halten. Der König konnte ihn ja jederzeit entlassen – wie es Wilhelm II. später wirklich tat –, und an Feinden, die auf seinen Sturz hinarbeiteten (auch in der engsten Umgebung des Königs), fehlte es ebensowenig wie an Konkurrenten, die es besser machen zu können glaubten und Bismarcks Platz gern eingenommen hätten. Er mußte sich immerfort unentbehrlich machen; dazu brauchte er ständige Krisen (denn mitten im Strom wechselt man die Pferde nicht) und ständige Erfolge (denn einen erfolgreichen Minister entläßt man nicht so leicht). Das erklärt einerseits die Kampflust, mit der Bismarck in seinen ersten Regierungsjahren Krisen geradezu suchte und verschärfte, und andererseits die »Uhrmacher-Behutsamkeit« (ein glücklicher Ausdruck des Bismarckbiographen Ludwig Reiners), mit der er bei ihrer Lösung immer wieder vorging. Es erklärt aber etwas noch Wichtigeres: nämlich die Erfolgsfixiertheit, die Bismarck dazu nötigte, nicht nur Prinzipien zu verachten und in der Wahl seiner Mittel nicht wählerisch zu sein, sondern sogar seine Ziele zu wechseln, je nachdem, welches ihm den schnellsten und sichersten Erfolg versprach.

Bismarck selbst hat es im Alter, als er an seiner Legende arbeitete, manchmal so dargestellt, als habe er von Anfang an auf die Reichsgründung abgezielt und die triumphale Szene der Kaiserproklamation im Schloß Versailles auf all seinen Wegen und Umwegen sozusagen immer als unverrückbares Endziel vor dem inneren Auge gehabt. Nichts könnte falscher sein. »Einförmigkeit im Handeln war nie meine Sache«, hat er selbst gesagt. Welche Ziele er der preußischen Politik jeweils setzte, hing für ihn immer davon ab, was gerade Erfolg versprach. Mit Bezug auf den Dänischen Krieg von 1864 zum Beispiel hat er das in einer Rede einmal ausführlich ausgeplaudert: »Ich habe

Treppenhaus im Berliner Schloß, gemalt von Carl Graeb um 1850

Der König zwischen Demokratie und Militär: Karikatur auf Friedrich Wilhelm IV.

Mit den Worten: »... daß ich es nun und nimmermehr zugeben werde, daß sich zwischen unsern Herrgott im Himmel und dieses Land ein beschriebenes Blatt Papier gleichsam als eine zweite Vorsehung eindränge, um uns mit seinen Paragraphen zu regieren und die alte heilige Treue zu ersetzen...« hatte Friedrich Wilhelm IV. zu verstehen gegeben, wie sehr ihm ein konstitutionelles Regiment widerstrebte. Am 5. Dezember 1848 verkündet er trotzdem eine »oktroyierte« Verfassung, die in Preußen mit geringen Abänderungen bis 1918 gilt

stets an dem Klimax festgehalten, daß die Personalunion (zwischen Dänemark und Schleswig-Holstein) besser war als das, was existierte, daß ein selbständiger Fürst besser war als die Personalunion, und daß die Vereinigung mit dem preußischen Staate besser war als ein selbständiger Fürst. Welches davon das Erreichbare war, das konnten allein die Ereignisse lehren.« Es war dasselbe in dem Krieg mit Österreich und Deutschland 1866 und in dem Krieg mit Frankreich 1870: Die Zielsetzung hing jedesmal von der Erreichbarkeit ab, nicht umgekehrt. Man könnte das geradezu Bismarcks Erfolgsgeheimnis nennen: Wer sich das jeweils Erreichbare zum Ziel setzt, kann ziemlich sicher sein, daß er sein Ziel immer erreicht. Die Gefahr dabei ist freilich, daß sich das Erreichte schließlich als etwas nicht Erstrebenswertes erweisen kann. Was die Gründung des Deutschen Reiches betrifft, so gibt es genug Anhaltspunkte dafür, daß Bismarck selbst lange gezweifelt hat, ob sie für Preußen erstrebenswert war, und interessanter noch als ihre Geschichte selbst sind die Vorkehrungen, die Preußen gegen die Gefahren traf, die sie für Preußen enthielt und die er durchaus sah. Aber es wird Zeit, die Geschichte der preußischen Reichsgründung durch Bismarck, also die Geschichte Preußens in den hochdramatischen Jahren 1862–1871, kurz darzustellen.

Bismarck verdankte seine Berufung zum preußischen Ministerpräsidenten im September 1862 einem schweren Verfassungskonflikt, der zwischen König und Parlament über die schon erwähnte, vom König persönlich in Gang gesetzte Heeresreform ausgebrochen war. Es war eine Situation wie die, die zwei Jahrhunderte früher in England den großen Bürgerkrieg verursacht und schließlich König Karl I. den Kopf gekostet hatte: König und Parlament stritten um die oberste Verfügungsgewalt über die bewaffnete Macht. Keine Seite wollte nachgeben. Wilhelm I., von seinen Ministern im Stich gelassen, von seiner Familie mit Schreckbildern von der Enthauptung Karls I. von England geängstigt, war im Begriff abzudanken, als ihm Bismarck, der sich durch frühere Reden einen Ruf als rücksichtsloser monarchischer Reaktionär erworben hatte, als letzter Nothelfer angedient wurde.

Die Versuchung ist unwiderstehlich, einen Augenblick darüber nachzudenken, wie die preußische Geschichte

Der 87jährige Naturforscher Alexander von Humboldt in seiner Bibliothek im Jahr 1856

Friedrich (III.),
Kronprinz von Preußen,
1831 - 1888

weitergegangen wäre, wenn Wilhelm I. 1862 wirklich, wie er bereits vorhatte, abgedankt hätte. Sein Sohn Friedrich III. hätte dann nicht, wie später in Wirklichkeit, drei Monate, sondern 26 Jahre lang regiert. Friedrich III. war ein Liberaler. Er hätte unter dem Einfluß seiner politisch sehr regen englischen Frau den Verfassungskonflikt durch Nachgeben beendet und die preußische Monarchie zu einer parlamentarischen Monarchie nach englischem Vorbild gemacht. Preußen wäre ein kleines kontinentales England geworden. Von Bismarck hätte man unter dem Königspaar Friedrich und Viktoria nie etwas gehört. Es ist sehr unwahrscheinlich, daß ein parlamentarisch regiertes Preußen Deutschland gegen den Widerstand Frankreichs, Rußlands, Österreichs und der deutschen Mittelstaaten, nur mit Hilfe der deutschen Liberalen und der Sympathie Englands je hätte einigen können. Aber es ist durchaus vorstellbar, daß Preußen dann heute noch existierte.

Dies nebenbei; zurück zur Wirklichkeit. Bismarck empfahl sich dem König als sein treuer Schildhalter, der das königliche Regiment gegen die Parlamentsherrschaft bis zum Schaffott aufrechterhalten werde. Er machte sich dem König damit bis auf weiteres unentbehrlich. Aber er machte keinen Staatsstreich. Vielmehr hielt er den Verfassungskonflikt fünf Jahre lang klug in der Schwebe, bis er schließlich in einer gänzlich veränderten Lage durch ein Nachgeben des Parlaments in der Sache, des Königs in der Form, beigelegt werden konnte. Diese fünf Jahre benutzte Bismarck zu einer Reihe kühner, gewagter und überaus unpopulärer, auch dem König unheimlicher, aber genau durchgerechneter und von blendendem Erfolg gekrönter, mit zwei kurzen Kriegen verbundener außenpolitischer Aktionen, deren Endergebnis ein ganz neues Preußen und ein ganz neues Deutschland waren.

Bismarck war von Hause aus ein strikter Konservativer gewesen, ein Anhänger des Metternichschen Systems und ein scharfer Gegner des Liberalismus, des Nationalismus und der 1848er Revolution. 1850 hatte er, wie wir bereits gesehen haben, die Kapitulation von Olmütz verteidigt, und gerade deswegen war er kurz darauf als preußischer Gesandter zum Bundestag nach Frankfurt geschickt worden, wo er acht Jahre lang blieb. Aber in diesen acht Jahren lernte er um.

Bismarck war eben nicht nur ein Konservativer, er war auch ein Stockpreuße, und er war ein Realist. Als Preuße war er beleidigt von der hochfahrenden österreichischen Politik der Schwarzenberg-Ära, der er sich in Frankfurt konfrontiert fand. Als Realist sah er, daß der Bruch zwischen Österreich und Rußland seit dem Krimkrieg unheilbar war und daß das alte europäische System durch die Revisionspolitik Napoleons III. zunehmend erschüttert wurde. Seine Folgerung war schon 1856, »daß wir in nicht zu langer Zeit für unsere Existenz gegen Österreich werden fechten müssen«, und daß es möglich sein müsse, dafür die wohlwollende Neutralität Rußlands und Frankreichs zu gewinnen. Ja, er ging noch weiter. Preußens Kampf mit Österreich würde sich notwendigerweise in und um Deutschland abspielen – »Nach der Wiener Politik ist Deutschland zu eng für uns beide; wir pflügen beide denselben streitigen Acker« –, und auch in Deutschland brauchte Preußen Bundesgenossen. Als Realist erkannte Bismarck, daß die deutschen Fürsten das nie werden könnten. 1859 erklärte er einem verdutzten Interviewer, Preußen habe in Deutschland nur *einen* wirklichen Bundesgenossen: das deutsche Volk.

Nach 1848/49 bleibt Preußen tief gespalten zwischen der Partei der Konservativen, die sich erst jetzt parlamentarisch formiert, und der andauernden liberalen, nationalen und demokratischen Bewegung (Karikatur auf der nächsten Seite). Der Holzschnitt symbolisiert die Spaltung durch zwei Zeitungen und ihre Leser: Der finstere Geselle links liest die »Rheinische Zeitung«, deren Redakteur eine Weile Karl Marx war; der grimmige Reaktionär rechts die »Neue Preußische (Kreuz-) Zeitung«, das Organ der Konservativen, in dem von »verruchten Demokraten« Schlimmes berichtet wird

Neue Preußische Zeitung

Republik oder Monarchie – gespalten ist der Deutsche Michel

Der Realist in Bismarck war eben stärker als der Konservative. Als Realist war er bereit, auch mit dem Nationalismus und sogar mit der Demokratie zu paktieren.
Das waren die außenpolitischen Vorstellungen und Pläne, mit denen Bismarck 1862 in Preußen sein Amt antrat, und fünf Jahre später waren sie alle verwirklicht. Freilich auf seltsamen Umwegen.
Bismarcks erste außenpolitische Aktion war ein Sabotageakt. 1863 brachte er Österreichs Versuch zum Scheitern, dem Deutschen Bund – der ja in Bismarcks Kopf bereits zum Tode verurteilt war – durch eine Reform noch einmal Leben einzuhauchen. Ein von Österreich einberufener deutscher Fürstentag in Frankfurt war dazu ausersehen, und er fand auch mit viel Gepränge statt, aber ohne Preußen. Bismarck überredete seinen König unter furchtbaren Kämpfen fernzubleiben; und da der Fürstentag ohne Preußen nichts ausrichten konnte, ging er ergebnislos auseinander. Der österreichisch-preußische Gegensatz in der deutschen Frage war damit zum ersten Mal öffentlich proklamiert. In dieser Frage waren die beiden Mächte jetzt offene Gegner.
Und trotzdem – oder gerade deswegen – wurden sie 1864 zu Verbündeten, in einem Kriege gegen Dänemark, in dem es um Schleswig-Holstein ging. Der Anschluß des damals dänischen Schleswig-Holsteins an Deutschland war eine Hauptforderung des deutschen Nationalismus, und gerade als Konkurrenten um Deutschland konnten Österreich und Preußen nicht umhin, sich beide dieser Sache anzunehmen, als sie plötzlich wieder akut wurde. Schon 1848 war es über Schleswig-Holstein zu bewaffneten Auseinandersetzungen gekommen. Ein Mächtekongreß in London hatte damals schließlich entschieden, daß Schleswig-Holstein mit Dänemark verbunden bleiben sollte, aber nur in Personalunion. Nun starb der dänische König kinderlos, unterschiedliche Erbfolgen in Dänemark und Schleswig-Holstein machten eine Personalunion unmöglich, und Dänemark setzte sich über das Londoner Protokoll hinweg und annektierte Schleswig. Als Mitunterzeichner des Londoner Protokolls stellten daraufhin Österreich und Preußen Dänemark ein Ultimatum, die Annexion rückgängig zu machen. Am 1. Februar 1864 kam es zum Krieg.
Der Krieg gab, beim Sturm auf die Düppeler Schanzen,

Obdachlosenspeisung in einer Berliner Volksküche um 1860

der preußischen Armee die erste Gelegenheit, ihre durch König Wilhelms Heeresreform wiedergewonnene Qualität zu erweisen, aber das war das wenigste. Militärisch war in einem Krieg zweier Großmächte gegen das kleine Dänemark wenig Ruhm zu gewinnen. Das Kunststück war, das Eingreifen der anderen Großmächte zu verhindern, die ja alle ebenfalls Unterzeichner des Londoner Protokolls waren, und von denen namentlich England Dänemarks Partei nahm. Es gelang, die Intervention abzuwehren, teils dank Bismarcks geschickter Mäßigung – er forderte, sehr zur Entrüstung der deutschen öffentlichen Meinung, keine engere Verbindung Schleswig-Holsteins mit Deutschland, sondern nur die strikte Wiederherstellung des Status quo –, teils dank der Sturheit, mit der Dänemark auf der protokollwidrigen Annexion Schleswigs beharrte. Das Ergebnis war jedenfalls, daß Dänemark mit dem stillschweigenden Einverständnis aller Mächte Schleswig-Holstein an Österreich und Preußen zur gemeinsamen Weiterverfügung abtreten mußte. Damit war für Österreich nichts Nützliches gewonnen – was sollte es mit dem weit entfernten Schleswig-Holstein anfangen? – für Preußen aber nicht nur eine Anwartschaft auf Landgewinn, sondern vor allem das, woran Bismarck am meisten lag: ein Zankapfel, über den er es jederzeit zum Kriege zwischen Preußen und Österreich kommen lassen konnte.

Nicht, daß er diesen Krieg unter allen Umständen wollte. »Viele Wege führten zu meinem Ziel«, hat er später gesagt. »Ich mußte der Reihe nach einen nach dem anderen einschlagen, den gefährlichsten zuletzt.« Was er wollte, war die Auflösung des Deutschen Bundes, den er als eine lästige Fessel preußischer Politik empfand, und die unbeschränkte Vorherrschaft Preußens in Norddeutschland. Süddeutschland war er bereit, einer entsprechenden österreichischen Vorherrschaft zu überlassen. Wenn er dieses Ziel durch friedliche Vereinbarung mit Österreich erreichen konnte, um so besser.

Freilich, auch eine solche friedliche Vereinbarung über eine Teilung Deutschlands an der Mainlinie war nicht ohne Druck zu haben, und in den zwei Jahren zwischen dem Dänischen und dem Deutschen Krieg arbeitete Bismarck unablässig an der internationalen Isolierung Österreichs. In Rußland, das

Napoleon III. regierte von 1852 bis 1870

mit Österreich sowieso in ständiger Konkurrenz auf dem Balkan stand, hatte er damit leichtes Spiel. In Frankreich war es schwieriger, denn das Frankreich Napoleons III. hatte seine eigenen Pläne. Es hoffte, in einem Kriege zwischen Österreich und Preußen der lachende Dritte zu sein und als Preis für eine Schiedsrichterrolle zugunsten des Verlierers »Kompensationen« am linken Rheinufer, vielleicht sogar die Rheingrenze, zu gewinnen. Das konnte und wollte Bismarck nicht zugestehen, wenn er es nicht mit seinem anderen Verbündeten, dem deutschen Nationalismus, verderben wollte; aber er war durchaus bereit, Kaiser Napoleon vage und hinhaltende Hoffnungen zu machen. Übrigens erwartete Napoleon, daß in einem österreichisch-preußischen Kriege der Verlierer, den er gegen eine hohe Vermittlergebühr zu retten bereit war, Preußen sein würde – angesichts der Größenverhältnisse der beiden Kontrahenten keine unvernünftige Erwartung. Auch Bismarck war sich klar darüber, daß ein Krieg gegen Österreich leicht verloren werden konnte, nach Papierform eigentlich sogar verloren gehen mußte. Österreich war immer noch der Größere und

Der Gendarmenmarkt
in Berlin, gemalt
von Eduard Gärtner
im Winter 1857

Stärkere. Das ließ ihn ebenso zögern wie seine grundsätzliche Abneigung gegen Krieg, die hauptsächlich darauf beruhte, daß im Kriege die Politik immer in Gefahr ist, von militärischen Erwägungen überrollt zu werden. Bismarck hat Krieg als letztes Mittel der Politik zwar nie gescheut, aber immer nach Möglichkeit zu vermeiden gesucht. Das gilt für den Krieg von 1866 und noch mehr, wie wir sehen werden, für den von 1870.

Im Gegensatz zu 1870 hatte er 1866 immerhin Ziele, die ohne Kriegsrisiko und Kriegsdrohung nicht zu erreichen waren, und die Kriegsdrohung, die hinter ihnen stand, nahm den Friedensvorschlägen, die er Österreich machte, die Überzeugungskraft. Dreimal gab es zwischen Preußen und Österreich etwas, das man Friedensverhandlungen vor dem Krieg nennen könnte: in Schönbrunn 1864, in Gastein 1865, und noch einmal, ganz kurz vor dem Kriegsausbruch, 1866 durch die »Mission Gablenz« in Wien. Nur in Gastein wurde wenigstens ein Teilergebnis erzielt, die Teilung Schleswig-Holsteins: Schleswig kam unter preußische, Holstein unter österreichische Verwaltung. Aber beiden Seiten war klar, daß das höchstens einen Waffenstillstand, keinen Frieden bedeutete. Denn worum es in Wirklichkeit ging, das war nicht die Teilung Schleswig-Holsteins, sondern die Teilung Deutschlands zwischen Österreich und Preußen. Und dazu konnte sich Österreich um so weniger bereit finden, als Bismarck in seinem Kampf um Deutschland die ganze Zeit mit Nationalismus und Demokratie paktierte – ein Pakt, den Österreich seiner ganzen Natur nach nicht nachvollziehen konnte. Schon in seinen Verhandlungen mit Österreich forderte Bismarck ein nach gleichem Wahlrecht gewähltes deutsches Parlament, freilich mit begrenzten Zuständigkeiten. In den großen Fragen der Außen- und Militärpolitik sollten Österreich im Süden und Preußen im Norden maßgebend bleiben. Aber ein freigewähltes gesamtdeutsches Parlament, wie es Bismarck forderte, selbst wenn die österreichischen Deutschen mitwählen konnten, wäre eine Revolution gewesen, und eine Revolution mitzuvollziehen, noch dazu unter Kriegsandrohung, empfand Österreich als eine unannehmbare Zumutung. Zum Schluß war es Österreich, das als erstes die Geduld verlor und mobilisierte. Die »Kriegsschuldfrage« von

1866 muß insofern offenbleiben. Sicher ist nur zweierlei: In den großen politischen Streitfragen, die schließlich zum Krieg führten, war Preußen der Angreifer, Österreich der Verteidiger des Bestehenden. Und im Kriege selbst blieb Preußen der Sieger; der Überraschungssieger.

»Die Welt stürzt ein!« rief der päpstliche Kardinalstaatssekretär aus, als er die Nachricht las, daß die Preußen die vereinigten Österreicher und Sachsen am 3. Juli 1866 bei Königgrätz in der gößten Schlacht des Jahrhunderts entscheidend geschlagen hatten. Was schwerer wog: Auch für den Kaiser Napoleon stürzte bei Königgrätz eine Welt zusammen. Seine ganze Politik war auf der Wahrscheinlichkeit der preußischen Niederlage aufgebaut: Dann hatte er Preußen vor dem Untergang retten und dafür seinen Preis kassieren wollen. Durch den preußischen Sieg fühlte er, und mit ihm das politische Frankreich, sich gewissermaßen betrogen, und das erklärt die merkwürdige Parole »Rache für Sadowa« (»Sadowa« war die französische Bezeichnung für die Schlacht bei Königgrätz), die in der französischen Politik nach 1866 zu einem mächtigen Schlagwort wurde. Die französisch-preußische Entente der Jahre bis 1866 – immer schon eine Entente mit Hintergedanken auf beiden Seiten – war jetzt jedenfalls mit einem Schlage beendet. Napoleon fiel dem preußischen Sieger in den Arm.

Er proklamierte öffentlich seine bewaffnete Friedensvermittlung und schickte seinen Gesandten ins preußische Hauptquartier. Die Lage des Siegers von Königgrätz war damit plötzlich wieder äußerst bedrohlich geworden: Wenn er die französische Vermittlung zurückwies, drohte ihm ein unabsehbarer Zweifrontenkrieg; wenn er sie annahm, kostete es Abtretungen am Rhein – und die Sympathie der deutschen Nationalisten. Der einzige Ausweg war ein schleuniger Friede mit Österreich.

Diesen Ausweg wählte Bismarck, und das Ergebnis war, soweit es Österreich betraf, der generöseste Friede, der vielleicht jemals zwischen Siegern und Besiegten geschlossen worden ist: keine Gebietsabtretung, keine Kriegsentschädigung, sofortige Rückführung der Gefangenen, sofortiger Abzug aus allen besetzten Gebieten. Diesen Frieden durchzusetzen kostete Bismarck Auseinandersetzungen mit seinem König, die ihn an den Rand des Selbstmords trieben. Es

Die Düppeler Schanzen nach der Erstürmung durch preußische Truppen 1864 in einer frühen Photographie

Der erste der drei Bismarckschen Kriege, von ihm selbst als sein »politisches Gesellenstück« bezeichnet, bricht am 1. Februar 1864 zwischen Dänemark auf der einen, Preußen und Österreich auf der anderen Seite aus. Am 18. April erstürmen preußische Truppen in der einzigen größeren Schlacht des Krieges die hartnäckig verteidigten Düppeler Schanzen. Als am Abend dieses Tages in Berlin Siegessalut geschossen werden soll, weiß niemand mehr, wieviel Schuß dabei abzufeuern sind: Seit 49 Jahren hatte es keine Gelegenheit mehr gegeben. Theodor Fontane dichtet: »Die Preußen sind die Alten noch. Der Tag von Düppel lebe hoch!«

gelang ihm nicht, den König von der Notwendigkeit eines »so schmählichen Friedens« zu überzeugen. Aber er setzte sich schließlich durch. In seiner ganzen erstaunlichen Laufbahn bleibt diese Krise, die sich in den letzten Julitagen 1866 im mährischen Schloß Nikolsburg abspielte, seine größte Stunde.

Kaum weniger generös waren die Friedensschlüsse mit den süddeutschen Staaten, die sämtlich an Österreichs Seite ebenfalls gegen Preußen gekämpft und verloren hatten: Auch sie brauchten (mit einer geringfügigen Ausnahme in Hessen-Darmstadt) weder Gebiet abzutreten noch Kriegsentschädigung zu zahlen, auch sie blieben unbesetzt. Nur ein Militärbündnis mit Preußen wurde ihnen abverlangt – und erleichtert zugestanden. Im übrigen wurden sie jetzt zum ersten und einzigen Mal in ihrer Geschichte international freistehende, vollkommen souveräne Staaten. Sie hatten nicht mehr, wie bis 1806, ein Deutsches Reich als gemeinsames Dach über sich, und ebensowenig, wie seit 1815, einen Deutschen Bund. Vereinigung zu einem neuen »Süddeutschen Bund« wurde ihnen, falls gewünscht, ausdrücklich zugestanden, aber davon haben sie nie Gebrauch

Der Sturm, aus der Phantasie gezeichnet

gemacht. Daß von einer österreichischen Vorherrschaft in Süddeutschland nicht mehr die Rede war, konnte ihnen nur recht sein.
Um so radikaler verfuhr Bismarck in Norddeutschland. Preußen in Norddeutschland auszubreiten, war ja Bismarcks eigentliches Kriegsziel gewesen, und das verwirklichte er jetzt durch radikale Annexionen. Schleswig-Holstein, Hannover, Kurhessen und Hessen-Nassau wurden sämtlich preußische Provinzen; auch die bisher Freie Stadt Frankfurt, die übrigens als einziges besetztes Gebiet im Kriege brutal mißhandelt worden war (eine riesige Kontribution wurde mit Plünderungsandrohung erpreßt, der Bürgermeister beging Selbstmord), wurde an Preußen angeschlossen. Preußen erreichte jetzt die größte und endgültige Ausdehnung seiner an Eroberungen und Gebietserwerbungen so reichen Geschichte. Es umfaßte in seinen Staatsgrenzen fast das ganze nördliche Deutschland, und im ganzen muß man ihm zugestehen, daß es die riesigen Annexionen gut verdaut hat. Seine alte territoriale Elastizität, sein Talent, preußische Herrschaft durch gute Verwaltung, strenge Rechtlich-

König Wilhelm I., begleitet von Bismarck und Moltke, an der Spitze seiner Truppen nach der Schlacht bei Königgrätz 1866. Gemälde von Christian Sell, einem Augenzeugen

1
2
3
4
6
7
8
9
26
27
28
29
30
31
32
33
34
35
36
37
38
39
40
41
42
44
56
58
59
60
TRAUTENAU

Am 15. Juni 1866 beginnt der letzte Deutsch-Deutsche Krieg. Er wird auf drei Schauplätzen geführt: In Süddeutschland, Böhmen und Italien. Im Bund mit einigen kleineren norddeutschen Staaten und Italien kämpft Preußen gegen Österreich und seine Verbündeten, darunter die Königreiche Bayern, Württemberg, Hannover und Sachsen. 16. Juni: Preußische Truppen dringen in Hannover, Kurhessen und Sachsen ein. 24. Juni: Sieg der österreichischen Armee bei Custozza. 27. Juni: Sieg der preußischen Mainarmee über Hannover bei Langensalza. 29. Juni: Gefecht zwischen Preußen, Österreichern und Sachsen bei Gitschin. 3. Juli: Unter dem Oberbefehl von Wilhelm I. fällt die Entscheidung bei Königgrätz. 4. Juli: Österreich tritt die Provinz Venetien an Frankreich ab. 26. Juli: Vorfriedensverhandlungen von Nikolsburg. 21. September: Triumphaler Empfang für die Sieger in Berlin

keit und kühle Toleranz beliebigen »Mußpreußen« annehmbar zu machen, bewährte sich noch einmal – zum letzten Mal. Nur in Hannover hielt sich noch jahrzehntelang eine welfische Opposition.

Preußischem Stil hätte es eigentlich entsprochen, ganze Arbeit zu machen und sich die verbleibenden norddeutschen Länder und Ländchen auch noch einzuverleiben; aber seine Bundesgenossen – Mecklenburg, Oldenburg, die Hansestädte und die Mehrzahl der thüringischen Kleinstaaten – konnte es ja nicht gut annektieren. Und für Sachsen, das hoch auf Bismarcks Annexionsliste stand, hatte sich Österreich im Friedensvertrag Schonung ausbedungen: Die Sachsen hatten bei Königgrätz an Österreichs Seite tapfer mitgekämpft und schwer geblutet. Vielleicht wäre es für Preußen weiser gewesen, Sachsen und die norddeutschen Kleinstaaten einfach unbehelligt zu lassen und ihnen höchstens, wie den Süddeutschen, Bündnisverträge abzuverlangen. Gefährlich konnten sie dem großen Preußen von 1866 nicht werden; viele von ihnen waren jetzt bloße Einsprengsel in preußischem Gebiet. Aber Bismarck war ja auch ein Bündnis mit dem deutschen Nationalismus eingegangen. Es mußte den deutschen Nationalisten etwas bieten, was sie mindestens als Abschlagszahlung auf eine Einigung Deutschlands ansehen konnten. Er hatte ihnen überdies ein freigewähltes deutsches Parlament versprochen – ein deutsches, nicht etwa ein preußisches. Preußen zu demokratisieren war das Letzte, wozu er bereit gewesen wäre. Er verfiel auf einen Ausweg. Er erfand den Norddeutschen Bund.

Der Norddeutsche Bund war ein merkwürdiges Gebilde. Preußen allein zählte, nach den Annexionen von 1866, 24 Millionen Einwohner, alle übrigen 22 Mitglieder des Norddeutschen Bundes zusammen sechs. Ein preußischer Liberaler sprach vom »Zusammenleben eines Hundes mit seinen Flöhen«. Immerhin, nominell waren die 22 Kleinen dem einen Großen gleichgestellt; insoweit war der Norddeutsche Bund ein Staatenbund. Er bekam aber einen »Reichstag«, ein im ganzen Bundesgebiet nach allgemeinem gleichen Wahlrecht freigewähltes Parlament mit erheblichen Gesetzgebungs- und Budgetrechten; insoweit war er ein Bundesstaat. Er sollte auch den Rahmen abgeben, in den sich

eines Tages, wenn der Lauf der Ereignisse es so mit sich brachte, auch die süddeutschen Staaten einfügen ließen. Preußen selbst aber sollte bei alledem unverändert bleiben, was es war. Eine Quadratur des Zirkels.
Bismarck selbst scheint sich darüber klar gewesen zu sein, daß er etwas Widerspruchsvolles unternahm. »Man wird sich in der Form mehr an den Staatenbund halten müssen, diesem aber praktisch die Natur des Bundesstaates geben mit elastischen, unscheinbaren, aber weitgreifenden Ausdrücken«, heißt es in seinen Instruktionen für die Ausarbeitung der norddeutschen Bundesverfassung. Wie das geschehen sollte, blieb offen. Man hat das Gefühl, daß sich Bismarck selbst dieses eine Mal nicht vollkommen klar darüber war, was er eigentlich wollte. Er ließ es zu, was sonst gar nicht seine Art war, daß sein Verfassungsentwurf von dem im Herbst 1866 gewählten Norddeutschen Reichstag in nicht weniger als 40 Punkten abgeändert wurde, darunter in dem wichtigsten: In Bismarcks Entwurf hatte der »Bundeskanzler« nichts weiter als preußischer Gesandter beim Bundesrat sein sollen, eine Stellung, die einem weisungsgebundenen hohen Beamten zugedacht war. Die endgültig angenommene Verfassung machte den Bundeskanzler zum verantwortlichen Leiter der gesamten Bundespolitik, was Bismarck nötigte, das Amt selbst zu übernehmen. Er trug von jetzt an zwei Hüte: Er war zugleich preußischer Ministerpräsident und Bundeskanzler des Norddeutschen Bundes. Vier Jahre später wurde aus dem Bundeskanzler des Norddeutschen Bundes der Reichskanzler des Deutschen Reiches – und spätestens damit wurde klar, daß von den beiden Ämtern das des Kanzlers das wichtigere geworden war; das Bismarck, ohne es zu wollen und ohne sich dieses eine Mal ganz klar darüber zu sein, was er tat, im Effekt Preußen mediatisiert hatte.
Der Norddeutsche Bund nannte sich noch nicht »Reich« (obwohl er schon einen norddeutschen »Reichstag« hatte), und der preußische König war als Oberhaupt des Norddeutschen Bundes noch kein Kaiser, sondern ein unpersönliches Neutrum, »das Präsidium«. Diese »unscheinbaren aber weitgreifenden Ausdrücke« verhüllten noch einigermaßen die Tatsache, daß jeder Preuße von jetzt an gewissermaßen zwei Staatsangehörigkeiten hatte: eine kleinere preußi-

sche und eine größere norddeutsche (vier Jahre später: deutsche). Er wählte zwei Parlamente: einen preußischen Landtag nach dem Dreiklassenwahlrecht und einen norddeutschen (später deutschen) Reichstag nach dem allgemeinen gleichen Wahlrecht. Wenn er seine Wehrpflicht ableistete, diente er in zwei Armeen: der preußischen Armee und dem Bundesheer, von dem die preußische Armee nur noch ein Bestandteil, allerdings der weitaus größte, war. Und interessanterweise lag die Verfügung über den Heeresetat nach der Verfassung des Norddeutschen Bundes nicht mehr beim Preußischen Landtag, sondern beim Reichstag – vielleicht der klarste Hinweis darauf, daß Preußen tatsächlich im Begriff war, in einer größeren politischen Einheit aufzugehen. Denn was war Preußen noch, wenn es nicht mehr selbst den Umfang seiner Armee bestimmte?

Solange es beim Norddeutschen Bund blieb, war das alles noch durch das ungeheure tatsächliche Übergewicht Preußens über seine kleinen Partner leidlich verdeckt. Wenn sich aber eines Tages auch die süddeutschen Staaten anschlossen, konnte es kaum mehr verdeckt bleiben;

Bismarck (Bildmitte stehend) bei den Vo
friedensverhandlungen von Nikolsburg

Als »schmählichen Frieden« bezeichnet Wilhelm I. (rechts neben seinem Minister, links der Generalstabschef Moltke) das Ergebnis der Verhandlungen von Nikolsburg und Prag. Bismarck bestand auf Mäßigung gegenüber dem besiegten Österreich.

und auch das Übergewicht Preußens wurde dann immerhin merklich vermindert. Preußen würde gewiß auch dann noch der bei weitem größte deutsche Einzelstaat bleiben, aber eben doch nur ein Einzelstaat in einem nun erheblich größeren Ganzen. Und dieses größere Ganze, nicht mehr Preußen selbst, würde die wichtigsten Gesetze machen, von denen das Leben des einzelnen geregelt wurde, und die außenpolitischen Entscheidungen treffen, von denen das Schicksal des Staates – auch des preußischen Gliedstaates – abhing. Am Ende des Weges, den Bismarck mit der Gründung des Norddeutschen Bundes beschritt, konnte nur das Ende preußischer Selbständigkeit, das Aufgehen Preußens in Deutschland stehen.

Man kann ganz sicher sein, daß Bismarck das nicht gewollt hat – mindestens so lange nicht gewollt hat, bis er sehen mußte, daß es ihm unter den Händen Wirklichkeit geworden war. Daß er es auch klar vorausgesehen hat, dafür gibt es in seinen überlieferten Äußerungen keine Beweise. Aber viele Äußerungen aus den Jahren zwischen 1866 und 1870 gibt es, aus denen sich schließen läßt, daß es ihm nicht eilig damit war, die deut-

Der Orkan Bismarck stürmt über Europa: Karikatur aus dem Jahre 1866

Wilhelm I. und sein
Generalstabschef Moltke
(von rechts)
bei einem Manöver

Napoleon III. und Bismarck

sche Einigung über den Norddeutschen Bund hinaus weiterzutreiben, und oft gewinnt man dabei das Gefühl, daß ihm bei diesem Gedanken auch nicht ganz wohl zumute war; daß irgendein Instinkt ihn zögern ließ. Berühmt geworden ist seine Instruktion an den preußischen Gesandten in München aus dem Jahre 1869: »Daß die deutsche Einheit durch gewaltsame Ereignisse gefördert werden würde, halte auch ich für wahrscheinlich. Aber eine ganz andere Frage ist der Beruf, eine gewaltsame Katastrophe herbeizuführen, und die Verantwortlichkeit für die Wahl des Zeitpunkts. Ein willkürliches, nur nach subjektiven Gründen bestimmtes Eingreifen in die Entwicklung der Geschichte hat immer nur das Abschlagen unreifer Früchte zur Folge gehabt; und daß die deutsche Einheit in diesem Augenblicke keine reife Frucht ist, fällt meines Erachtens in die Augen ... Wir können die Uhren vorstellen, die Zeit geht aber deshalb nicht rascher, und die Fähigkeit zu warten, während die Verhältnisse sich entwikkeln, ist eine Vorbedingung praktischer Politik.« Das ist nicht die Sprache eines deutsch-nationalen Enthusiasten. Und immerhin gibt es mindestens *einen* Ausspruch, der einen Einblick in die Gründe erlaubt, aus denen Bismarck dazu neigte, die Erweiterung des Norddeutschen Bundes zum Deutschen Reich mit so philosophischer Gelassenheit auf die lange Bank zu schieben. Als der königliche Hausminister Schleinitz zu ihm sagte: »Wir dürfen niemals weiter gehen, als unser Vorrat an preußischen Offizieren reicht«, antwortete Bismarck: »Ich kann das nicht öffentlich aussprechen, aber es ist der Grundgedanke meiner ganzen Politik.« Wenn er das wirklich war, dann war sogar der Norddeutsche Bund schon ein erster Schritt über diese Politik hinaus, und es wird verständlich, daß Bismarck vor einem zweiten und größeren zurückschreckte.

Wie auch immer – die Vorstellung, daß Bismarck in den Jahren vor 1870 auf den Französischen Krieg und die damit verbundene Reichsgründung planvoll hingearbeitet habe, ist Legende, obwohl er selbst im Alter daran mitgewirkt hat. Der Gegensatz seiner Politik nach 1866 zu der vor 1866 springt in die Augen: Zunächst eine beinah hektische Aktivität, ein ständiges bewußtes Hindrängen auf Krise, Zuspitzung und Entscheidung, und ein klares Ziel. Dann ein betontes Abwarten und Abwiegeln, ein wiederholtes Ausweichen vor drohenden Krisen, und ein deutliches inneres Zögern vor einer engeren Verbindung Norddeutschlands mit Süddeutschland. 1867 beendete Bismarck eine sich bereits anbahnende Kriegsgefahr mit Frankreich über Luxemburg durch einen bei den deutschen Nationalisten höchst unpopulären Kompromiß, der einen preußischen Rückzug einschloß. 1869 lehnte er einen badischen Antrag auf Eintritt in den Norddeutschen Bund ab, weil er darin eine überflüssige Provokation Frankreichs sah. Und auch die spanische Thronfolgekandidatur einer hohenzollernschen Nebenlinie, zu der er den König Anfang 1870 überredete, war – das kann man nach einer Detailforschung, die nun ein Jahrhundert lang jeden Kieselstein umgewendet hat, als gesichert ansehen – von Bismarck keineswegs als Kriegsprovokation angelegt, sondern eher als ein Mittel, Frankreich von kriegerischen Abenteuern abzuschrekken. Bismarck sprach von einer »spanischen Friedensfontanelle«, die er offenhalten wollte. Spanien nämlich konnte für Frankreich nie eine Bedrohung sein; aber – so rechnete Bismarck – ein unsicheres Spanien im Rükken würde die französische

Bayerische Waffenbrüder posieren für einen preußischen Kriegsberichterstatter in Chatillon, südlich Paris, im Kriegswinter 1870

Napoleon, der gallische Hahn, als Ziel einer Schießscheibe

Anders als im Deutschen Krieg von 1866 gelingt es Bismarck im Deutsch-Französischen Krieg von 1870/71 nicht, militärischen Sieg sofort in Frieden umzumünzen. Nach der militärischen Entscheidung in den Monaten August bis Oktober 1870 setzt sich der Krieg noch einen bitteren Winter lang fort, nimmt auf französischer Seite vielfach die Züge eines Volkskriegs an und legt den Grund zu einer drei Generationen belastenden deutsch-französischen »Erbfeindschaft«. In Preußen und Deutschland erzeugen die großen Siege von Metz und Sedan vielfach eine Stimmung triumphierenden Übermuts, wie sie in der Schießscheibenfigur des gallischen Hahnes zum Ausdruck kommt

Kriegspartei ein wenig bremsen, die während der Jahre vor 1870 »Rache für Sadowa« verlangte und an einem Bündnis mit Österreich und Italien bastelte. Zum Kriege entschloß sich Bismarck in diesem Fall erst im allerletzten Augenblick, als Frankreich, überreagierend, ihm nur die Wahl zwischen Krieg und Demütigung ließ. Und auch dann noch überließ er Frankreich die Kriegserklärung.

Der Krieg von 1870/71 war, anders als die Kriege von 1864 und 1866, von Bismarck nicht gesucht, nicht einmal vorausschauend in Kauf genommen, er war für ihn ein Unfall und eine Improvisation, und er entglitt mehrere Monate lang seiner politischen Kontrolle. Aus einem Krieg, der als ein Ehrenhandel zwischen den Dynastien Hohenzollern und Bonaparte begonnen hatte, wurde ein deutsch-französischer Volkskrieg. Der elementare Nationalhaß, der sich dabei auf beiden Seiten entlud, war eher von Erinnerungen an die Zeiten des ersten Napoleon gespeist als von den Kriegsursachen von 1870. Es war ein neues, für Bismarck erschreckendes Phänomen: Plötzlich kämpften nicht Staaten miteinander wie 1864 und 1866, sondern Völker. Diese nationale Eruption aufzufangen, auf beiden Seiten, wurde jetzt Bismarcks Problem, und vor diesem Hintergrund muß man sowohl seine Reichsgründung sehen wie seine Friedensbedingungen, insbesondere auch die erzwungene Abtretung Elsaß-Lothringens an das neugegründete Deutsche Reich. Beides gehörte zusammen. Beides waren für Bismarck Vorkehrungen gegen einen französischen Revanchekrieg, den er nach dem Aufkochen des französischen Nationalgeistes im gegenwärtigen Kriege für die Zukunft mit Sicherheit erwartete. Und merkwürdigerweise ging dabei der Entschluß zur Annexion Elsaß-Lothringens dem Entschluß zur Reichsgründung sogar voraus. Fast könnte man sagen, daß der eine den anderen nach sich zog.

1867, in der Luxemburger Krise, hatte Bismarck die Annexion des Elsaß noch abgelehnt, mit Worten, die heute prophetisch klingen: »Wenn die Preußen auch siegten«, hatte er gesagt, »wozu würde es führen? Wenn man auch das Elsaß gewänne, müßte man es behaupten, und schließlich würden die Franzosen wieder Bundesgenossen finden, und dann könnte es schlimm werden!« Interessant immerhin, daß er auch

Der Deutsch-Französische Krieg dauert 180 Tage. Allein 1870 geraten nach der Kapitulation von Sedan und Metz 250000 Soldaten in deutsche Kriegsgefangenschaft und werden nach Deutschland abgeführt

damals schon einen Sieg über Frankreich mit der Annexion des Elsaß (von Lothringen war noch nicht die Rede) sozusagen automatisch gleichgesetzt hatte. Er war immer überzeugt, daß Frankreich eine Niederlage nicht verzeihen würde; und er war es um so mehr, seit aus dem Kabinettskrieg ein Volkskrieg geworden war. Wenn aber von Frankreich ein Revanchekrieg zu befürchten war, dann war die schwache Stelle der preußischen Verteidigung Süddeutschland. Gern zitierte Bismarck eine Äußerung des Königs von Württemberg aus früheren Tagen: »Solange Straßburg ein Ausfallstor ist für eine stets bewaffnete Macht, muß ich befürchten, daß mein Land überschwemmt wird von fremden Truppen, bevor mir ... Hilfe kommen kann.« Straßburg nannte Bismarck jetzt oft »den Schlüssel zu unserem Hause«, und wenn, wie ihm jetzt unvermeidlich schien, Frankreich auf längere Dauer zum Feind wurde, dann wollte er diesen Hausschlüssel sicher in der eigenen Tasche haben. Diese Tasche aber konnte aus geographischen Gründen keine preußische Tasche sein. Damit preußische Truppen in Elsaß-Lothringen stehen konnten, mußten sie dort in deutschem Auftrag stehen

Am 18. Januar 1871 ruft Großherzog Friedrich I. von Baden vor den versammelten deutschen Fürsten im Spiegelsaal des Schlosses von Versailles König Wilhelm I. zum Deutschen Kaiser aus. Das berühmte Gemälde Anton von Werners (nächste Seite: links unten auf dem Militärehrenblatt) gibt die Szene nicht ganz korrekt wieder. Unser Bild ist die Zeichnung eines Augenzeugen, angefertigt 1871. Neben Feldpostkarten (bis Ende 1870 schicken deutsche Soldaten mehr als 10 Millionen in die Heimat) finden die patriotischen Militärehrenblätter (nächste Seite) reißenden Absatz. Bei fast jedem Kriegsteilnehmer hat derlei fortan seinen Ehrenplatz in der »guten Stube«. Preußischer und deutscher Patriotismus und Militarismus vermischen sich darin

Proklamation Wilhelms I. zum Deutschen Kaiser im Spiegelsaal des Schlosses von Versailles

W
1870.

Hoch
lebe, wer mit Ehren
Gewehr u Waffen trägt
Wem treu für Reich u Kaiser
Ein Herz im Busen schlägt!
Hoch
leben die Soldaten.
Zu Fuſs u. hoch zu Roſs
Im Kriege wie im Frieden
Vor Feind, in Burg
und Schloſs

Karl I., König von Württemberg.
Er regierte von 1864 bis 1891

Ludwig III. regierte Hessen-Darmstadt von 1848 bis 1877

können. Für die Annexion Elsaß-Lothringens – so zog eins das ander nach sich – brauchte Bismarck ein vereinigtes Deutschland.
Er brauchte es aber auch, um der süddeutschen Staaten selber sicher zu sein. Weder in Bayern noch in Württemberg, noch weniger in Hessen-Darmstadt, waren die Monarchen und Regierungen bei Kriegsausbruch 1870 geneigt gewesen, ihren Bündnisverpflichtungen gegenüber Preußen sofort nachzukommen. Nur ein elementarer Ausbruch von Franzosenhaß (nicht etwa Preußenliebe) seitens ihrer Völker hatte sie schließlich dazu genötigt. Bismarck wollte im Wiederholungsfalle weder von der schwankenden Bündnistreue der süddeutschen Monarchen noch von der süddeutschen Volksstimmung abhängig sein. Dann aber mußte er in den sauren Apfel beißen und nun doch erheblich weiter gehen, als der Vorrat an preußischen Offizieren reichte: Er mußte den Norddeutschen Bund zu einem gesamtdeutschen Bundesstaat erweitern, auch wenn das bedeutete, das preußische Übergewicht zu schmälern und dem deutschen Nationalismus, der jetzt überall so bedrohlich aufloderte, neue Nahrung zu geben.
Diesen deutschen Nationa-

lismus zu kanalisieren, ihm sozusagen den Mund zu stopfen, ohne ihn zu einer wirklichen Macht werden zu lassen, war dabei ein Hauptbedürfnis Bismarcks. Der deutsche Nationalismus war für Bismarck ein nützlicher Verbündeter Preußens; er war durchaus nicht seine eigene Sache. Wenn ihn die Verhältnisse jetzt zwangen, Deutschland zu einigen, blieb er doch gleichzeitig immer darauf bedacht, es nicht zu sehr zu einigen. Innerhalb des neuen Deutschlands mußte genügend Spielraum für die Einzelstaaten bleiben, um das Übergewicht Preußens nicht zu kurz kommen zu lassen. Schon bei der Gründung des Norddeutschen Bundes hatte Bismarck einmal niedergelegt, »wir« (Preußen) würden »gute Geschäfte« machen, wenn gegen die unvermeidlichen bundesstaatlichen Elemente des neuen Gebildes die staatenbündlerischen nicht zu sehr in den Hintergrund gerieten. Bei der Reichsgründung von 1871 war er darauf noch sorgfältiger bedacht.

Daher sein beinahe beflissenes Entgegenkommen in der Frage der Sonder- und Reservatrechte, die die süddeutschen Staaten in den getrennten Verhandlungen, die er mit ihnen in Versailles führte, energisch forderten. Sie sahen

König Johann von Sachsen.
Er regierte von 1854 bis 1873

natürlich alle, daß dieser Anschluß im Effekt auf einen Souveränitätsverlust, eine Mediatisierung, hinauslief, und sie sträubten sich dagegen mit dem Selbsterhaltungstrieb jedes Staatswesens. Bismarck war das nur recht: Je mehr Selbständigkeit den süddeutschen Staaten im kommenden deutschen Staat verblieb, um so mehr konnte auch Preußens Selbständigkeit – und damit sein Übergewicht – weiterhin zur Geltung kommen. Er gestand den süddeutschen Unterhändlern fast alles zu, was sie wollten; Bayern insbesondere blieb nominell ein fast souveräner Staat mit eigener Armee und einem eigenen diplomatischen Dienst; zur Entrüstung der deutschen Nationalisten, die fanden, Bismarck hätte viel mehr für die deutsche Einheit herausschlagen können. Aber das wollte er eben nicht. Er wollte

Der häßliche preußische Pfau

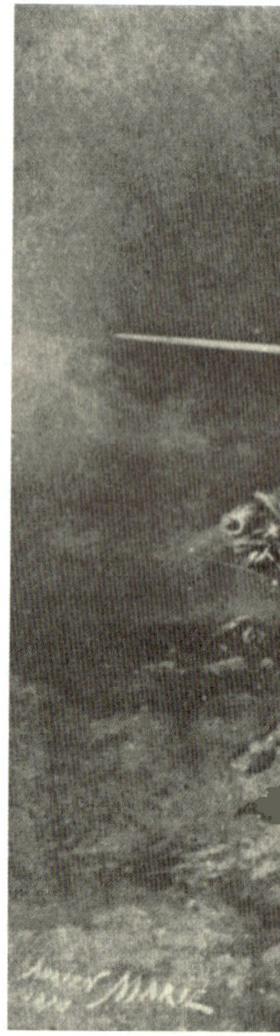

Triumphierendes Selbstgefühl auf der Siegerseite – bitterer Haß auf der Seite der Besiegten: Der Krieg von 1870/71 hat ein böses Erbe hinterlassen. Aus den französischen Karikaturen der Kriegs- und Nachkriegszeit spricht das ganze Ressentiment eines gedemütigten Volkes: Bismarck als fetter, brutal daherstolzierender Pfau, Bismarck und Wilhelm I. als todbringende apokalyptische Reiter – hier rächt sich beleidigter Nationalstolz

Wilhelm und Bismarck als todbringende Reiter

»Vier Augen – weil einer der drei nicht klar sieht«

Bismarck, Napoleon und Wilhelm – als Schuldige angeklagt

Bemerkenswert aber, daß sich dieselbe Wut auch gegen den besiegten Kaiser der Franzosen richtet: Bald steht er zusammen mit Wilhelm und Bismarck am Schandpfahl, bald verschmilzt sein Gesicht mit dem ihren zu einem monströsen Gebilde mit drei Mündern aber nur vier Augen: Symbol eines Herrschers, der blind in sein Verderben rannte

einen Gleichgewichtszustand, im Grunde immer noch ein Mittelding zwischen Bundesstaat und Staatenbund; ein Deutschland, einig genug, um im Kriegsfall mit Sicherheit zusammenzustehen; und uneinig genug, um im Frieden immer noch erkennbar aus verschiedenen Staaten zu bestehen, unter denen Preußen der größte und mächtigste war, der den Ton abgab.

Was bei den Verhandlungen in Versailles schließlich als praktisches Ergebnis herauskam, war nichts eigentlich Begeisterndes: eine Erweiterung des Norddeutschen Bundes, die zugleich eine Lockerung des Bundesverhältnisses bedeutete. Fast könnte man von einem engeren norddeutschen und einem loseren, gesamtdeutschen Bund sprechen, wenn man nur auf das verfassungspolitische Ergebnis blickt; und diejenigen, die sich auf ein wirklich geeinigtes Deutschland

»Der wahre König ist Bismarck«

gefreut hatten, zogen denn auch schiefe Gesichter. »Häßlich ist das Mädel, aber geheiratet werden muß es«, erklärte der nationalliberale Abgeordnete Lasker im Norddeutschen Reichstag. Aber nun hatte Bismarck einen genialen Einfall, um die Pille zu versüßen: Er taufte das »häßliche Mädel«, das er in die Welt gesetzt hatte, auf den altehrwürdigen Namen »Deutsches Reich«, und aus dem unpersönlichen »Präsidium« des Bundesrats, das beim preußischen König lag, machte er einen »Deutschen Kaiser«.

»Kaiser und Reich« – das waren Begriffe, die die Herzen höher schlagen ließen; und zugleich schlugen sie viele Fliegen mit einer Klappe. Es waren ja die alten Forderungen der Frankfurter Nationalversammlung von 1848; insofern mußten sich die demokratischen Nationalisten von damals befriedigt fühlen, daß sie nun verwirklicht wurden. Es waren aber von Hause aus durchaus keine demokratischen und nationalen Begriffe: Das alte Römische Reich Deutscher Nation war immer eine lose Vereinigung von Fürstenstaaten gewesen, alles andere als ein Nationalstaat, und der Kaiser war von den Fürsten gewählt worden, nicht vom Volk. Auch jetzt sah Bismarck streng darauf, daß die Kaiserkrone seinem König von seinen Mitfürsten angetragen wurde (den Bayernkönig gewann er dazu durch handfeste Bestechung); der Norddeutsche Reichstag durfte den König nur bescheiden bitten, das Angebot der deutschen Fürsten nicht abzuschlagen. So befriedigten »Kaiser und Reich« sowohl die Demokraten wie die Fürsten. Überdies aber schlug es eine romantische Saite im allgemeinen Volksgefühl an – vielleicht sollte man besser sagen: Es läutete eine Glocke. Das neue, prosaische und etwas widersprüchliche preußisch-deutsche Staatsgebilde bekam eine Aura großartiger tausendjähriger Vergangenheit, es präsentierte sich als die Wiederauferstehung des sagenumwobenen Reichs der Sachsen- und Stauferkaiser. Und schließlich betonte der Kaisertitel, den der König von Preußen von nun an tragen sollte, wirkungsvoll die Vorrangstellung, die Bismarck seinem Preußen im neuen Reich unbedingt erhalten wollte.

Genial – aber zugleich paradox! Preußen als Reichsgründer: Das war, wenn man es historisch betrachtet, eine beinahe so phantastische Vorstellung wie Luther als Papst. Erinnern wir uns doch: Das

Ludwig II. war von 1864 bis 1886 König von Bayern

preußische Königtum hatte ja überhaupt nur entstehen können, weil »Preußen«, Ostpreußen, nicht zum Reich, sondern zur Krone Polens gehört hatte, und der preußische König hatte sich zuerst nur König »in« Preußen nennen können. Später, als König »von« Preußen, war er dann dem Reich ein ewiger Dorn im Fleisch gewesen. Anders als Österreich, das tief in Reichsgeschichte verwurzelt, aus dem Reich hervorgewachsen und nie ganz von der Reichsidee zu trennen war, ist Preußen eher eine Gegengründung gewesen, ein Antireich; auch seinem Wesen nach. Das Reich uralt, verwittert, zum Schluß kaum mehr staatsrechtlich definierbar, war ein universal-europäischer Mythos mit seinen Ursprüngen im antiken Rom. Preußen war blitzblank und neu, ein reiner Vernunftstaat ohne jeden historischen Heiligenschein, ganz Macht unter Mächten, ganz scharf kalkulierende Staatsraison, ein Produkt nicht des Mittelalters, sondern der Aufklärung. Daß ausgerechnet Preußen eines Tages das Reich erneuern sollte – das hätte in Preußens klassischer Periode jedermann für einen Witz gehalten.

Nun schien es ja freilich 1871 zunächst, als ob »Kaiser und Reich« nur eine schöne, altdeutsch-romantisch historisierende Einkleidung für etwas durchaus Neues und Modernes sei: für den deutschen bürgerlichen Nationalstaat. Aber wir haben gesehen, daß es doch etwas mehr war: mindestens ein Ausweichen vor dem üblichen Nationalstaat, ein Ablenkungsmanöver, mit dem Bismarck es allen – Fürsten wie bürgerlichen Nationalisten, Süddeutschen wie Norddeutschen, Preußen wie Nichtpreußen – recht machen wollte, ohne irgendeinem von ihnen ganz das zu geben, was er wirklich und eigentlich wollte.

Für den Augenblick wenigstens gelang ihm das auch – außer bei einem: seinem eigenen König. Für den alten Wilhelm I. bedeuteten Kaiser und Reich, wie er wörtlich sagte, den »Abschied von Preußen«. Er sagte voraus, daß der Kaisertitel, den er fortan tragen sollte, den preußischen Königstitel verdunkeln würde. Allenfalls wollte er »Kaiser von Deutschland« werden, so wie er bisher König von Preußen gewesen war – also Deutschland in Preußen statt Preußen in Deutschland aufgehen lassen. Wenn das nicht möglich war – »was soll mir der Charaktermajor?« (»Charaktermajore« nannte man Hauptleute, die bei der Entlassung einen Majortitel als Trostpreis bekamen). Im letzten Augenblick wollte er sogar die Kaiserproklamation vereiteln, sprach von Abdankung. (»Fritz soll die Sache machen. Der ist mit ganzer Seele bei dem neuen Stand der Dinge. Aber ich mache mir nicht ein Haarbreit daraus und halte zu Preußen.«) Als Bismarck ihn, wie immer, schließlich – einen Tag vor der Kaiserproklamation – zum Nachgeben brachte, sagte der König, in Tränen ausbrechend: »Morgen ist der unglücklichste Tag meines Lebens. Da tragen wir das preußische Königtum zu Grabe.«

Großherzog Friedrich I. von Baden. Er rief Wilhelm I. zum Kaiser aus

Bismarck hat das, in einem Brief an seine Frau, als sonderbare königliche Laune abgetan, und ähnlich haben es später auch die meisten Geschichtsschreiber angesehen: bestenfalls als die sentimentale Schwäche eines alten Mannes für das Alte und Überholte. So sahen es damals die meisten, auch die meisten Preußen. Aber der alte König hatte tiefer geblickt als die meisten. Mit der Kaiserproklamation in Versailles am 18. Januar 1871, auf den Tag genau 170 Jahre nach der Krönung des ersten preußischen Königs in Königsberg, begann Preußens langes Sterben.

7. KAPITEL

Das lange Sterben

Revolution des Bewußtseins

Rückzugsgefechte

Ein ungewollter Staat

Preußens Untergang

Oberschlesische
Zinkindustrie
nach der Reichsgründung:
das Walzwerk in Lipine

Vier Generationen
Hohenzollern: Wilhelm I.
(in der Kutsche),
Sohn (Friedrich III.) links,
Enkel (Wilhelm II.),
Urenkel (Kronprinz)

Die ersten zwanzig Jahre des neuen Deutschen Reichs stehen im Zeichen bitterer innenpolitischer Kämpfe. Mit dem »Kulturkampf« versucht Bismarck, die katholische Zentrumspartei, mit den Ausnahmegesetzen gegen »die gemeingefährlichen Bestrebungen der Sozialdemokratie« die neue Sozialdemokratische Partei abzuwürgen; beide Male vergeblich. Bismarcks Innenpolitik besteht darin, alle Parteien gegeneinander auszuspielen; diejenigen, die nicht mitspielen wollen, stempelt er zu »Reichsfeinden« ab. Als er 1890 abtreten muß, trauert keine Partei dem Reichsgründer nach

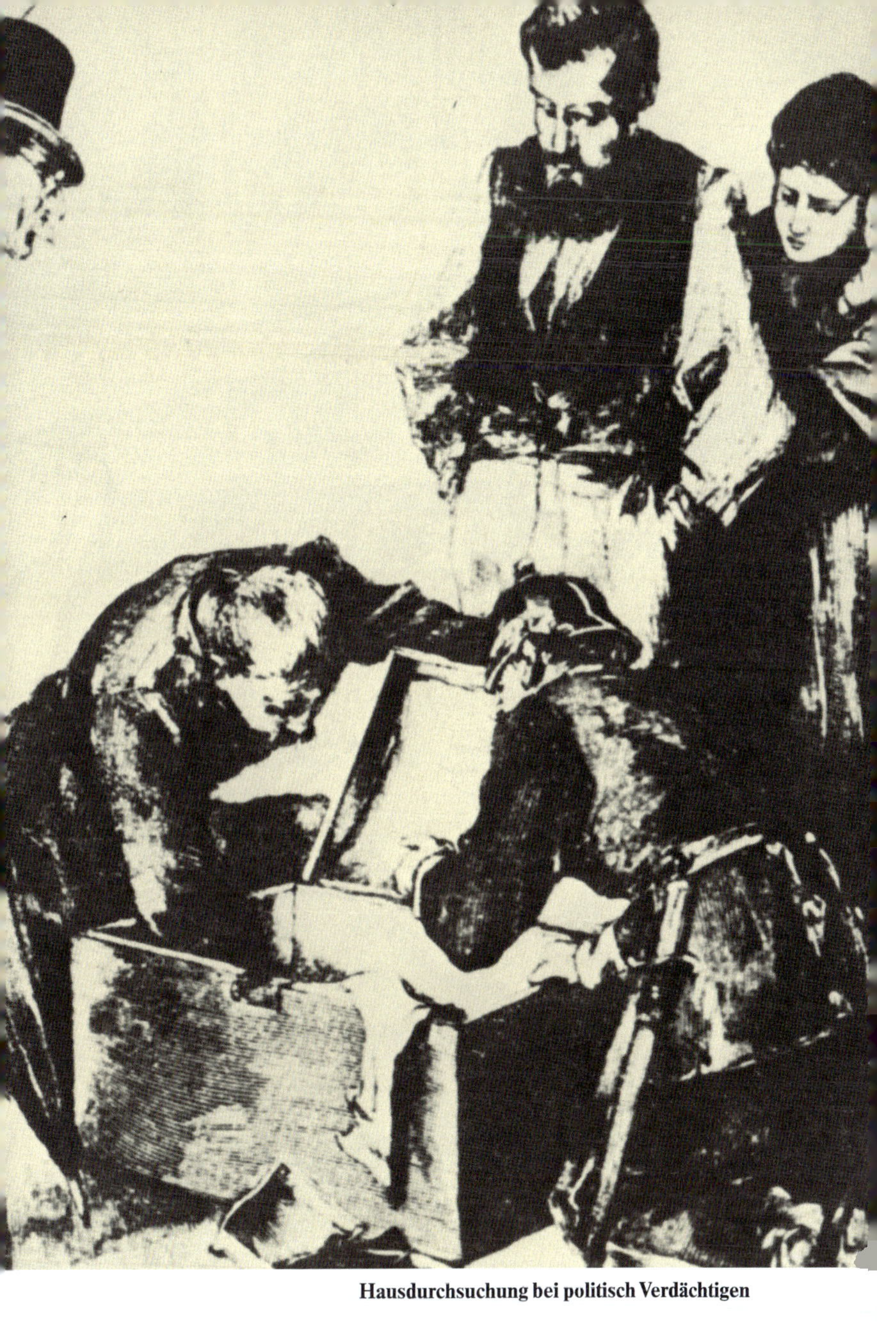

Hausdurchsuchung bei politisch Verdächtigen

Mit Steuer- und Finanzreformen werden Ausnahmegesetze schmackhaft gemacht

Ausnahme Gesetze

Souper bei einem Hofball in Berlin, gemalt von Adolph von Menzel

Das lange Sterben

Preußen hat im Deutschen Reich noch 75 Jahre lang, wenn auch zum Schluß nur noch schattenhaft, existiert, und ist erst 1945 zusammen mit dem Reich zugrunde gegangen. Aber die Reichsgeschichte und die preußische Geschichte dieses Dreivierteljahrhunderts sind nicht identisch, sie laufen nicht einmal parallel; sie sind eher gegenläufig. Das Reich blühte auf und wurde immer mächtiger; Preußen fiel ab, es wurde im Reich immer ohnmächtiger. Die Geschichte des Deutschen Reiches zwischen 1871 und 1945 ist eine aufregende, wildzerklüftete, großartige und schreckliche Geschichte; die preußische Geschichte derselben Zeit ist nur noch Abgesang. Nachklang der eigentlichen preußischen Geschichte, unaufhaltsames Absinken ins Provinzielle. Deutschland hielt, ehe es 1945 buchstäblich zerplatzte, sechs furchtbare Jahre lang die ganze Welt in Atem; für Preußen interessierte sich in diesen sechs Jahren schon längst keine Seele mehr; selbst für seine eigenen Einwohner war es nicht mehr lebendige Wirklichkeit. Es war in Deutschland aufgegangen, wie König Friedrich Wilhelm IV. schon 1848 in einem hellsichtigen Augenblick vorhergesagt hatte.

Aber wie denn? War denn das Deutsche Reich nicht eine preußische Gründung gewesen? War Preußen nicht 1871 die deutsche Hegemonialmacht geworden? Hielt es nicht im Bismarckreich alle verfassungsmäßigen Trümpfe in der Hand, so vollständig, daß man von dem damaligen Deutschland oft als von einem »Großpreußen« sprechen konnte? Wie konnte es geschehen, daß all diese Trümpfe schließlich nicht stachen, daß Preußen, statt Deutschland zu beherrschen, sich widerstandslos immer mehr in Deutschland verlor, sich schließlich in Deutschland auflöste? Und wann ist das eigentlich geschehen? 1890, mit dem Abgang Bismarcks? 1918, mit dem Ende der Monarchie? 1932, mit der Absetzung der preußischen Regierung durch die Reichsregierung? Oder erst in den folgenden Jahren, mit der Einsetzung der Reichsstatthalter und der Umtaufe der Länder in Reichsgaue?

Alle diese Ereignisse und Jahreszahlen bezeichnen zweifellos Stationen dessen, was man treffend die Nachgeschichte Preußens genannt hat, aber man kann nicht sagen, daß sie entscheidende Wendepunkte darstellen, an denen alles noch hätte anders kommen können. Jedesmal wurde nur etwas schon Eingetretenes registriert; die Widerstandslosigkeit, mit der das geschah, das Gefühl der Unvermeidlichkeit, das das Geschehen begleitete, waren jedesmal Beweise, daß dem preußischen Staat bereits vorher ein weiteres Stück Lebenskraft entwichen war. Jede neue Entmachtung war nur noch ein neuer Schub in einem Prozeß des langsamen, unaufhörlichen Absterbens. Und wenn wir nun fragen, wann dieser unheimliche, unbemerkte Prozeß eingesetzt und was ihn verursacht hatte, dann gibt es nur eine Antwort. Das entscheidende Ereignis, das Preußen den Lebensnerv knickte, kann nur die Reichsgründung gewesen sein – dieser höchste Triumph Preußens, der Preußen scheinbar zum Herrn Deutschlands machte. Auf die Dauer erwies sich, daß Preußen der Verschmelzung mit Deutschland, allem machtpolitischen Anschein und allen Bismarckschen Verfassungskunststükken und Vorsichtsmaßnahmen zum Trotz, existentiell nicht gewachsen war. Wie der Mensch, den ein Rilkescher Engel plötzlich ans Herz nimmt, »verging es an seinem stärkeren Dasein«.

Wem das zu mystisch klingt, der sei an Hegels berühmten Ausspruch erinnert: »Ist das Reich der Vorstellung revolutioniert, so hält die Wirklichkeit nicht aus.« Gewiß, die Wirklichkeit, die Bismarck 1871 in Deutschland geschaffen hatte, begünstigte eindeutig Preußen. Der König von

Theodor Fontane (1819–1898) ist der Chronist und klassische Dichter Preußens. Er ist von Herkunft ein Sproß der »französischen Kolonie«, aber dennoch Preuße mit ganzer Seele. Seine »Wanderungen durch die Mark Brandenburg« und sein Roman »Vor dem Sturm« halten das alte Preußen wie kein anderes Denkmal bis zum heutigen Tage lebendig. Im Alter erkennt Fontane (links mit seiner Tochter Martha) klarsichtig, daß Preußen am Absterben ist: »Der Adler mit seinem Blitzbündel in den Fängen, er blitzt nicht mehr. Längst Abgestorbenes soll neu erblühen. Es tut es nicht.«

Preußen war Deutscher Kaiser, Preußen beherrschte den Bundesrat, stellte den Reichskanzler, wählte die meisten Reichstagsmitglieder und stellte nicht nur den Kern der bewaffneten Macht des Reichs, sondern reformierte auch die Armeen der anderen deutschen Länder nach preußischem Modell. Jeder Deutsche, der seine Wehrpflicht ableistete, »ging zu den Preußen« – eine jener volkstümlichen Redensarten, in denen sich ein instinktives Erfassen komplizierter politischer Zusammenhänge kundtut (heute geht der Wehrpflichtige »zum Bund«). In der Verfassungswidrigkeit war das Bismarckreich ein Mittelding von Bundesstaat und Staatenbund, in dem Preußen politisch und militärisch eindeutig dominierte.

Aber zugleich hatte Bismarck eben, ohne ganz zu wissen, was er tat, »das Reich der Vorstellung revolutioniert«. In der Vorstellung der Deutschen war das Deutsche Reich ihr langersehnter Nationalstaat; und darüber hinaus erweckten die tönenden Worte »Kaiser und Reich« alte, tief verschüttete Vorstellungen von universaler Macht und Größe. Im deutschen Allgemeinbewußtsein hatte Preußen mit der Gründung des Deutschen Reichs seine historische Aufgabe, seine »deutsche Mission« erfüllt. Dafür mußte man ihm dankbar sein, aber damit war es auch überflüssig geworden. Es hatte keinen Daseinszweck mehr, es war als eigenständiger Staat überholt, zu einem bloßen Erinnerungsverein, einem ruhmreichen Teilstück deutscher Geschichte geworden, das man fortan betrachtete wie ein Museumsstück oder einen Ehrenpokal, der in die Vitrine gestellt ist.

Und diese Revolutionierung des Bewußtseins hatte nicht etwa nur im außerpreußischen Deutschland stattgefunden, sondern gerade auch in Preußen selbst. Schließlich waren ja auch die Preußen, wenigstens in ihrer übergroßen Mehrzahl, Deutsche; und ihr deutsches Nationalgefühl erwies sich jetzt, da es mit der Reichsgründung einen Bezugspunkt bekommen hatte, an Kraft und Tiefe ihrer alten preußischen Staatsloyalität weit überlegen. Besonders natürlich in den neupreußischen, »mußpreußischen« Gebieten West- und Nordwestdeutschlands, die erst seit 1815 oder gar erst seit 1866 zu Preußen gekommen waren und die größten Zeiten der preußischen Geschichte gar nicht als Preußen miterlebt hatten; aber durchaus auch in den altpreußischen Gebieten.

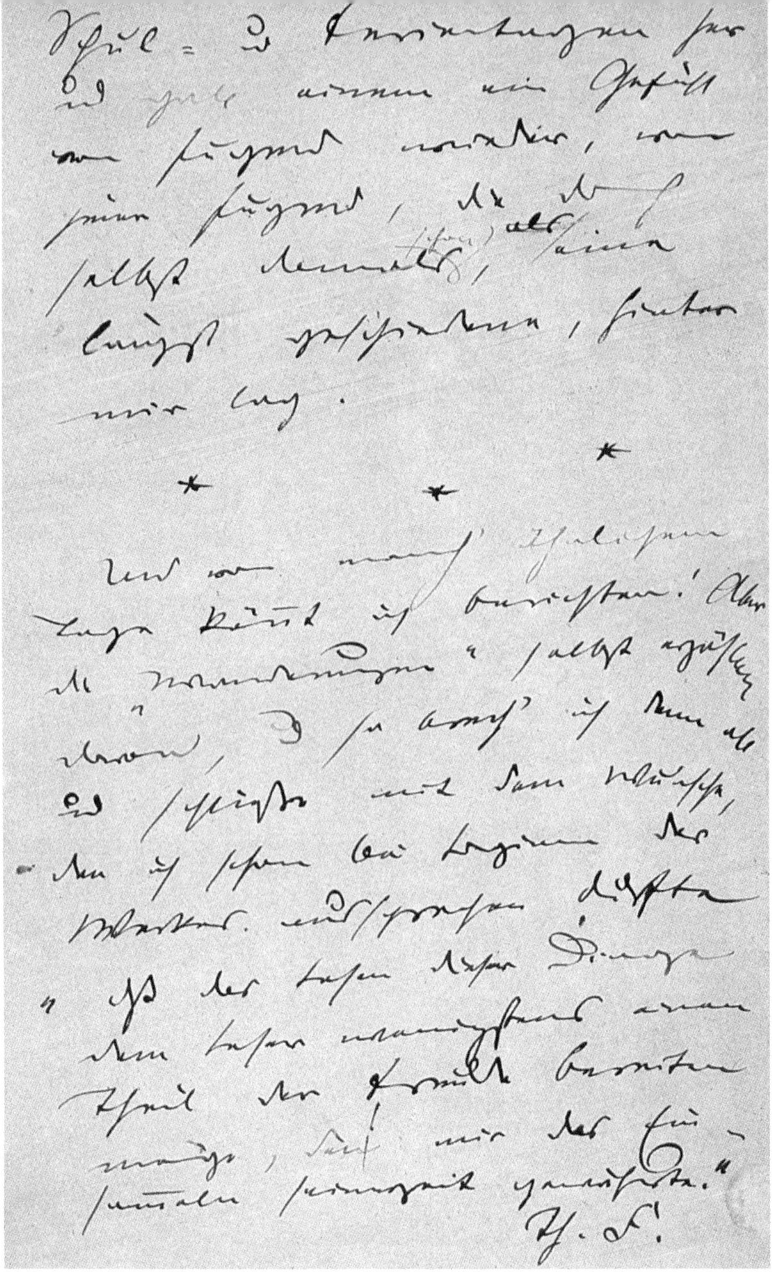

Fontanes handgeschriebenes Schlußwort zu den »Wanderungen«

Der
Holzmarkt
in Danzig
um 1880

Königl. privi
Drogerie &
colaus Pindo Nachfl.
N. Grau
Auf Credit
gs-Einrichtungen.
v Springer Nachf.

Berlin zum Beispiel war jetzt stolz auf seinen neuen Titel »Reichshauptstadt«. Daß es nebenbei noch die Haupt- und Residenzstadt des Königreichs Preußen war, nahm es kaum mehr zur Kenntnis. Ja, man muß feststellen, daß München, Stuttgart und Dresden – und mit ihnen die Länder, die sie repräsentierten – im neuen Deutschen Reich viel mehr landsmannschaftliches und stammesmäßiges Sonderbewußtsein bewahrten als Berlin und Preußen.

Auch Bismarck gehört in seinen letzten Jahren zu denen, die Unheil für Preußen und Deutschland voraussehen. Als grollender Entlassener prophezeit er: »Zwanzig Jahre nach dem Tode Friedrichs des Großen war Jena. Zwanzig Jahre nach meinem Abgang wird wieder ein Niederbruch kommen, wenn so weiter regiert wird.«

Und das ist, wenn man einen Augenblick darüber nachdenkt, erklärlich genug: Nicht nur waren die Preußen, gerade weil sie das Reich gegründet hatten und sich nun als die eigentlichen Reichsträger fühlten, viel schneller und leichter bereit, sich mit dem Reich – »ihrem« Reich – vollständig zu identifizieren und ihre Sonderstaatlichkeit sozusagen zu vergessen. Sondern sie waren ja auch kein Stamm wie die Bayern, Schwaben und Sachsen; ein Stammesbewußtsein, schwächer ausgeprägt als in Süddeutschland, gab es allenfalls in den preußischen Provinzen, bei den Ostpreußen, Schlesiern, Pommern und Märkern. Aber Preußen als Preußen hatte eine Stammesgrundlage ebensowenig je gehabt wie eine nationale, es war immer reiner Staat gewesen, ein künstliches Macht- und Vernunftgebilde, dem man durch Zufall angehörte oder auch durch einen Akt des Willens (»Ich bin ein Preuße, will ein Preuße sein!«), aber nicht, weil einen die Natur zum Preußen geschaffen hatte wie zum Deutschen oder auch zum Bayern oder Sachsen. Wenn dieser spröde Kunst- und Vernunftstaat sich jetzt selbst relativierte, indem er sich mit einem zweiten, größeren Staat, eben dem Deutschen Reich, sozusagen überbaute, dann konnte er sich nicht wundern, daß das preußische Staatsgefühl seiner Bewohner hinter ihrem neuerweckten deutschen Nationalgefühl rasch zurücktrat. Zumal sich die beiden Loyalitätsansprüche zueinander verhielten wie Wasser zu

Bismarck empfängt Verehrerinnen

Bismarck arbeitet an seinem Erinnerungswerk

Bismarck beim täglichen Ausritt in Friedrichsruh

Die Potsdamer
Brücke in Berlin
um 1899

Kaiser Wilhelm I. und
»König Bismarck«

Noch bis ins 20. Jahrhundert hält das preußische Junkertum an einer Lebensweise fest, die mit zunehmender Verstädterung und Industrialisierung nicht mehr so recht in die Zeit passen will. Als die alten Träger der preußischen Monarchie fühlen sich die Junker im neuen Reich nie ganz zu Hause und flaggen noch jahrzehntelang schwarz-weiß. »Ostelbien«, das ursprüngliche Kerngebiet des preußischen Staates, bewahrt die Tradition bis zum Ende der Kaiserzeit

Wein. Preuße zu sein, das war immer eine nüchterne Sache gewesen, eine Angelegenheit des Gehorsams, der Korrektheit und der Pflichterfüllung. Aber Deutscher sein zu dürfen, und nun gar Untertan eines Deutschen Kaisers und Bürger eines Deutschen Reichs, das war etwas Begeisterndes und Berauschendes. »Deutschland, Deutschland über alles« – das Lied war dagewesen, noch ehe es Deutschland als politische Wirklichkeit gab. »Preußen über alles« zu singen, war nie jemandem eingefallen.

Dieser Bewußtseinswandel – der nie eine »Nachricht« war, nie ein »Ereignis«, und trotzdem ein epochemachender Vorgang – vollzog sich nicht etwa nur im Volk, sondern er erfaßte ebenso stark die staatstragenden Schichten, die Politiker, Beamten und Minister, ja sogar das Herrscherhaus. Wilhelm I. hatte ihn schon mit Schmerz bei der Versailler Kaiserproklamation vorausgesehen, und er wäre lieber ein schlichter König von Preußen geblieben. Nun wurde er trotzdem der »alte Kaiser«, und er unterzog sich seiner neuen, größeren und ungewollten Rolle mit preußischem Pflichtgefühl. Sein Sohn, der ewige Kronprinz, ging schon ganz im deutschen Kaisertum auf; als er 1888, todkrank, für kurze drei Monate doch noch auf den Thron gelangte, wollte er nur »Kaiser Friedrich« genannt werden, nicht etwa »Friedrich III.«, was auf seinen preußischen Nebentitel hingewiesen hätte. Und Wilhelm II. schließlich war nur noch »der Kaiser«. Daß er auch König von Preußen war und daß Preußen im Reich und neben dem Reich noch immer ein Staat – der beherrschende Staat – sein sollte, war ihm bereits zu einer ganz nebelhaften Vorstellung geworden. Im Sommer 1892 machte er darüber eine bezeichnende Äußerung zu seinem Günstling Eulenburg, der sie aufgezeichnet hat. Der Kaiser: »Eine Bemerkung, die Fürst Bismarck mir einmal machte, vermag ich immer noch nicht recht zu begreifen. Seine Absicht ist mir nicht klar, und hinter seinen Gedanken schlummern immer Absichten. Er sagte: ›Mit dem Deutschen Reich ist es soso lala. Suchen Sie nur Preußen stark zu machen. Es ist egal, was aus den anderen wird.‹ Ich habe eine Art Falle für mich darin gesehen.«

Es war keine Falle. Bismarck hatte, wie so oft, mit verblüffender und verwirrender Offenheit ausgesprochen, was er wirklich dachte und fühlte. Der Reichsgründer – er beinahe allein – war mit Leib und Seele Preuße geblieben. Für ihn war das Deutsche Reich kein Selbstzweck, sondern ein kunstvolles Arrangement zur Erweiterung der preußischen Machtstellung über die preußischen Staatsgrenzen hinaus; und so gesehen, stand es mit diesem Arrangement wirklich bald »soso lala«.

Um seinen Zweck zu erreichen, war Bismarck zwei einander widersprechende und nicht ganz aufrichtige Bündnisse eingegangen: einerseits mit den deutschen Landesfürsten, denen er eine Scheinsouveränität samt monarchischen Titeln und Hofgepränge beließ, um ihnen ihre tatsächliche Unterordnung unter Preußen schmackhaft zu machen; andererseits mit »dem deutschen Volk«, also mit dem liberalen und demokratischen deutschen Nationalismus, dem er die großen Ziele von 1848, Kaiser und Reich, zugestand und überdies noch einen freigewählten Deutschen Reichstag – dem er freilich nur eine dankbar-akklamatorische Rolle zugedacht hatte. Mit den Fürsten war alles einigermaßen glatt gegangen. Aber das deutsche Volk und der deutsche Reichstag hatten Bismarcks Erwartungen schwer enttäuscht. Statt dankbar zu sein, waren sie anspruchsvoll. Wo

Pferdestall
des Rittergutes
Schönhagen
bei Trebbin in
der Mark

Der Österreicher Max Reinhardt (oben in der Rolle des Fuhrmann Henschel) übernimmt 1903 das Neue Theater am Schiffbauerdamm und 1905 auch die Leitung des Deutschen Theaters in Berlin. »Max Reinhardt spielte für Menschen, die Theater als Luxus empfanden, als Kostbarkeit, als schönsten Schmuck des Daseins« (Erwin Piscator). In Reinhardts Epoche wird Berlin zur ersten Theaterstadt der Welt

Bismarck ihnen nur den kleinen Finger hatte reichen wollen, ergriffen sie begierig die ganze Hand.
Sein König und Kaiser, mit dem er in den Anfangsjahren so schwer zu ringen gehabt hatte, machte Bismarck später keine Schwierigkeiten mehr, und auch der oft beschworene landsmannschaftliche »Partikularismus« der Süddeutschen war nur ein Scheinproblem – die Bayern mochten noch so viel über die »Saupreußen« schimpfen, eine bayerische Sezession war nie zu befürchten. Aber der Reichstag wurde dem Preußen Bismarck bald wirklich unheimlich. Dieses freigewählte deutsche Parlament stellte den nach dem Dreiklassenwahlrecht öffentlich und indirekt gewählten Preußischen Landtag von Anfang an vollkommen in den Schatten. Immer wieder mußte der Reichskanzler vor den Reichstag treten und aufreibende Debatten führen, und dadurch geriet der preußische Ministerpräsident Bismarck seinerseits zunehmend in den Schatten des Reichskanzlers Bismarck, sehr zu seinem Mißvergnügen. Im Reichstag artikulierte sich am deutlichsten der Bewußtseinswandel, von dem wir gesprochen haben, die Verdrängung des spezifisch preußischen Staats-

Reinhardts komödiantisches »Sommernachtstraum«-Ensemble

gefühls durch ein überwältigendes deutsches Nationalgefühl. Bismarck spürte es, ohne diesen ungreifbaren Gegner beim Namen nennen zu können. Er mußte ihm sogar immer wieder Lippendienst leisten, wenn er sein Bündnis oder Scheinbündnis mit dem deutschen Nationalismus nicht gefährden wollte.
Statt dessen griff er das an, was er den »Parteigeist« nannte und was doch nur der natürliche Ausdruck einer sich kräftig entwickelnden lebendigen nationalen Demokratie war. Die beiden großen innenpolitischen Kämpfe des Reichskanzlers Bismarck galten den beiden großen deutschen Volksparteien und der Sozialdemokratischen Partei Deutschlands. Er nannte sie »Reichsfeinde«. In Wirklichkeit waren sie die eigentlichen Reichsparteien und sind es – das Zentrum in allgemeinchristlicher Erweiterung zur CDU – bis heute geblieben. Bismarcks Versuche, sie lahmzulegen – das Zentrum im »Kulturkampf«, die SPD durch die Sozialistengesetze –, füllten die siebziger und achtziger Jahre mit innenpolitischem Kampfeslärm; sie waren die unerfreulichen innen-

Reinhardt stellt in Shakespeares »Sommernachtstraum«
echte Birken auf die Drehbühne

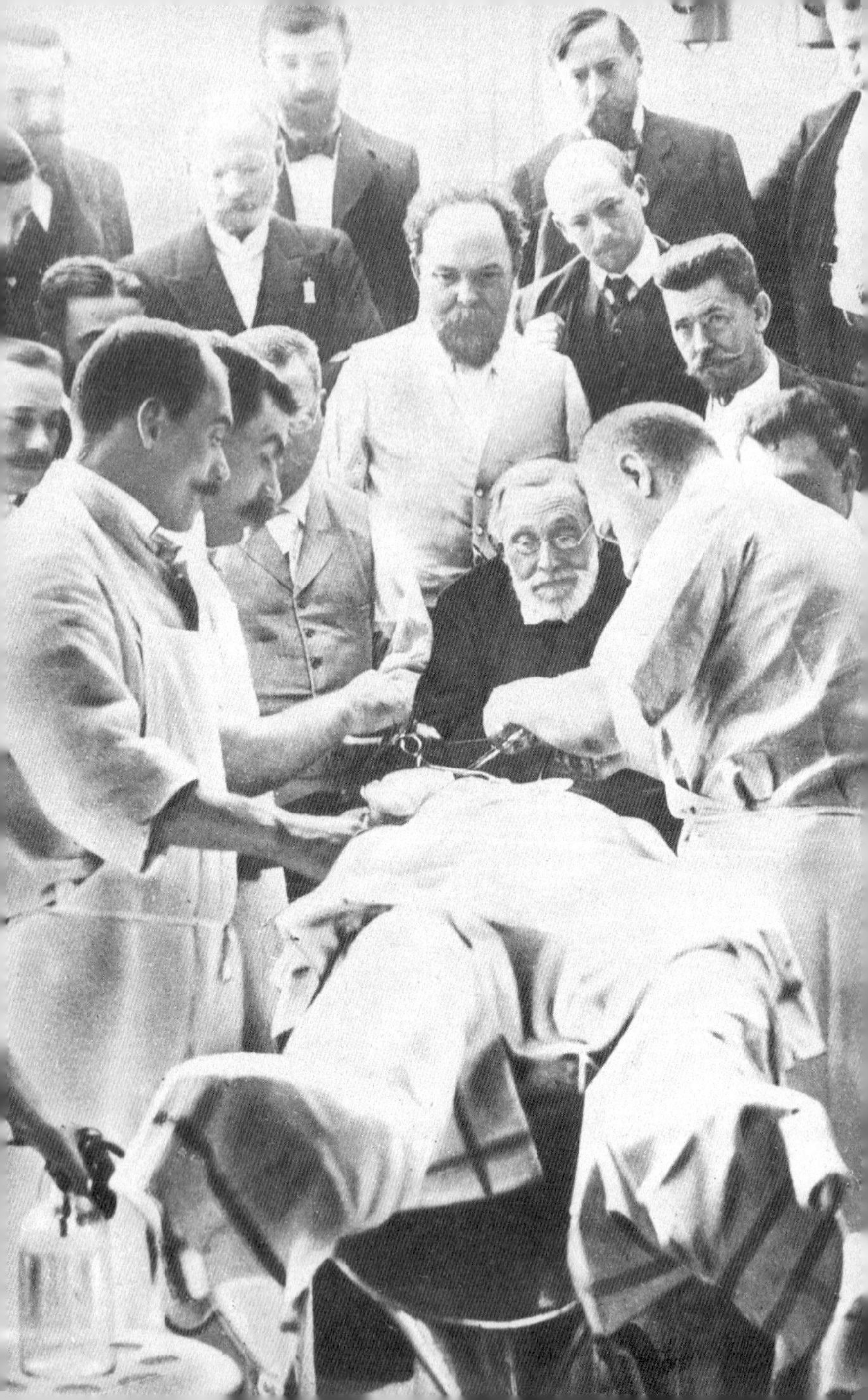

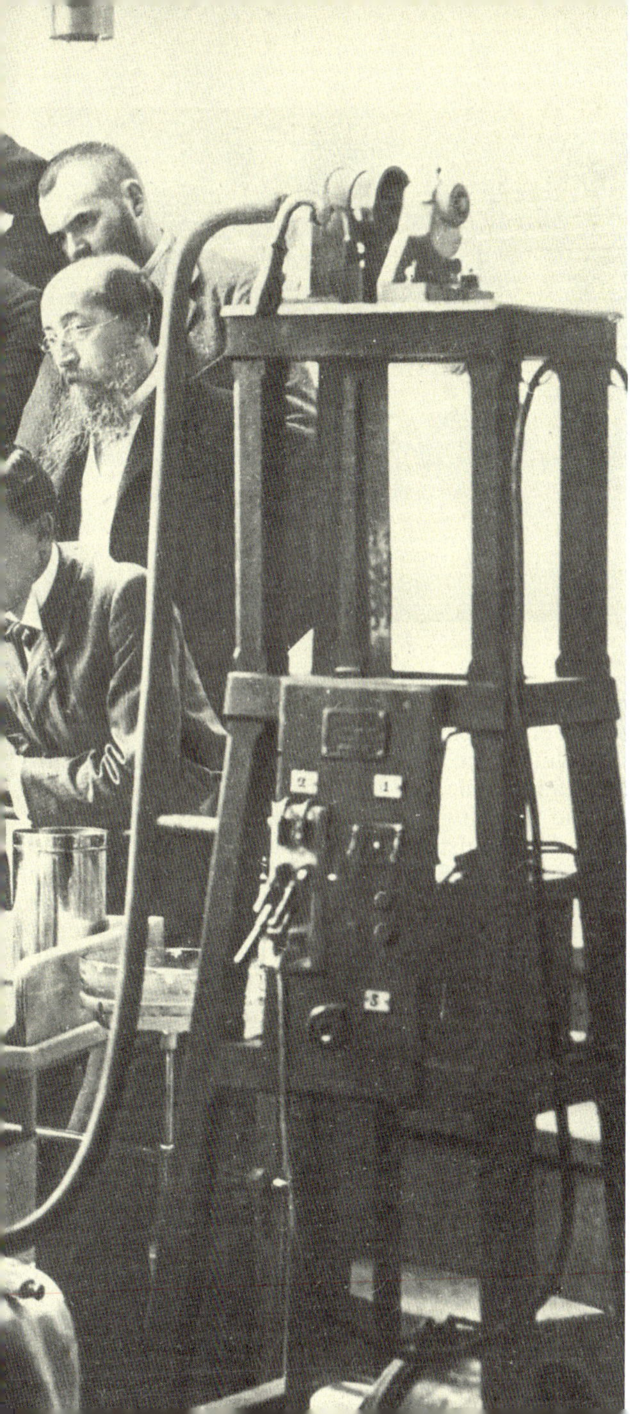

Der 80jährige
Rudolf Virchow
(Bildmitte)
läßt sich in Paris
eine Schädel-
opcration
vorführen

Emil von Behring (rechts) bei einem Tierversuch

politischen Hauptthemen der Bismarckzeit. Bei beiden fiel auch etwas Nützliches ab: beim »Kulturkampf« die Zivilehe und die Beseitigung der geistlichen Schulaufsicht, beim Kampf gegen die SPD die epochemachende Erfindung der Sozialversicherung. Aber im politischen Endergebnis endeten beide für Bismarck als Niederlage. Zentrum und SPD wurden nicht schwächer, sondern immer stärker. Diese Niederlage erklärt, daß Bismarck kurz vor seiner Entlassung allen Ernstes damit umging, das Reich aufzulösen und als reinen Fürstenbund neuzugründen, den Reichstag aber oder wenigstens das Reichstagswahlrecht abzuschaffen.

Die innenpolitische Atmosphäre des Bismarckreichs in seinen ersten zwanzig Jahren war ungut und stickig, und Bismarck selbst, auf der Höhe seiner Macht und seines Ruhms, verbitterte zusehends in diesen zwanzig Jahren. Beides erklärt sich dadurch, daß Bismarcks preußisches Kalkül bei der Reichsgründung nicht aufgegangen war, daß das Reich, statt ein größeres Preußen zu werden, ein unpreußisches Eigenleben entfaltete und Preußen über den Kopf wuchs. Bismarck sperrte sich dagegen, zäh und einfallsreich, auch brutal,

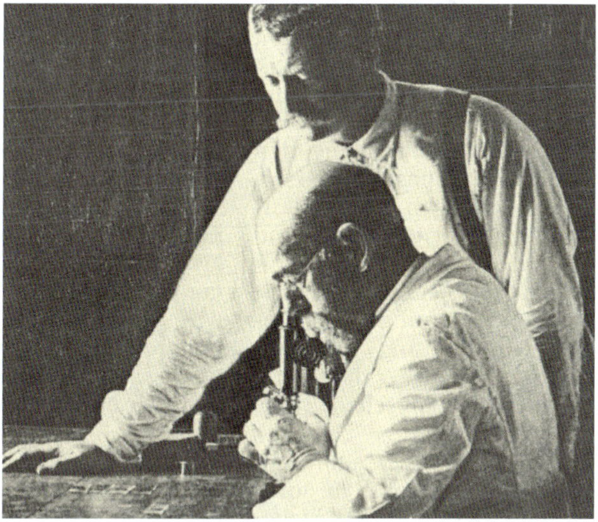

Robert Koch am Mikroskop

aber vergeblich. Sein Werk war stärker als er. Immerhin, solange Bismarck noch da war, war auch Preußen noch da. Bismarcks Innenpolitik zwischen 1871 und 1890 läßt sich auf eine einfache Formel bringen: In ihr drückte sich zum letzten Mal die Weigerung Preußens aus, in Deutschland aufzugehen – eine vergebliche Weigerung. Sie war Preußens letztes, langes und glückloses Rückzugsgefecht.

Bismarcks Innenpolitik der Jahre nach 1871 hat wenig Lobredner gefunden, seine Außenpolitik um so mehr. Bekanntlich setzte Bismarck die Welt in Erstaunen, indem

Drei Wissenschaftler begründen um die Jahrhundertwende den Weltruf der deutschen Medizin. Der Westpreuße Emil von Behring (1854 – 1917) entdeckt das Diphterieserum und erhält dafür 1901 den Nobelpreis für Medizin. Vier Jahre später wird der Clausthaler Robert Koch (1843 – 1910) mit dem gleichen Preis ausgezeichnet. Unter seinem Mikroskop hatte er den Tuberkelbazillus und den Choleraerreger aufgespürt. Der Pommer Rudolf Virchow (1821 – 1902) hat auf dem Gebiet der Zellularpathologie Weltautorität. Als liberaler Politiker wird Virchow ein scharfer Gegner Bismarcks

er, nach acht Jahren einer turbulenten, krisenreichen, ständig kriegsbereiten Politik bonapartistischen Stils zum Friedenspolitiker wurde. Er hat zwanzig Jahre lang den Frieden Europas mit derselben umsichtigen, kühl kalkulierenden Meisterschaft – und man kann sagen: mit derselben Leidenschaft – gewahrt und gepflegt, mit der er zuvor die Vergrößerung Preußens und die Lösung der deutschen Frage im preußischen Sinne betrieben hatte. Einmal, 1878, hat er einen unmittelbar drohenden großen europäischen Krieg als »ehrlicher Makler« verhindert; und immer hat er darauf bestanden, daß es für das Deutsche Reich nichts mehr gebe, was es »mit dem Schwert erobern« müsse. »Wir sind ein saturierter Staat.« Wenn er »wir« sagte, meinte Bismarck aber unausgesprochen immer »Preußen«, und wenn man die Unerquicklichkeiten seiner Innenpolitik seinem obstinanten Preußentum anlastet, dann muß man diesem Preußentum auch die Verdienste seiner Außenpolitik gutschreiben.

Preußen nämlich war nach 1871 wirklich ein saturierter und mehr als saturierter Staat, für Preußen gab es tatsächlich nichts mehr mit dem Schwert zu erobern. Es hatte schon mehr geschluckt, als es verdauen konnte, es war satt und übersatt, und sein Interesse war jetzt nichts weiter als Ruhe und Frieden. Für Preußen war jetzt, wieder mit Bismarck zu sprechen, »die deutsche Uhr auf hundert Jahre richtig gestellt«; die Reichsgründung war – noch ein Bismarckzitat – »das äußerste, was ›wir‹ Europa zumuten konnten«. Das preußische Interesse, für Bismarck zeitlebens der eigentliche Leitstern seiner Politik, wirkte daher, solange Bismarck als Reichskanzler amtierte, in der Außenpolitik des Reichs als Bremse. Da Preußen saturiert war, mußte auch das Reich sich als saturierter Staat aufführen – was es in Wirklichkeit nicht war. Nach Bismarcks Abgang hat sich das ja alsbald gezeigt. Als Nationalstaat war das Deutsche Reich nicht saturiert, weil immer noch Millionen von Deutschen draußen geblieben waren; und als Reich nun gar – also als frischgebackene Großmacht und heimliche Vormacht Europas –, war gar nicht abzusehen, wo es die Grenzen seines Ehrgeizes finden würde; »Weltmacht« und »Weltpolitik« klopften schon an die Tür, »Lebensraum« war nur zwei Generationen weit entfernt. Solange Bismarck – und durch Bismarck

Bismarck zwei Jahre nach seiner Entlassung

Preußen – die deutsche Außenpolitik bestimmte, wurde das alles noch streng im Zaum gehalten. Preußen hatte am Deutschen Reich, so wie es 1871 geschaffen worden war, genug: Daher hatte es auch das Deutsche Reich gefälligst mit dem Geschaffenen genug sein zu lassen. Das war die innere Logik der Bismarckschen Friedenspolitik, die alsbald nach seinem Abgang aufgegeben wurde. Diese Friedenspolitik des Deutschen Reiches in seinen ersten zwanzig Jahren war im Kern immer noch preußische Politik.

Viele ausländische, besonders englische, aber auch süddeutsche und österreichische Historiker haben das nicht wahrhaben wollen. Für sie ist Preußen »die Wurzel allen Übels«, der böse Dämon Deutschlands und die eigentliche Ursache der Katastrophen gewesen, in die Deutschland sich und die Welt in der ersten Hälfte des 20. Jahrhunderts gestürzt hat. Sie haben zwei plausibel klingende Argumente für ihre Auffassung anzuführen.

Erstens war das Hauptinstrument des Deutschen Reiches in den beiden Weltkriegen des 20. Jahrhunderts seine Armee, und diese Armee war, das ist durchaus zutreffend, im wesentlichen das

Berlin wird nach der Thronbesteigung Wilhelms II. zu einem Zentrum des mondänen Lebens. Es verliert die klassizistisch-spartanische Einfachheit und Strenge, die den Reiz des »preußischen« Berlin ausgemacht hat. An ihre Stelle treten Prunk- und Prachtliebe. Auf den Rennplätzen trifft sich, was Geld, Rang und Namen hat

Werk Preußens und des »preußischen Militarismus«. Aber es war nicht die Armee, die vor den beiden Weltkriegen die deutsche Politik bestimmte und zum Krieg drängte; von dem zweiten hat sie sogar dringend abgeraten. Zweitens war Preußen in seiner Geschichte als unabhängiger Staat, besonders im 18., aber zum Schluß auch noch einmal im 19. Jahrhundert, ein erobernder Staat gewesen; es hatte immer wieder Arrondierungs- und Expansionspolitik getrieben – und diese Eroberungstradition, so geht das Argument weiter, hatte es nun dem von ihm gegründeten Deutschen Reich vererbt, sozusagen eingeimpft. Der erste Teil dieses Arguments ist vollkommen zutreffend, nur läßt er aus, daß territoriale Expansionspolitik im 18. Jahrhundert allgemeine Praxis und Preußen überdies durch seine lange territoriale Zerrissenheit mehr als andere auf sie angewiesen war. Der zweite und entscheidende Teil des Arguments aber ist freie Phantasie. Preußen hat dem Deutschen Reich überhaupt nichts »vererbt« oder »eingeimpft«. Es war mit der Reichsgründung von 1871 am Ziel und am Ende seiner Karriere angelangt. Es hatte die äußerste Grenze seiner Aus-

Tanzstunde unter dem Bildnis des preußischen Königs

Bei den Hofbällen aber tanzt als Nummer eins der junge Offizier. Vor dem Ersten Weltkrieg wird der Potsdamer Leutnant vielfach ein Thema deutscher, besonders Münchner Witzblätter

dehnungsfähigkeit mit der Reichsgründung sogar schon überschritten. Und solange Preußen im Reich noch etwas zu sagen hatte, das heißt, bis zum Abgang Bismarcks, ist Preußen in der deutschen Außenpolitik immer das konservative und stabilisierende, bremsende und friedensbewahrende Element gewesen. Gewiß nicht aus Pazifismus, sondern aus seiner nüchtern gesehenen staatlichen Interessenlage heraus. Wenn es die deutsche Führungsmacht bleiben wollte – und unter Bismarck wollte es das noch –, durfte Deutschland auf keinen Fall größer werden, als es schon war. Preußen konnte schon Deutschland, wie es war, nicht wirklich »beherrschen«, es fand sich schon im kleindeutschen Reich Bismarcks zu seinem Erschrecken plötzlich in einer ständigen Defensive, ja, in der Position des sprichwörtlichen Mannes, der einen Tiger reitet. In einem Großdeutschland oder einer deutschen »Weltmacht« wäre seine Lage noch hoffnungsloser geworden.

Bismarck empfängt Wilhelm II. in Friedrichsruh

Bismarck sah das und konnte doch, auch er, nicht mehr alles verhindern, was sich daraus ergab. Auch außenpolitisch war sein Werk schließlich stärker als er. Es gab ja nach 1871 keine preußische Außenpolitik mehr. Preußen war kein selbständiges Völkerrechtssubjekt mehr, das war jetzt das Reich; und das Deutsche Reich, ob Bismarck wollte oder nicht, war eben etwas anderes und Größeres, als Preußen gewesen war: kein nordosteuropäischer Regionalstaat mit begrenzten, überschaubaren Interessen, sondern eine Großmacht mit Interessen in ganz Europa und bald darüber hinaus.

Das zeigte sich zum ersten Mal bei der großen Balkankrise zwischen Rußland und England, die 1878 Europa in einen allgemeinen Krieg zu stürzen drohte. Der Kongreß, der sie beilegte, tagte jetzt in Berlin, sein Präsident war Bismarck, und die Bedingungen des Friedens hingen von ihm als dem »ehrlichen Makler« ab. Das Deutsche Reich war zum Schiedsrichter Europas geworden – eine stolze Rolle, die Preußen nie hätte spielen können oder auch nur wollen. Aber preußische Politik ließ sich in dieser Rolle nicht mehr treiben. Der Friedensstifter Bismarck mußte einem siegreichen Rußland in den Arm fallen; und das war das Ende der hundertjährigen preußisch-russischen Freundschaft und der Beginn einer deutsch-russischen Feindschaft, die ebenfalls eine fast hundertjährige Geschichte vor sich hatte. Sie zwang Bismarck schon bald zum nächsten Schritt: dem Bündnis mit Österreich, diesem unpreußischsten aller Bündnisse, aus dem aber das Deutsche Reich nie mehr herausfand.

Unpreußisch war auch die Kolonialpolitik, zu der sich Bismarck in den achtziger Jahren sehr widerwillig herbeiließ, unter dem Druck deutscher Überseeunternehmen und einer »sozialimperialistischen« Propganda, die in Kolonien den Ausweg aus einer schweren Wirtschaftsdepression sah. Mit Preußen und preußischen Interessen hatte das alles nichts mehr zu tun. Aber Deutschland war eben stärker geworden als Preußen, schon unter Bismarck, der noch preußisch dachte und »sein« Deutschland zu bremsen suchte. Nach seinem Abgang gab es niemanden mehr, der Deutschland bremste, und das Motto hieß: »Volldampf voraus!«

Die deutsche Geschichte wird unter Wilhelm II. bekanntlich sehr aufregend, eine hochdramatische Geschichte von Glanz und Elend, Höhenflug und Absturz, aber es ist nicht die deutsche Geschichte, die wir hier zu betrachten haben, sondern die preußische, und da finden wir uns, wenn das wilhelminische Zeitalter erreicht ist, in Verlegenheit:

III. Aus dem Leben Kaiser Wilhelm II.
Der Kaiser auf der Wartburg.
V. Aus dem Leben Kaiser Wilhelm II.
Der Kaiser besucht die Stammburg Hohenzollern.
VI. Aus dem Leben Kaiser Wilhelm II.
Einzug des Kaisers in Strassburg.

Eine originelle Erfindung der kaiserlichen Reichspost sind die »Anlege-Postkarten«. Jede einzelne für sich zeigt eine Szene »aus dem Leben Kaiser Wilhelms II.« – zusammengelegt ergeben die Karten einen Eindruck von den vielfältigen Repräsentationsauftritten des »Reisekaisers«. Am liebsten läßt er sich auf hoher See photographieren: »Unsere Zukunft liegt auf dem Wasser.«

Denn plötzlich gibt es keine preußische Geschichte mehr; was einmal preußische Geschichte gewesen war und selbst im Reich Bismarcks noch einen gewissen Kontrapunkt zur deutschen Geschichte dargestellt hatte, wird in der Zeit zwischen 1890 und 1914 zur belanglosen Provinzialgeschichte. Nicht, daß Preußen, besonders das westdeutsche Neupreußen, in dem die großen, jetzt mächtig aufblühenden deutschen Industriegebiete lagen, von der gewaltigen Machtentfaltung des wilhelminischen Deutschland ausgeschlossen gewesen wäre: von der industriellen Expansion, vom Flottenbau, von der »Weltpolitik«. Nur hatte das alles mit Preußen, dem preußischen Staat, den preußischen Traditionen überhaupt nichts mehr zu tun. Und wenn es in diesem Zeitalter über Preußen noch Nennenswertes zu berichten gibt, dann ist es ein merkwürdiger Prozeß einer heimlichen Rückbildung und inneren Aufspaltung. Die bewährte Integrationskraft des preußischen Staates ließ jetzt deutlich nach. Das westdeutsche Neupreußen machte den wilhelminischen Aufschwung begeistert mit, es fühlte sich dadurch befreit und beflügelt. Aber in »Altpreußen«, dem Preußen von 1772, dem Junker- und Bauernland östlich der Elbe, das sich plötzlich im Industriestaat Deutschland zum Status eines armen Verwandten zurückgestuft sah, besann man sich auf ein verjährtes Erstgeburtsrecht, begann einen Kult des eigenen Wesens zu treiben, gefiel sich in einer gekränkten, murrenden und knurrenden Verbalfronde gegen das neudeutsche Wesen, den Pomp, den Reichtum, die Großmannssucht. Auch den Kaiser, der so offenbar vergessen hatte, daß er eigentlich ein König von Preußen sein sollte, verschonte diese Junkerkritik nicht. Man kann sie verstehen. Es gab ja wirklich

Bernhard von Bülow,
Reichskanzler von 1900 - 1909

viele unschöne, parvenuhafte Prahlerei und Protzerei im wilhelminischen Deutschland, von der die altpreußische Schlichtheit und Gediegenheit vorteilhaft abstach. Die preußischen Junkeroffiziere und Bauernsoldaten hatten wirklich einmal einen bemerkenswerten Staat auf die Beine gestellt, und ohne diesen Staat hätte es das Deutsche Reich, das ihn jetzt so hochmütig hinter sich ließ, nicht gegeben. Wie war es denn? Hatte nicht eigentlich der preußische Ministerpräsident nebenbei Reichskanzler sein sollen? Jetzt war plötzlich der Reichskanzler nebenbei preußischer Ministerpräsident, auch wenn er ein Bayer war wie der Fürst Hohenlohe oder ein Mecklenburger wie Bülow oder der Sproß einer Frankfurter Bankiersfamilie wie Bethmann-Hollweg, oder wieder ein Bayer wie Hertling oder gar ein Mitglied des regierenden badischen Hauses wie Prinz Max. Es stimmte schon, das alte Preußen, »Ostelbien« – der Ausdruck kam jetzt auf –, war in dem Deutschen Reich, das ihm doch sein Dasein verdankte, in kurzen Jahrzehnten ein Hinterland geworden, Provinz, »flaches Land« – und obendrein noch ein Kostgänger des Reiches; seine Getreideproduktion war nur noch

Theobald von Bethmann-Hollweg, Reichskanzler von 1909 - 1917

Prinz Max von Baden, Reichskanzler von Oktober bis November 1918

Der Kaiser mit s

chs Söhnen

S.M. hoch zu Roß

Über das »Ewige-in-Position-stehen« Seiner Majestät mokiert sich die Hofdame Baronin Spitzemberg, und Fürst Eulenburg, ein Intimus des Kaisers, spöttelt: »Alle Tage ist Maskenball«. Gemeint ist die kindliche Freude Wilhelms II. an Uniformen, die er bis zu sechsmal täglich wechselt. Der Kaiser und seine Familie in allen Lebenslagen und zu allen Gelegenheiten – der Hofbericht wird eine Domäne der Postkarten-industrie

durch hohe Schutzzölle rentabel zu halten, die dem westdeutschen Industriearbeiter das Brot verteuerten, und die ostelbischen Güter waren trotzdem hochverschuldet. Armes altes Preußen!
Wie gesagt, verständlich ist diese altpreußische Reichsverdrossenheit der wilhelminischen Zeit schon, und später, im Lichte des Zusammenbruchs von 1918, hat man wohl gar höhere Weisheit in ihr gesehen. Wäre das Reich nur preußisch bescheiden geblieben! Aber damit übersieht man doch, daß in dieser spätpreußischen Wilhelminismuskritik auch viel unpreußisches Selbstmitleid steckte, viel Egoismus, ja, eine gewisse Verstocktheit. Nicht aller wilhelminische Glanz war unecht, und nicht alles, was sich im Deutschen Reich der Kaiserzeit an frischem Leben regte – wirtschaftlich, kulturell, auch politisch –, war schlecht. Gegenüber der freieren und breiteren Entfaltung der deutschen Existenz in dem Vierteljahrhundert zwischen 1890 und 1914 wirkte das ewige bärbeißige Schimpfen, das aus Ostelbien herübertönte, nicht wie die Stimme eines warnenden Unheilspropheten, sondern doch wohl eher wie ein Signal preußischer Dekadenz. Was sollte man davon halten, daß in einer Zeit, in der alle anderen deutschen Staaten zum allgemeinen gleichen Wahlrecht übergingen, Preußen sich hartnäckig an seinem überlebten und verhaßten Dreiklassenwahlrecht aus den 1850er Jahren festbiß? Und war die ewige Selbstbespiegelung und Selbstbewunderung, die Preußen in seinen guten und starken Zeiten nie gekannt hatte, nicht mindestens ebenso schlechter Stil wie der wilhelminische Prunk und Protz? »In unserer Oberschicht«, schrieb Theodor Fontane mit stillem Spott 1898, »herrscht eine naive Neigung, alles ›Preußische‹ für eine höhere Kulturform zu halten.«
Theodor Fontane war und ist Preußens klassischer Dichter. Eigentlich kein Deutscher, vielmehr überwiegend französischen Geblüts, ein Abkömmling der französischen Kolonie, die seit dem Großen Kurfürsten in Preußen zu Hause war, war er Preuße durch und durch. In seiner Jugend der Barde Preußens, im Mannesalter der Chronist seiner Kriege und Siege und seiner Geschichte – es gibt keinen schöneren, lesens- und liebenswerteren historischen Roman in deutscher Sprache als den schon einmal erwähnten »Vor dem Sturm«, dessen wirklicher Held das Land

S.M. als friderizianischer Offizier

S.M. im Frack

Preußen ist –, wurde Fontane im Alter ein hellsichtiger, trauriger und unbestechlicher Kritiker preußischer Dekadenz. »Der ›Non soli cedo‹-Adler mit seinem Blitzbündel in den Fängen, er blitzt nicht mehr, und die Begeisterung ist tot. Eine rückläufige Bewegung ist da, längst Abgestorbenes soll neu erblühen. Es tut es nicht ... Die alten Familien sind immer noch populär, auch heute noch. Aber sie vertun und verschütten diese Sympathien, die doch jeder braucht, jeder Mensch und jeder Stand. Unsere alten Familien kranken durchgängig an der Vorstellung, ›daß es ohne sie nicht gehe‹, was aber weit gefehlt ist, denn es geht sicher auch ohne sie; sie sind nicht mehr die Säule, die das Ganze trägt, sie sind das alte Stein- und Moosdach, das wohl noch lastet und drückt, aber gegen Unwetter nicht mehr schützen kann.« Das steht in Fontanes letztem und größtem Roman, dem »Stechlin«, einem Abschiedswerk in jedem Sinne. Es ist auch Fontanes Abschied von Preußen.

Ja, das wilhelminische Zeitalter, für Deutschland eine Zeit des Frühlings und des Aufbruchs, war für Preußen Herbst- und Abschiedszeit, es ging abwärts mit Preußen, und als 1918 die deutschen Throne zusammenstürzten – lautlos und widerstandslos und damit ihre Unwiederherstellbarkeit besiegelnd –, schien es einen Augenblick schon mit Preußen ganz und gar zu Ende zu sein.

Den Ersten Weltkrieg überspringen wir hier, denn er war kein preußischer Krieg. Österreich, Rußland, Deutschland, Frankreich, England und Amerika, die in dieser Reihenfolge in den Krieg eintraten, hatten alle ihre Kriegsgründe und Kriegsziele. Preußen hatte keine. Aber Preußen zahlte die Zeche der deutschen Niederlage. Außer Elsaß-Lothringen gingen alle deutschen Gebietsabtretun-

Theodor Fontane, 1819 – 1898

Ein englischer Gast beim Kaisermanöver: Winston Churchill (4. v. l.)

gen auf Kosten Preußens: Posen und Oberschlesien, Danzig und der polnische »Korridor«, selbst Nordschleswig. Und die deutsche Revolution, die der Niederlage folgte, stellte Preußen vor die Existenzfrage.

Nicht etwa nur deswegen, weil es eine überwiegend westdeutsche Revolution war, die Berlin erst ganz zum Schluß erfaßte und im eigentlichen »Ostelbien« überhaupt nicht stattfand, sondern vor allem deswegen, weil Preußen mit der Hohenzollerndynastie die wichtigste Klammer verlor, die es bis dahin als Staat zusammengehalten hatte. Bis-

S.M. zieht ins Feld

marck, auch darin Preuße, hat in seinen »Gedanken und Erinnerungen« die These aufgestellt, daß nicht die Stämme, sondern die Dynastien die Grundlage der deutschen Sonderstaatlichkeiten und des unvermeidlichen deutschen Föderalismus seien. Das ist, was Bayern, Württemberg, Sachsen usw. betrifft, eine höchst zweifelhafte These; aber für Preußen stimmt sie. 1918/19 zeigte sich, daß in allen anderen deutschen Ländern auch ohne »angestammte« Dynastie ein kräftiges Eigenbewußtsein lebendig blieb. Nur Preußen wurde ohne König plötzlich sich

Sedantag am Denkmal Friedrichs III.: Das Berlin der Kaiserzeit schwelgt in patriotischen Feiern, Paraden und neuem Weltstadtbewußtsein. Aber Berlin ist nicht nur Siegesallee und Kurfürstendamm. Zum Berlin der Kaiserzeit gehört auch die Welt der Kneipen und Hinterhöfe, der Dirnen, Hausierer, schnoddrigen Gören und Proleten: »Zille sein Milljöh« (nächste Seite)

selbst zum Problem, ja, zur Verlegenheit. Es wußte gewissermaßen nichts mehr mit sich anzufangen; es war jetzt ganz bereit, sein Aufgehen in Deutschland, das sich im Bewußtsein seiner meisten Bewohner bereits in der Zeit des Kaiserreichs stillschweigend vollzogen hatte, auch formell zu ratifizieren.

Die verfassunggebende preußische Landesversammlung, die zugleich mit der Weimarer Nationalversammlung im Januar 1919 gewählt worden war – jetzt selbstverständlich nach dem allgemeinen gleichen Wahlrecht –, zögerte lange, an ihre Aufgabe heranzugehen. Wozu noch eine preußische Verfassung neben der deutschen? Wozu überhaupt noch ein Preußen, da man ja Deutschland hatte? Noch im Dezember 1919 – ein Jahr nach der Revolution, vier Monate nach dem Inkrafttreten der Weimarer Reichsverfassung – faßte die preußische Landesversammlung mit 210 gegen 32 Stimmen einen Beschluß, dessen entscheidende Sätze lauten: »Als das größte der deutschen Länder erblickt Preußen seine Pflicht darin, zunächst den Versuch zu machen, ob sich nicht bereits jetzt die Schaffung eines deutschen Einheitsstaates erreichen läßt. Aus diesen Erwägungen heraus ersucht die Landesversammlung die Staatsregierung, sofort, noch vor der Einbringung der endgültigen Verfassung, die Reichsregierung zu veranlassen, mit den Regierungen aller deutschen Länder über die Errichtung des deutschen Einheitsstaates in Verhandlungen einzutreten.«

Preußen war also zur Selbstauflösung bereit, aber kein anderes deutsches Land war es, und so wurde nichts aus dem deutschen Einheitsstaat, und Preußen mußte sich wohl oder übel mit seiner im Grunde bereits ungewollten staatlichen Weiterexistenz abfinden.

Es gab 1919 noch andere Pläne zur Auflösung Preußens, die nicht auf einen deutschen Einheitsstaat, sondern auf eine deutsche Bundesrepublik hinausliefen. In einem Bundesstaat war ja ein Gliedstaat Preußen, der allein größer war als alle anderen Länder, also gewissermaßen eine Verdoppelung des Gesamtstaates in verkleinerter Ausgabe, eine augenfällige Anomalie. Es hätte nahegelegen, wenn man schon beim Föderalismus bleiben wollte, Preußen in drei oder vier handliche, stammesmäßig einigermaßen homogene deutsche Länder etwa von der Größe Bayerns aufzuteilen,

»Zille sein Milljöh«

Einen Tag vor der Mobilmachung wird in Berlin am 31. Juli 1914 der »Zustand drohender Kriegsgefahr« verkündet

Verwundete Soldaten nach der Sommerschlacht 1916 auf dem Weg in die Gefangenschaft

»Mit schwerem Herzen habe ich meine Armee mobilisiert«, verkündet Wilhelm II. in Felduniform vor dem Reichstag am 14. August 1914. »Uns treibt nicht Eroberungslust, uns beseelt der unbeugsame Wille, den Platz zu wahren, auf den uns Gott gestellt hat. In aufgedrungener Notwehr, mit reinem Gewissen und reiner Hand ergreifen wir das Schwert, fest und treu, ritterlich demütig vor Gott und kampfesfroh vor den Feinden.« In seinem Hauptquartier in Spa einige Tage später wird er deutlicher. »Jetzt aber wollen wir sie dreschen.« Eine Hauptbeschäftigung des Königs von Preußen und Deutschen Kaisers wird in den ersten Kriegswochen, Ehrenblätter für Gefallene zu signieren. Für die Millionen Opfer der späteren Materialschlachten reichen die Ehrenblätter nicht mehr

wie es dann später in der heutigen Bundesrepublik mit dem westlichen Preußen ja auch geschehen ist. Adenauer, damals Oberbürgermeister von Köln, machte bekanntlich Anfang 1919 einen solchen Vorschlag für das Rheinland: Es sollte sich von Preußen abtrennen – nicht etwa vom Reich. Auch der erste Entwurf der Reichsverfassung sah eine Aufteilung des Großstaats Preußen in mehrere neue Länder vor.

Aber das wollten nun wieder die Preußen nicht. In einem deutschen Einheitsstaat aufgehen – ja, das schien ihnen zeitgemäß und ehrenvoll; aber sich in Rheinländer, Westfalen, Niedersachsen und Ostelbier auseinanderdividieren zu lassen, das ging immer noch gegen einen ererbten Instinkt; dafür hatten die preußischen Könige nicht zwei Jahrhunderte lang gearbeitet, geschuftet und Kriege geführt. Und so traten denn die republikanischen Preußen – Sozialdemokraten, Zentrumsleute und Liberale, die Mehrheit der verfassunggebenden Versammlung und der späteren Landtage – halb widerwillig (ein deutscher Einheitsstaat wäre ihnen lieber gewesen), halb trotzig (aufgeteilt wollten sie Preußen nicht sehen) – das Erbe der preußischen Könige an. Der Vorhang ging auf zum unwiderruflich letzten Akt der preußischen Nachgeschichte.

Wie es sich für den Schlußakt einer gut gebauten Tragödie gehört, brachte er noch einmal einen »Moment der letzten Spannung«, eine trügerische Hoffnung, daß sich vielleicht doch noch alles zum Guten wenden könnte. Das republikanische Preußen wurde überraschend das Musterland des republikanischen Deutschland. Anders als das Weimarer Reich, das in 14 Jahren 13 Reichskanzler verbrauchte und unter seinen ständig wechselnden Koalitionsregierungen nie zur Ruhe kam, wurde das Preußen der Weimarperiode, mit einer kurzen Unterbrechung, die ganze Zeit von 1920 bis 1932 von demselben Ministerpräsidenten regiert, und er regierte gut. Der Ostpreuße Otto Braun, »der letzte König von Preußen«, war ohne jeden Zweifel das stärkste politische Talent und die stärkste politische Persönlichkeit der deutschen Sozialdemokratie in der Zeit der Weimarer Republik. Er hielt seine Partei und seine Koalition – immer dieselbe – in strenger Ordnung, er gewann alle seine Wahlkämpfe, er machte Preußen krisenfest (während im Reich eine Krise

Ein Ehrenblatt für einen Gefallenen

Wilhelm II. – als Oberster Kriegsherr im Feld

Deutsche Karikatur aus dem Jahr 1918

Der Krieg ist verloren, und überall in Berlin heißt es »Lehmann muß weg.« Aber Wilhelm II. (sein Großvater war unter diesem Decknamen 1848 vor der Revolution geflohen) zögert mit der Abdankung. Über seinen Kopf hinweg verkündet schließlich Reichskanzler Prinz Max von Baden am 9. November 1918 den Thronverzicht. Wilhelm II. flieht nach Holland. Am 24. November unterschreibt er in Doorn eine formlose Abdankungsurkunde. Damit endet nach 217 Jahren das Königreich Preußen

die andere ablöste), und er führte einige Reformen durch, die zu ihrer Zeit epochemachend waren, wie die berühmte preußische Schulreform von 1921, und, einige Jahre später, eine ebenso liberale Reform des preußischen Strafvollzugs. Weit eher als die Weimarer Republik wird das republikanische Preußen der zwanziger Jahre wie ein Vorklang und Vorbild der heutigen Bundesrepublik: ein erster Beweis, daß auch Deutsche mit republikanischen Institutionen und demokratischen Freiheitsrechten vernünftig umgehen können. Ein

Kuriosum ist, daß das Preußen Otto Brauns noch im letzten Augenblick eine völlig originelle politische Erfindung machte, die seither zu einem verfassungsmäßigen Eckpfeiler bundesrepublikanischer Stabilität geworden ist: das konstruktive Mißtrauensvotum, also die Bestimmung, daß ein Parlament einen Regierungschef nur stürzen kann, indem es einen anderen wählt.

Der Gedanke war freilich aus der Not geboren, wie die meisten guten Gedanken. 1932 waren in Preußen Wahlen fällig, und es war vorauszusehen, daß sie den Nationalsozialisten und Kommunisten zusammen die Mehrheit bescheren würden – eine Mehrheit, die die Regierung zwar stürzen, aber keine gemeinsame Alternativregierung bilden konnte. Aus eben dieser Voraussicht führte die Regierung Braun als letzten Akt der 1932 auslaufenden Legislaturperiode des preußischen Landtags in Preußen das konstruktive Mißtrauensvotum ein, und es ist nicht undenkbar, daß sie mit seiner Hilfe die Naziwelle hätte überdauern können, wenn die Verhältnisse im Reich andere gewesen wären. Sie ist denn auch nicht vom preußischen Landtag gestürzt worden, sondern durch den »Preußenstaatsstreich« des Reichskanzlers Papen vom 20. Juli 1932.

Dieses Datum bezeichnet das tatsächliche Ende des preußischen Staates. An diesem Tag setzte der Reichskanzler, mit Vollmacht des Reichspräsidenten, die preußische Staatsregierung ab und ernannte sich selbst zum »Reichskommissar für Preußen«. Die preußischen Ministerien wurden durch Reichswehr besetzt und die Minister unter Gewaltandrohung aufgefordert, ihre Amtsräume zu verlassen. Sie gaben der Aufforderung nach. Widerstand wurde nicht versucht. Eine preußische Klage beim Reichsgericht hatte keinen entscheidenden Erfolg. Preußen bekam am 20. Juli 1932 praktisch einen ähnlichen Status wie ihn Elsaß-Lothringen zwischen 1871 und 1918 gehabt hatte, es wurde ein »Reichsland«, das, ohne eigene Regierung, von der Reichsregierung mit der linken Hand mitregiert wurde. Das war das Ende seiner staatlichen Eigenexistenz – das Ende Preußens.

Es ist, man sage, was man will, ein trübseliges Ende – nicht nur der kurzen, aber respektablen republikanischen letzten Periode Preußens, sondern der preußischen Geschichte überhaupt. Ob die preußische Regierung es nicht etwas heroischer hätte gestal-

Extra-Ausgabe.

ERLINER MORGENPOST

Wöchentlich 30 Pfennig

Sonnabend, 9. November 1918.

21. Jahrg.

Amtlich.

Der Kaiser und König
at sich entschlossen, dem
hrone zu entsagen.

Berlin, Januar 1919:
Regierungstruppen und
Revolutionäre
liefern sich eine
Straßenschlacht

ten können und sollen, ob sie der Gewalt nicht doch besser mit Gewalt entgegengetreten wäre, darüber ist damals viel gestritten worden und wird heute noch gestritten. Otto Braun und sein Innenminister, der Westfale Carl Severing, haben bis zu ihrem Tod daran festgehalten, daß ihr unheroisches Verhalten vernünftig und richtig war. Widerstand, schreibt Otto Braun noch lange nach 1945 in seinen Erinnerungen, hätte nicht nur Bürgerkrieg bedeutet, sondern auch eine blutige Niederlage. Die preußische Polizei war der Reichswehr nicht gewachsen, zu einem bewaffneten Kampf gegen die Reichswehr wohl auch innerlich nicht bereit; die Arbeiter hatten keine Waffen. Ein Generalstreik war bei 6 Millionen Arbeitslosen eine Unmöglichkeit. Das läßt sich alles hören. Zurück bleibt trotzdem der Eindruck einer ruhmlosen Selbstaufgabe – vor einem Anschlag, in dem doch unverkennbar ein Stück Bluff steckte. Denn auch Papen war in keiner starken Position. Die Reichswehr war ebensowenig bürgerkriegsbereit wie die preußische Polizei und hätte Papen bei der ersten Andeutung von Bürgerkrieg wahrscheinlich fallen lassen, wie sie es ein paar Monate später, als er ihr ein solches

Die »goldenen« zwanziger Jahre in Berlin sind von starken sozialen Kontrasten geprägt: Tingeltangel für die einen, saure Gurken für die anderen (nächste Seite). – George Grosz ist einer der schärfsten Gegner der Schieber und der Kriegsgewinnler. »Früh um fünf« nennt er die 1921 entstandene Zeichnung (rechts)

Saure Gurken für die Arbeitslosen

Ansinnen stellte, wirklich tat.
Aber das Merkwürdige – und für die kampflose Selbstaufgabe Preußens wohl Entscheidende – war, daß es im Bewußtsein der damals Handelnden und Mitlebenden gar nicht mehr um den Staat Preußen ging. Dieser Staat war ja schon zwölf Jahre vorher bereit gewesen, in einem deutschen Einheitsstaat aufzugehen; er war sich selbst problematisch geworden, der staatliche Selbstbehauptungswille gegenüber dem Reich war ihm abhanden gekommen. Für die Preußen von 1932 ging es am 20. Juli im Grunde gar nicht mehr um Preußen als Preußen. Für sie war Papens Preußenstaatsstreich nur ein Schachzug in dem Dreieckskampf zwischen Republikanern, Deutschnationalen und Nationalsozialisten um die Macht im Reich. Das war die große Frage des Jahres 1932, und für die Zeitgenossen war der Fall der republikanischen Bastion Preußen vor allem ein Sieg der deutschnationalen Restaurationspartei: Mit der Schleifung der SPD-Festung Preußen führte Papen einen direkten Schlag gegen die Republikaner, einen indirekten auch gegen die Nationalsozialisten,

Atelierfest mit Damen von Welt und Halbwelt

und stärkte die Deutschnationalen, die damals hofften, im Streit zwischen den rechten und linken Volksparteien der lachende Dritte zu werden und eine Oberklassenherrschaft errichten zu können.
Besonders verwirrend war dabei, daß die Deutschnationalen sich schon in der ganzen Weimarer Zeit des Wortes »Preußen« bemächtigt hatten, als wäre Preußen immer eine deutschnationale Einrichtung gewesen, und »Preußen« als ein Panier benutzten und als eine Keule, mit der sie auf die Republik einschlagen konnten. Ein groteskes Wahlplakat jener Jahre zeigte ein blutendes Herz mit der Unterschrift: »Das Preußenherz! Wer heilt es? die Deutschnationale Volkspartei!« In dasselbe Kapitel gehören auch die fragwürdigen Mythologisierungen Preußens durch Männer wie Spengler und Moeller van den Bruck in den zwanziger Jahren, und, auf einer niederen Ebene, die Fridericus-Rex-Filme des Hugenbergschen Ufa-Konzerns, die den Preußenkönig geschickt zu einer nationalistischen und reaktionären Propagandafigur umfälschten. Höhepunkt und Endpunkt dieses deutschnationalen Preußenschwindels

Die Heilsarmee
verteilt Milch an
Berliner Kinder

Wer rettet Preußen vo
Staats-
wagen
van Hees
Re
Die Deutschnationale

Zwölf Jahre lang, von 1920 bis 1932, wird das republikanische Preußen – mit einer kurzen Unterbrechung – von der »Weimarer Koalition« der Sozialdemokraten, Linksliberalen und Zentrumskatholiken regiert, während im Reich die Regierungsbündnisse ständig wechseln. Unter dem ostpreußischen Sozialdemokraten Otto Braun, »dem letzten König von Preußen«, wird Preußen zu einem Hort politischer Stabilität in Deutschland – und zu einem Gegenstand wilder Hetze für die Nationalisten und Nationalsozialisten, die, manchmal zusammen, manchmal in Konkurrenz, die Vernichtung der ersten deutschen Republik betreiben. Am 20. Juli 1932 läßt der Reichskanzler von Papen die preußische Regierung durch Reichswehr aus ihren Ämtern vertreiben und ersetzt den preußischen Ministerpräsidenten durch einen Reichskommissar. Das ist das Ende preußischer Eigenstaatlichkeit im Reich

war der peinliche »Tag von Potsdam« am 21. März 1933, die feierliche Eröffnungssitzung des unter dem neuernannten Reichskanzler Hitler neugewählten Reichstags, mit der das kurzlebige und für die Deutschnationalen verhängnisvolle Bündnis zwischen Papen und Hitler besiegelt werden sollte. Dieses Bündnis kostümierte sich am Tag von Potsdam als ein Bündnis preußischer Tradition mit nationalsozialistischer Revolution. Die Potsdamer Garnisonkirche mußte als Bühnenbild dafür herhalten, der deutschnationale Stahlhelm paradierte neben der nationalsozialistischen SA, die Reichswehr stellte die Statisterie, und der greise Reichspräsident Hindenburg, der als junger preußischer Leutnant bei Königgrätz gekämpft hatte, durfte in seiner Rede an »das alte Preußen« erinnern. Es änderte alles nichts daran, daß sich in Hitlers Reich Preußen alsbald fast spurlos auflöste. Zwar führte der Bayer Göring unter den vielen Titeln, die er sammelte, auch noch den eines preußischen Ministerpräsidenten. Aber eine politische Funktion war damit nicht mehr verbunden. Eine preußische Sonderrolle ist in Hitlers Reich nicht einmal mit der Lupe zu entdecken.

Muß man noch ernsthaft auf die törichte These eingehen, Hitlers Reich sei eine Fortsetzung preußischer Traditionen gewesen, Hitler ein Erbe Friedrichs des Großen und Bismarcks? Wer sich die Mühe gemacht hat, den Text dieses Buches bis hierher zu lesen, für den erübrigt sich eine ausführliche Widerlegung. Nur ein paar kurze Worte denn. Preußen, was immer es sonst war, war ein Rechtsstaat gewesen, einer der ersten in Europa. Der Rechtsstaat aber war das erste, was Hitler abschaffte. In seiner Rassen- und Nationalitätenpolitik hatte Preußen immer eine noble Toleranz und Indifferenz walten lassen. Hitlers Rassen- und Nationalitätenpolitik war das extreme Gegenbild der preußischen. Das extreme Gegenbild preußischer Nüchternheit war auch Hitlers politischer Stil, seine Demagogie und theatralische Massenberauschung. Und wenn es für Hitlers Außenpolitik, seine gigantomanischen Eroberungsideen, in der deutschen Geschichte überhaupt einen Anknüpfungspunkt gibt, dann war es kein preußischer, sondern ein österreichischer: Schwarzenbergs Politik von 1850, seine Vision eines mitteleuropäischen Großreichs. Hitler war schließlich ein Österreicher,

und ganz unzutreffend war das Witzwort nicht, das im Berlin der dreißiger Jahre die Runde machte: »Hitler – Österreichs Rache für Königgrätz.«
Umgekehrt ist manchmal versucht worden, die deutschnationale Opposition gegen Hitler, die sich wie ein unterirdisches Gewässer durch die ganzen zwölf Jahre des dritten Reiches hinzog und zum Schluß sogar für einen kurzen Augenblick ans Tageslicht trat, preußischen Traditionen und Gesinnungen gutzuschreiben; die preußische Geschichte also nicht mit dem ruhmlosen 20. Juli 1932 enden zu lassen, sondern mit einem andern, rühmlicheren 20. Juli: dem konservativen Putschversuch vom 20. Juli 1944. Auch das aber läßt sich bei genauerer Betrachtung nicht halten. Es ist wahr, auf der Totenliste des 20. Juli finden sich große preußische Namen: ein Yorck und ein Moltke, ein Hardenberg und Schulenburg, ein Kleist und Schwerin, um nur diese zu nennen. Aber die Hauptfigur des 20. Juli, Stauffenberg, war ein Bayer; auch alle anderen deutschen Länder haben ihre Vertreter unter denen, die bei diesem verspäteten und vergeblichen Rettungsversuch ihr Leben einsetzten und in den meisten Fällen hingaben. Was die Männer des 20. Juli retten wollten, das war nicht Preußen, sondern Deutschland. Auch für sie war Preußen längst in Deutschland aufgegangen; in ihren politischen Plänen und Entwürfen für ein geeinigtes und erneuertes Deutschland spielte Preußen keine Rolle mehr, und auch wenn sie Erfolg gehabt hätten, wäre Preußen nicht wiedererstanden. Auch für die Preußen un-

Carl Severing und Otto Braun regierten Preußen von 1920 – 1932

Preußenmythos und NS-Deutschland: Generalfeldmarschall von Hindenburg mit Reichskanzler Hitler und Göring, dem (letzten) preußischen Ministerpräsidenten, im Sommer 1933 im Ehrenhof des Tannenberg-Denkmals bei Allenstein in Ostpreußen

ter ihnen war ihr einstiger Staat schon eine bloße Erinnerung geworden.
So bleibt nur noch ein Blick auf das letzte und schrecklichste Kapitel der preußischen Nachgeschichte. Es betraf nicht mehr den preußischen Staat; den gab es schon nicht mehr. Nicht mehr Preußen als Preußen zahlte die Zeche des verlorenen Zweiten Weltkrieges, wie die des Ersten; aber preußische Menschen taten es, die Ost- und Westpreußen, Pommern, Neumärker und Schlesier, diese Menschen gemischten deutschen und westslawischen Geblüts, die einst den Hauptteil der preußischen Volkssubstanz gestellt hatten. Sie verloren jetzt das Land, das sieben Jahrhunderte lang ihre Heimat gewesen war; erst durch Massenflucht, dann durch Vertreibung. Damit wurde dem preußischen Baum nun auch noch die Wurzel ausgerissen, nachdem die Krone längst dahin und der Stamm gefällt war. Denn was die Vertreibung rückgängig machte und sozusagen widerrief, das war nicht mehr die preußische Geschichte: Es war der Uranfang preußischer Vorgeschichte, die Kolonialgeschichte des 12. und 13. Jahrhunderts, das Werk der deutschen Ritter, Mönche und Siedler, die damals nach Ost-

Im Widerstand gegen Hitler sind viele alte preußische Namen vertreten. Unter denen, die mit ihrem Leben zahlen, sind auch ein Yorck, ein Moltke, ein Kleist, ein Schulenburg, ein Schwerin, ein Hardenberg. Während sie und ihre Mitkämpfer durch ihre Opfer die Ehre der preußischen Geschichte retten, sinkt Berlin in Schutt und Asche

Ewald von Kleist-Schmenzin

Fritz Dietloff Graf von der Schulenburg – drei Widerstandskämpfer vor dem Volksgerichtshof

Peter Graf Yorck von Wartenburg

land geritten waren. Nicht nur *ihre* Nachkommen wurden jetzt zurück nach Westen getrieben: auch die Nachkommen der westslawischen Völker, die sie einst vorgefunden und mit denen sie sich längst ununterscheidbar vermischt hatten. Historische Gerechtigkeit kann man das nicht nennen. Es war ein Greuel; das letzte Greuel eines an Greueln überreichen Krieges, den freilich Deutschland unter Hitler begonnen hatte; und auch mit den Greueln hatten die Deutschen leider angefangen.

Was tut man mit Greueln, wie wird man mit ihnen fertig? Aufrechnung hilft nicht weiter; Gedanken an Rache machen alles noch schlimmer. Irgendeiner muß die Seelengröße aufbringen zu sagen: »Es ist genug.« Daß sie dazu fähig gewesen sind, ist ein Ruhmestitel, den keiner den vertriebenen Preußen nehmen kann. Und wer will, kann die Nüchternheit, mit der sie, ohne einen Gedanken an Rache, bald auch ohne einen Gedanken an Rückkehr, sich im westlichen Deutschland heimisch und nützlich gemacht haben, eine preußische Nüchternheit nennen. Sie gibt der traurigen Geschichte von Preußens langem Sterben schließlich doch noch einen hellen Schlußakkord.

Berlin sinkt in Schutt und Asche

**März 1945
in Ostpreußen:
Ein überollter
Flüchtlingstreck**

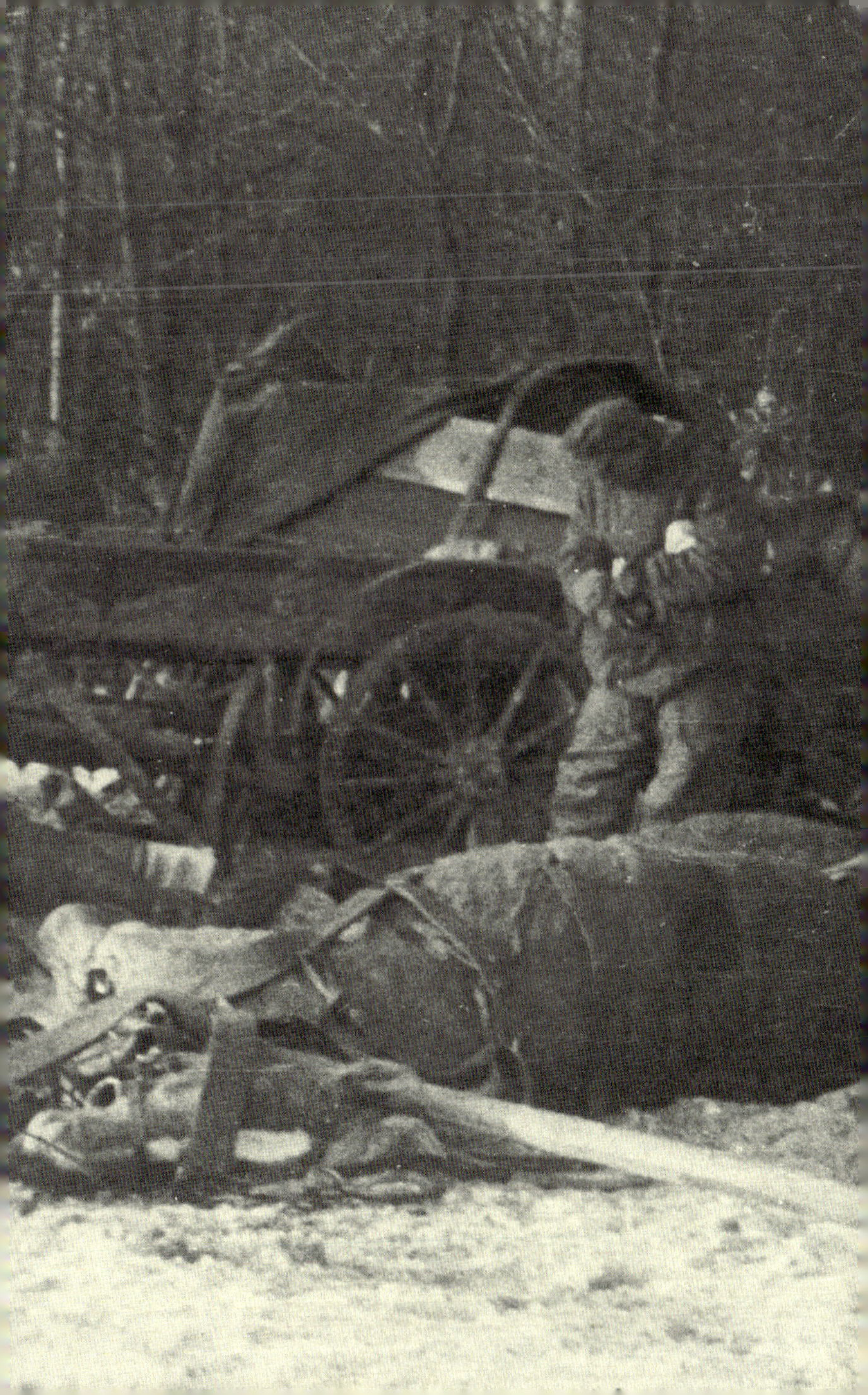

ЗАКОН № 46

о ликвидации Прусского государства

Прусское государство, являвшееся с давних времён носителем милитаризма и реакции в Германии, фактически перестало существовать.

Руководствуясь интересами сохранения мира и безопасности народов и желая обеспечить дальнейшую реконструкцию политической жизни Германии на демократической основе, Контрольный Совет постановляет:

СТАТЬЯ I

Прусское государство, вместе с его центральным правительством и всеми его органами, упраздняется.

СТАТЬЯ II

Территории, входившие в состав Прусского государства и находящиеся в настоящее время под верховной властью Контрольного Совета, получат статут земель или будут включены в земли.

Положения настоящей статьи могут быть подвергнуты пересмотру или другим изменениям, которые могут быть согласованы Союзной Контрольной Властью или могут быть установлены в будущей конституции Германии.

СТАТЬЯ III

Государственные и административные функции, а также активы и обязательства бывшего Прусского государства, переходят к соответствующим землям, в зависимости от соглашений, которые могут быть признаны необходимыми и будут приняты Союзной Контрольной Властью.

СТАТЬЯ IV

Настоящий закон вступает в силу со дня его подписания.

Составлено в Берлине, 25 февраля 1947 года.

Генерал армии П. КЕНИГ

Маршал Советского Союза В. Д. СОКОЛОВСКИЙ

Генерал-лейтенант ЛЮЦИУС Д. КЛЕЙ
за генерала ДЖОЗЭФА Т. МАКНАРНИ

Генерал-лейтенант Б. Г. РОБЕРТСОН
за маршала Королевских Воздушных Сил
ШОЛТО ДУГЛАС

LAW No. 46

Abolition of the State of Prussia

The Prussian State which from early days been a bearer of militarism and reaction in many has de facto ceased to exist.

Guided by the interests of preservation of p and security of peoples and with the desir assure further reconstruction of the political of Germany on a democratic basis, the Co Council enacts as follows:

ARTICLE I

The Prussian State together with its central vernment and all its agencies is abolished.

ARTICLE II

Territories which were a part of the Prus State and which are at present under the supr authority of the Control Council will receive status of Länder or will be absorbed into Län

The provisions of this Article are subject to revision and other provisions as may be ag upon by the Allied Control Authority, or as be laid down in the future Constitution Germany.

ARTICLE III

The State and administrative functions as as the assets and liabilities of the former Prus State will be transferred to appropriate Län subject to such agreements as may be neces and made by the Allied Control Autohrity.

ARTICLE IV

This law becomes effective on the day of signature.

Done at Berlin on 25 February 1947.

P. KOENIG
Général d'Armée

V. SOKOLOVSKY
Marshal of the Soviet Union

LUCIUS D. CLAY
Lieutenant General
for JOSEPH T. McNARNEY
General

B. H. ROBERTSON
Lieutenant General
for SHOLTO DOUGLAS
Marshal of the Royal Air Force

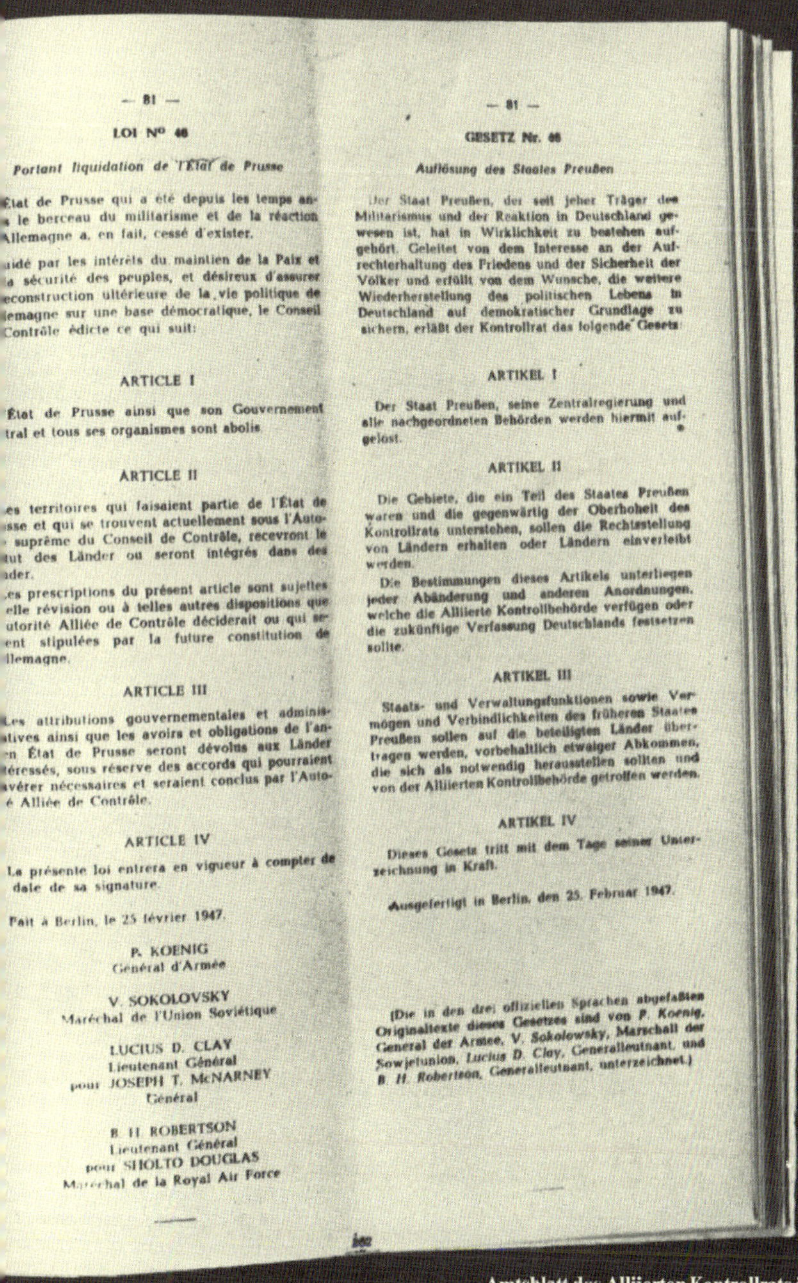

— 81 —

LOI No 46

Portant liquidation de l'État de Prusse

État de Prusse qui a été depuis les temps an- le berceau du militarisme et de la réaction Allemagne a, en fait, cessé d'exister.

uidé par les intérêts du maintien de la Paix et la sécurité des peuples, et désireux d'assurer econstruction ultérieure de la vie politique de lemagne sur une base démocratique, le Conseil Contrôle édicte ce qui suit:

ARTICLE I

État de Prusse ainsi que son Gouvernement tral et tous ses organismes sont abolis.

ARTICLE II

es territoires qui faisaient partie de l'État de sse et qui se trouvent actuellement sous l'Auto- suprême du Conseil de Contrôle, recevront le tut des Länder ou seront intégrés dans des ader.

es prescriptions du présent article sont sujettes elle révision ou à telles autres dispositions que utorité Alliée de Contrôle déciderait ou qui se- ent stipulées par la future constitution de llemagne.

ARTICLE III

Les attributions gouvernementales et adminis- atives ainsi que les avoirs et obligations de l'an- en État de Prusse seront dévolus aux Länder téressés, sous réserve des accords qui pourraient avérer nécessaires et seraient conclus par l'Auto- é Alliée de Contrôle.

ARTICLE IV

La présente loi entrera en vigueur à compter de date de sa signature.

Fait à Berlin, le 25 février 1947.

P. KOENIG
Général d'Armée

V. SOKOLOVSKY
Maréchal de l'Union Soviétique

LUCIUS D. CLAY
Lieutenant Général
pour JOSEPH T. McNARNEY
Général

B. H. ROBERTSON
Lieutenant Général
pour SHOLTO DOUGLAS
Maréchal de la Royal Air Force

— 81 —

GESETZ Nr. 46

Auflösung des Staates Preußen

Der Staat Preußen, der seit jeher Träger des Militarismus und der Reaktion in Deutschland gewesen ist, hat in Wirklichkeit zu bestehen aufgehört. Geleitet von dem Interesse an der Aufrechterhaltung des Friedens und der Sicherheit der Völker und erfüllt von dem Wunsche, die weitere Wiederherstellung des politischen Lebens in Deutschland auf demokratischer Grundlage zu sichern, erläßt der Kontrollrat das folgende Gesetz:

ARTIKEL I

Der Staat Preußen, seine Zentralregierung und alle nachgeordneten Behörden werden hiermit aufgelöst.

ARTIKEL II

Die Gebiete, die ein Teil des Staates Preußen waren und die gegenwärtig der Oberhoheit des Kontrollrats unterstehen, sollen die Rechtsstellung von Ländern erhalten oder Ländern einverleibt werden.

Die Bestimmungen dieses Artikels unterliegen jeder Abänderung und anderen Anordnungen, welche die Alliierte Kontrollbehörde verfügen oder die zukünftige Verfassung Deutschlands festsetzen sollte.

ARTIKEL III

Staats- und Verwaltungsfunktionen sowie Vermögen und Verbindlichkeiten des früheren Staates Preußen sollen auf die beteiligten Länder übertragen werden, vorbehaltlich etwaiger Abkommen, die sich als notwendig herausstellen sollten und von der Alliierten Kontrollbehörde getroffen werden.

ARTIKEL IV

Dieses Gesetz tritt mit dem Tage seiner Unterzeichnung in Kraft.

Ausgefertigt in Berlin, den 25. Februar 1947.

(Die in den drei offiziellen Sprachen abgefaßten Originaltexte dieses Gesetzes sind von *P. Koenig*, General der Armee, *V. Sokolowsky*, Marschall der Sowjetunion, *Lucius D. Clay*, Generalleutnant, und *B. H. Robertson*, Generalleutnant, unterzeichnet.)

Amtsblatt des Alliierten Kontrollrats in Deuschland vom 25. Februar 1947

**Preußen-Mythos
und NS-Deutschland**

Brandenburg-Preußen von 1415 bis 1918

jeweils
ererbtes Gebiet

jeweils hinzu-
erworbenes
oder erobertes
Gebiet

Besitz
der Nebenlinie

1415–1440: Friedrich, VI. Burggraf von Nürnberg, wird 1415 von König Sigismund die Mark Brandenburg übertragen (dunkelbraun). Beim Tod dieses ersten Kurfürsten von Brandenburg mißt das Land zusammen mit Ansbach und Bayreuth 29478 qkm

1640–1688: Bis zum Regierungsantritt von Kurfürst Friedrich Wilhelm hat sich Brandenburg Preußen mehr als verdoppelt. Es erwirbt jetzt noch Kolonien an der Goldküste und in Westindien und hat beim Tod des Großen Kurfürsten eine Fläche von 110836 qkm

Brandenburg-Preußen von 1415 bis 1918

jeweils ererbtes Gebiet

jeweils hinzuerworbenes oder erobertes Gebiet

Besitz der Nebenlinie

1688–1740: 1701 wird Kurfürst Friedrich III. König Friedrich I. in Preußen. Er hinterläßt seinem Sohn ein Gebiet, das nur unwesentlich größer ist als das, was er erbte. 1740, beim Tod von Friedrich Wilhelm I., hat der Staat mit Orange und Neuchâtel 118926 qkm

1740–1786: Unter Friedrich dem Großen wächst Preußen erheblich (dunkelbraun), u. a. kommen Schlesien, Westpreußen und Netzegebiet hinzu. Seinem Nachfolger hinterläßt er ein Land mit 5430000 Einwohnern und einer Größe von 194891 qkm

Brandenburg-Preußen von 1415 bis 1918

jeweils ererbtes Gebiet

jeweils hinzuerworbenes oder erobertes Gebiet

Besitz der Nebenlinie

1786–1797: In der kurzen Regierungszeit von Friedrich Wilhelm II. erreicht der Staat den bislang größten Umfang: 305659 qkm (die Bundesrepublik hat 247975 qkm). Zurückzuführen ist dies auf die Gebiete, die Polen 1792 und 1795 an Preußen verliert

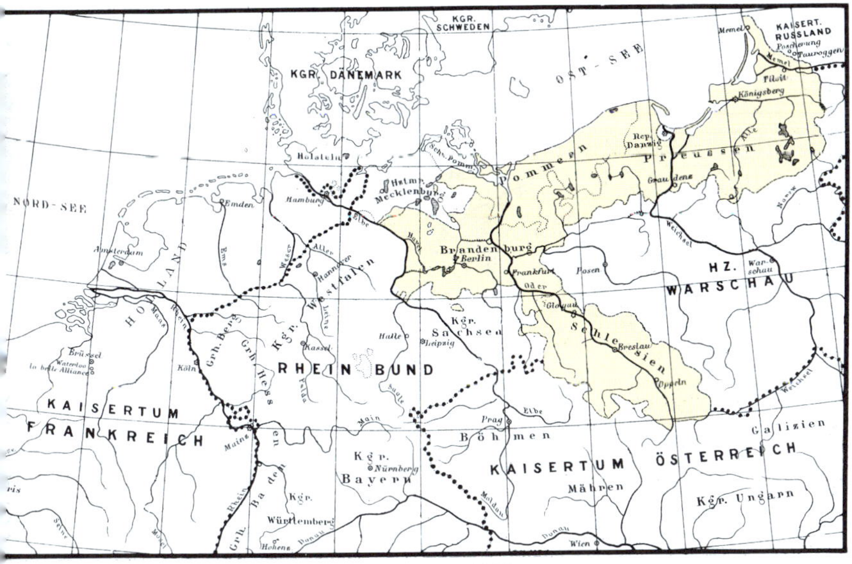

1807–1815: Im Frieden von Tilsit muß Preußen die Hälfte seines Gebiets abtreten, darunter alles Land westlich der Elbe, den größeren Teil des Netzedistrikts und die polnischen Erwerbungen. Das Verbleibende ist hellbraun getönt

Brandenburg-Preußen von 1415 bis 1918

jeweils ererbtes Gebiet

jeweils hinzuerworbenes oder erobertes Gebiet

Besitz der Nebenlinie

1815–1861: Der Wiener Kongreß 1814/15 schafft Ordnung in Europa. Preußen erhält zu dem, was es schon vor 1807 besaß, Teile von Sachsen, Westfalen und das linksrheinische Gebiet. 1815: 10400000 Einwohner, 278042 qkm; 1861: 19600000 Einwohner

1861–1918: Das dunkelbraune Gebiet umfaßt Preußens Zugewinn von 1864 und 1866, das Herzogtum Lauenburg (L) wird erst 1876 einverleibt. 1871 wird Wilhelm I. Kaiser des Deutschen Reiches, dessen Grenzen durch die schwarze Linie gekennzeichnet sind

Zeittafel

Erklärung der Abkürzungen:
Bgf = Burggraf / DK = Deutscher Kaiser / Frhr = Freiherr / Grh = Großherzog / H = Herzog / K = König / KiP = König in Preußen / KvP = König von Preußen / Kfst = Kurfürst / Kfst. v. B. = Kurfürst von Brandenburg / Lgf = Landgraf / Mgf = Markgraf / Pr = Prinz / S = Sohn / T = Tochter

1134

Mgf. Albrecht der Bär wird mit der Nordmark belehnt

1226

Die Goldbulle von Rimini ermächtigt den Deutschritterorden, das Gebiet der Pruzzen zu beherrschen

1320

Ende der Askanierdynastie in Brandenburg

1415

Friedrich, VI. Bgf. von Nürnberg, wird als **Friedrich I.** Mgf. von Brandenburg, *6. 8. 1371 † 21. 9. 1440

1440

Friedrich II. * 19. 11. 1413 † 10. 2. 1471, Kfst. v. B.

1466

Im Zweiten Thorner Frieden muß der Hochmeister des Deutschen Ordens Polen den Treueeid leisten

1470

Albrecht Achilles * 24. 11. 1414, † 11. 3. 1486, Kfst. v. B.

1486

Johann Cicero * 2. 8. 1455 † 9. 1. 1499, Kfst. v. B.

1499

Joachim I. Nestor *21. 2. 1484 † 11. 7. 1535, Kfst. v. B.

1511

Albrecht von Brandenburg-Ansbach wird Hochmeister des Deutschen Ordens

1525

Der Ordensstaat wird in ein weltliches Herzogtum Preußen umgewandelt

1535

Joachim II. Hektor *9.1.1505 †3.1.1571, Kfst. v. B.

1539

Reformation in Brandenburg durch Kfst. Joachim II. Hektor

1544

Gründung der Universität Königsberg

1571

Johann Georg * 11. 4. 1525 † 8. 1. 1598, Kfst. v. B.

1598

Joachim Friedrich * 27. 1. 1546 † 18. 7. 1608, Kfst. v. B.

1608

Johann Sigismund * 8. 11. 1572 † 23. 12. 1619, Kfst. v. B.

1618

Kfst. Johann Sigismund wird als Herzog von Preußen anerkannt.
Beginn des Dreißigjährigen Krieges

1619

Georg Wilhelm * 3. 11. 1595 † 1. 12. 1640, Kfst. v. B.

1640

Friedrich Wilhelm *6.2.1620 †29.4.1688, Kfst. v. B. (der Große Kurfürst)

1648

Westfälischer Friede: Brandenburg erhält Ostpommern

1660

Friede von Oliva: Preußen wird souverän

1675

Der Große Kurfürst besiegt die Schweden bei Fehrbellin

1685

Edikt von Potsdam: Die Hugenotten werden in Brandenburg aufgenommen

1686

Friedrich III. * 11. 7. 1657 † 25. 2. 1713, Kfst. v. B.
3. S. von Friedrich Wilhelm aus Ehe mit Luise Henriette (1627–1667), T. des Pr. Heinrich von Nassau-Oranien.
1. ∞ 1679 Elisabeth Henriette von Hessen-Kassel (1661–1683).
2. ∞ 1684 Sophie Charlotte (1668–1705), T. d. Kfst Ernst-August von Hannover.
3. ∞ 1708 Sophie Luise von Mecklenburg-Schwerin (1685–1735)
1 Kind aus 1. Ehe, 2 Kinder aus 2. Ehe

1698

Der »alte Dessauer«, Leopold von Anhalt-Dessau, führt im preußischen Heer den Gleichschritt ein.
Andreas Schlüter beginnt mit dem Bau des Berliner Schlosses und dem Reiterstandbild des Großen Kurfürsten

1700

Gottfried Wilhelm Leibniz gründet in Berlin die preußische Akademie der Wissenschaften und wird ihr Präsident

1701

Das souveräne Herzogtum Preußen wird zum Königreich, Kfst. Friedrich III. wird König **Friedrich I.** in Preußen

1704

In Berlin erscheinen als Vorläufer der »Vossischen Zeitung« die »Berlinischen Nachrichten von Staats- und Gelehrtensachen«

1710

In Berlin wird die Charité gegründet

1713

Friedrich Wilhelm I. * 14. 8. 1688 † 31. 5. 1740, K. i. P. 2. S. von Friedrich I. aus 2. Ehe. ∞ 1706 Sophie Dorothea, 1687–1757, T. von K. Georg I. von England, 14 Kinder. Im Frieden von Utrecht wird Preußen als Königreich anerkannt.
Johann Friedrich von Eosander, genannt von Göthe, leitet die Erweiterungsbauarbeiten am Berliner Schloß

1714

Nachdem Christian Thomasius in seiner Schrift »de crimine magiae« die Abschaffung der Hexenprozesse verlangt hatte, werden sie in Preußen abgeschafft

1715

Preußen tritt in den Nordischen Krieg ein und erobert Vorpommern und Stralsund

1717

Allgemeine Schulpflicht in Preußen eingeführt

1720

Der Nordische Krieg (seit 1700) wird beendet und Preußen erhält im Frieden von Stockholm Stettin, Vorpommern bis Usedom und Wollin bis zur Peene.
Johann Sebastian Bach schreibt seine »Brandenburgischen Konzerte«

1723

In Preußen wird ein Generaldirektorium als oberste Verwaltungsinstanz eingerichtet

1730

Ein Fluchtversuch des Pr. Friedrich wird vereitelt und er und sein Fluchthelfer Katte festgenommen.
Friedrich erhält eine Kerkerstrafe, sein Freund, der Leutnant von Katte, wird hingerichtet

1731/32

Neubesiedlung des durch die Pest entvölkerten Ostpreußen. Friedrich Wilhelm I. siedelt über 20 000 Protestanten, die aus Salzburg vertrieben wurden, in diesen Gebieten an

1739

Voltaire veröffentlicht den von Friedrich (II.) verfaßten »Antimachiavel«, das Plädoyer für eine sittliche Staatsführung

1740

Friedrich II., * 24. 1. 1712, † 17. 8. 1786 K. i. P. (3. S. von Friedrich Wilhelm I.) ∞ 1733 Elisabeth (1715–1797), T. des H. Ferdinand Albrecht II. von Braunschweig-Wolfenbüttel, Ehe bleibt kinderlos.
Beginn des Österreichischen Erbfolgekrieges (bis 1748) und des Ersten Schlesischen Krieges (1740–1742).
In Preußen wird die Folter abgeschafft. Friedrich II. verwirklicht die religiöse Toleranz.
In Preußen wird der Orden »Pour le Mérite« eingeführt

1742

Im Frieden von Breslau erhält Preußen Ober- und Niederschlesien und die Grafschaft Glatz.
Der Elbe-Havel-Kanal wird gebaut

1743

)as Opernhaus in Berlin (Architekt: ᵏnobelsdorff) wird vollendet

1744

ᴬusbruch des Zweiten Schlesischen ᴷrieges. In Berlin wird eine Baumwoll-nanufaktur eingerichtet
ᴷnobelsdorff beginnt mit dem Bau des chlosses Sanssouci

1745

m Frieden von Dresden bestätigt)sterreich Preußen den Besitz von chlesien und Friedrich erkennt den ɟemahl Maria-Theresias, Franz I., als ᴷaiser an

1746

'riedrich II. schreibt in französischer prache die »Geschichte meiner Zeit«

1750

ı Berlin wird eine Porzellanmanufak-ır gegründet
'oltaire besucht Friedrich II. in Sans-ɔuci und bleibt 3 Jahre

1756

usbruch des Siebenjährigen Krieges. reußen kämpft in diesem Krieg gegen ie Große Koalition Österreich, rankreich, Rußland, Schweden und ıs Reich.
Ioses Mendelssohn unterstützt in reußen die Emanzipation der Juden. essing arbeitet als Kritiker bei der /ossischen Zeitung«

1760

erlin wird zum ersten Mal von russi-hen Truppen besetzt

1762

aiserin Elisabeth von Rußland stirbt, nd Peter III. geht ein Bündnis mit iedrich II. ein

1763

Im Frieden von Hubertusburg wird der Besitz Schlesiens bestätigt. Preußen wird Großmacht.
General-Landschul-Reglement in Preußen (Schulpflicht 5.–13. Lebensjahr)

1770

Kant wird Professor in Königsberg

1772

Erste Teilung Polens: Preußen erhält Westpreußen (ohne Danzig und Thorn), Ermland und Netzedistrikt

1774

Johann Gottfried Herder veröffentlicht seine »Philosophie der Geschichte zur Bildung der Menschheit«

1781

Kant schreibt seine »Kritik der reinen Vernunft«

1786

Friedrich Wilhelm II. *25.9.1744 †16.11. 1797, K. v. P. 1. S. von August Wilhelm, (einem Bruder von Friedrich II.) und Luise, T. des H. Ferdinand Albrecht II. von Braunschweig-Wolfenbüttel.
1. ∞1765 Elisabeth von Braunschweig-Wolfenbüttel (1746–1840, gesch. 1769).
2. ∞1769 Friedrike (1751–1805), T. des Lgf. Ludwig IX. von Hessen Darmstadt.
1 Kind aus 1. Ehe, 8 Kinder aus 2. Ehe. Zwei weitere morganatische Ehen. Die Nachkommen aus der mit Sophie Gräfin Döhnhoff waren die Grafen von Brandenburg, aus dem Verhältnis mit Mätresse Wilhelmine Enke (Gräfin Lichtenau) entsprangen 5 Kinder

1788

Kant veröffentlicht sein zweites Hauptwerk: die »Kritik der praktischen Vernunft«

1789

Im Jahr der Französischen Revolution erbaut Carl Gotthardt Langhans das Brandenburger Tor

1792

Erster Koalitionskrieg (1792–1797): Frankreich gegen Österreich und Preußen und Kanonade von Valmy, die unentschieden ausgeht.
Gründung der Berliner Singakademie

1793

Zweite Teilung Polens: Preußen erhält Posen und Kalisch, Danzig und Thorn

1794

Das Preußische Allgemeine Landrecht, geschaffen von Carl Gottlieb Svarez, tritt in Kraft.
Johann Gottfried Schadow vollendet den Siegeswagen auf dem Brandenburger Tor

1795

Die Dritte Teilung Polens zwischen Preußen, Österreich und Rußland. Preußen nimmt Masovien, Warschau und das Gebiet zwischen Weichsel, Bug und Njemen

1797

Friedrich Wilhelm III. * 3. 8. 1770 † 7. 6. 1840, K.v.P. 1.S. aus 2.Ehe von Friedrich Wilhelm II.
1. ∞ 1793 Luise (1776–1810), T. des H. Karl II. von Mecklenburg-Strelitz.
2. ∞ 1824 Auguste Fürstin von Liegnitz (1800–1873) 9 Kinder aus 1. Ehe.
Kant verfaßt seine »Metaphysik der Sitten«. August Wilhelm Schlegel beginnt mit seinen Shakespeare-Übersetzungen.
Ludwig Tieck schreibt seine »Volksmärchen«

1799

Im Zweiten Koalitionskrieg (1799–1802) gegen Frankreich bleibt Preußen neutral.
Alexander von Humboldt unternimmt eine Forschungsreise nach Mittelamerika und Südamerika.
Friedrich Schleiermacher schreibt »Über die Religion«

1806

Außer Österreich, Preußen, Kurhessen und Braunschweig treten alle deutschen Staaten in Napoleons »Rheinbund« ein.
Es kommt zum Ausbruch des Krieges Frankreich gegen Preußen und Rußland

1807

Im Frieden von Tilsit verliert Preußen alle Gebiete westlich der Elbe und damit etwa die Hälfte seines Gebietes und seiner Bevölkerung.
Freiherr vom Stein führt liberale Reformen durch (Bauernbefreiung, Städteordnung, Behördenreform)

1808

Karl von Clausewitz, Gerhard von Scharnhorst und Neidhardt von Gneisenau beginnen mit der Reform der preußischen Armee. Johann Gottlieb Fichte hält in Berlin seine »Reden an die Deutsche Nation«

1809

Wilhelm von Humboldt wird preußischer Unterrichtsminister

1810

Karl August Fürst von Hardenberg führt nach Steins Entlassung die Reformen in Preußen weiter.
In Preußen wird die Gewerbefreiheit verkündet.
Heinrich von Kleist schreibt »Prinz Friedrich von Homburg«

1812

Eigenmächtig schließt General Yorck von Wartenburg mit den Russen ein Neutralitätsabkommen. Damit beginnen die Befreiungskriege.
Friedrich Ludwig Jahn errichtet in Berlin den ersten Turnplatz

1813

In der Völkerschlacht bei Leipzig wird Napoleon von Preußen, Österreichern und Russen vernichtend geschlagen und muß sich über den Rhein zurückziehen

1814

Die Verbündeten besetzen Paris und Napoleon wird abgesetzt.
Der Wiener Kongreß beginnt.
E. T. A. Hoffmann veröffentlicht seine »Phantasiestücke«

1815

Napoleon kehrt aus der Verbannung zurück, wird aber von Blücher und Wellington bei Waterloo geschlagen und muß endgültig abdanken.
Rahel Varnhagen führt ihren schöngeistigen Salon weiter.
August Wilhelm Iffland stirbt. Er hat das Berliner Theater zu erstem Ruhm gebracht. Nach der Neuordnung Europas durch den Wiener Kongreß bilden Rußland, Preußen und Österreich die »Heilige Allianz« gegen liberale und revolutionäre Bewegungen

1819

Die Karlsbader Beschlüsse bestimmen über Pressezensur, Verbot der Burschenschaften, Beaufsichtigung von Universitäten und Lehrkräften.
Beginn der Demagogen-Verfolgungen; Arndt und Schleiermacher werden ihrer Ämter enthoben, Jahn verhaftet

1821

In Schinkels neuem Schauspielhaus auf dem Gendarmenmarkt wird Carl Maria von Webers Oper »Der Freischütz« uraufgeführt

1826

Der Komponist Felix Mendelssohn-Bartholdy schreibt die Ouvertüre zum »Sommernachtstraum«

1833

Der Deutsche Zollverein wird gegründet. Er umfaßt 18 deutsche Staaten.
Verbot der liberalen Bücher des »Jungen Deutschland«

1837

In Berlin gründet August Borsig eine Eisengießerei und eine Maschinenbauanstalt

1838/39

Zwischen Berlin und Potsdam verkehrt die erste preußische Eisenbahn. Um die Militärtauglichkeit zu heben, wird in Preußen die Fabrikarbeit für Kinder unter neun Jahren verboten

1840

Friedrich Wilhelm IV. *15.10.1795 †2.1.1861, K.v.P. 1.S. aus 1.Ehe von Friedrich Wilhelm III.
∞ 1823 Elisabeth von Bayern (1801–1873). Ehe bleibt kinderlos

1842

Friedrich Wilhelm IV. legt den Grundstein für den Weiterbau des Kölner Doms.
Karl Marx arbeitet als Redakteur an der »Rheinischen Zeitung« in Köln, bevor er 1843 nach Paris emigrieren muß

1844

Die Weberaufstände in Schlesien werden blutig niedergeschlagen

1845

Alexander von Humboldt veröffentlicht sein 5 Bände umfassendes Werk »Kosmos, Entwurf einer physischen Weltbeschreibung«

1847

Friedrich Wilhelm IV. beruft die 8 Provinziallandtage als »Vereinigten Landtag der Monarchie« nach Berlin ein

1848

Revolutionäre Kämpfe in Preußen (Märzrevolution).
Otto von Bismarck gründet in Berlin die konservative »Neue Preußische Zeitung« (»Kreuzzeitung«).
Als politisch-satirisches Witzblatt erscheint der »Kladderadatsch«

1849

Friedrich Wilhelm IV. lehnt die Kaiserkrone ab; Preußen erhält eine »oktroyierte« Verfassung.
Preußen gründet die Union der deutschen Fürsten (28 Staaten)

1850

Im Vertrag von Olmütz wird der »Deutsche Bund« wiederhergestellt und die »Deutsche Union« aufgelöst. Österreich kann seine Vormachtsstellung in Deutschland behaupten

1851

Otto von Bismarck wird preußischer Gesandter beim Deutschen Bundestag

1854

Jakob und Wilhelm Grimm beginnen mit der Arbeit am »Deutschen Wörterbuch«

1857

Friedrich Wilhelm IV. verzichtet auf seine Rechte an Neuchâtel.
Wilhelm (I.) übernimmt für seinen Bruder Friedrich Wilhelm IV. die Regentschaft

1858

Rudolf Virchow begründet die Zellular-Pathologie

1861

Wilhelm I. *22.3.1797 †9.3.1888, K.v.P. Bruder von Friedrich Wilhelm IV.
∞ 1829 Augusta (1811–1890), T. des Grh. Karl Friedrich von Sachsen-Weimar.
2 Kinder

1862

Auflösung des Preußischen Abgeordnetenhauses nach einem Verfassungsstreit aus dem Vorjahr wegen Verstärkung des Heeres durch Kriegsminister Albrecht von Roon. Otto von Bismarck wird preußischer Ministerpräsident

1864

Preußisch-Österreichischer Krieg gegen Dänemark

1866

Preußens Krieg gegen Österreich um die Vormachtstellung in Deutschland

1867

Bismarck wird Kanzler des von ihm gegründeten Norddeutschen Bundes

1869

Gründung der Sozialdemokratischen Arbeiterpartei

1870/71

Krieg des Norddeutschen Bundes und der süddeutschen Staaten gegen Frankreich

1871

Gründung des Deutschen Reiches. **Wilhelm I.** wird Deutscher Kaiser, Bismarck wird Reichskanzler

1872

In Preußen beginnt Bismarcks »Kulturkampf« gegen die katholische Zentrumspartei.
In Preußen übernimmt der Staat die Schulaufsicht

1878

Bismarck veranlaßt die »Sozialistengesetze« zur Unterdrückung der Arbeiterbewegung

1879

Werner von Siemens baut die erste elektrische Lokomotive

1882

Robert Koch, Begründer der Bakteriologie, entdeckt den Tuberkel-Bazillus. Theodor Fontane beendet seine »Wanderungen durch die Mark Brandenburg«

1883

Bismarck beginnt mit seiner Sozialgesetzgebung

1887

Bismarck schließt mit Rußland einen geheimen Rückversicherungsvertrag

1888

Friedrich III. Wilhelm, *18.5.1831 †15.6. 1888, D.K., K.v.P., 1.S. von Wilhelm I.
∞ 1858 Viktoria von Großbritannien (1840–1901)
T. des Pr. Albrecht von Sachsen-Coburg-Gotha.
8 Kinder
Wilhelm II. *27.1.1859 †4.6.1941, D.K., K.v.P., 1.S. von Friedrich III.
1.∞ 1881 Auguste Viktoria von Schleswig-Holstein (1858–1921).
2.∞ 1922 Hermine von Reuss.
7 Kinder aus 1. Ehe.

1889

Im Ruhrgebiet kommt es zu großen Streiks. Gerhart Hauptmann schreibt »Vor Sonnenaufgang«.
Otto Brahm gründet in Berlin die »Freie Bühne«

1890

Bismarcks Entlassung durch Wilhelm II.

1893

Emil von Behring entwickelt das Diphterie-Serum

1897

Alfred von Tirpitz widmet sich auf Veranlassung Wilhelms II. dem Aufbau der deutschen Kriegsflotte

1898

Max Liebermann gründet die Berliner Sezession.
Alfred Messel beginnt mit dem Bau des Kaufhauses Wertheim, womit er die spätere »Neue Sachlichkeit« entscheidend beeinflußt

1905

Wilhelm II. löst die erste Marokko-Krise aus.
Max Reinhardt übernimmt das Deutsche Theater in Berlin

1908

Wilhelm II. gibt dem Daily Telegraph ein Interview und wird im In- und Ausland scharf kritisiert

1911

Zweite Marokko-Krise durch Entsendung des deutschen Kanonenbootes »Panther«

1912

Im Reichstag werden die Sozialdemokraten stärkste Fraktion

1914

Die machtpolitischen Gegensätze i Europa führen zum Ersten Weltkrieg

1916

Hindenburg wird Chef der Oberste Heeresleitung

1917

Wilhelm II. verspricht Einführung de geheimen direkten Wahlrechts i Preußen.
George Grosz legt sein Lithographie Werk »Das Gesicht der herrschende Klasse« vor

1918

Prinz Max von Baden wird deutsche Reichskanzler und verkündet eigen mächtig die Abdankung Kaiser Wi helms II.
Karl Liebknecht ruft die Räterepubli aus. Philipp Scheidemann ruft di Republik aus

1919

Friedrich Ebert wird erster deutsche Reichspräsident.
Die preußische verfassungsgebend Landesversammlung schlägt eine deutschen Einheitsstaat, der Kölne Oberbürgermeister Konrad Adenaue die Abtrennung des Rheinlandes vo Preußen vor

1920

Otto Braun wird preußischer Ministe präsident, Carl Severing preußische Innenminister.
Max Liebermann wird Präsident de Preußischen Akademie der Künste

1921

Konrad Adenauer wird Präsident de Preußischen Staatsrates

1925

Nach dem Tod von Friedrich Ebert wird Paul von Hindenburg zum Reichspräsidenten gewählt.
Gründung der Berliner Architekten-Vereinigung »Ring« (Mies van der Rohe, Gropius, May, Bartning, Mendelsohn)

1927

Heinrich Zille veröffentlicht »Das große Zille-Album«

1928

Bert Brechts und Kurt Weills »Dreigroschenoper« wird in Berlin uraufgeführt und erringt Welterfolg

1932

Bei der Landtagswahl in Preußen erschüttern die Gewinne der NSDAP die Regierung der Sozialdemokraten Braun und Severing, Hindenburg wird als Reichspräsident wiedergewählt.
Staatsstreich durch Franz von Papen. Die Regierung Braun-Severing wird abgesetzt; Papen übernimmt als Reichskommissar für Preußen die preußischen Staatsgeschäfte

1933

Hindenburg ernennt Adolf Hitler zum Reichskanzler. Der noch in der Weimarer Republik gebliebene Rest preußischer Eigenstaatlichkeit wird beseitigt

1937

Gustaf Gründgens wird Generalintendant der Preußischen Staatstheater in Berlin

1939

Deutschland besetzt das Memelgebiet, Hitler verlangt Danzig und einen Korridor nach Westpreußen.
Der Zweite Weltkrieg bricht aus

1944

Deutsche Offiziere verüben ein Attentat auf Adolf Hitler

1945

Nach Eroberung der preußischen Ostgebiete durch die Russen wird eine Massenflucht ausgelöst.
Die Potsdamer Konferenz beschließt die »Umsiedlung« der verbleibenden Bewohner

1947

Der Staat Preußen wird durch Alliierten-Kontrollratsbeschluß am 25. Februar für aufgelöst erklärt

Personenregister

Bildnachweis

Archiv für Kunst und Geschichte, Berlin: 422, 424, 478, 492

Berlin-Museum, Berlin: 124, 148, 278, 384

Bildarchiv der Österreichischen Nationalbibliothek, Wien: 194, 200, 381

Bildarchiv Preußischer Kulturbesitz, Berlin: 66, 78 u, 98, 102, 103, 105, 126, 135, 150, 155, 164, 178, 206, 208 o, 209 u, 217, 218, 227 o, 228, 230, 235, 236, 241, 242, 246 o, 247 o, 247 u, 249, 256, 266, 267, 269, 272, 280, 292, 293, 294, 307 o, 315, 330, 332/333, 344, 350, 352, 354, 357, 362, 370, 373, 378, 389, 406, 407, 415, 422, 426, 450, 460, 464, 470, 480, 493, 503

Borsig-Archiv, Berlin: 308

Burg Hohenzollern, Archiv, Hechingen: 53, 282, 442

Edwin von Campe-Sammlung, Hechingen: 166

Desch-Verlag, München: 208

Fackelträger-Verlag, Hannover: 477

Freies Deutsches Hochstift, Frankfurt: 251

Geheimes Staatsarchiv Preußischer Kulturbesitz, Berlin: 26, 129, 170, 349, 360, 497 o, 499, 508

Germanisches Nationalmuseum, Nürnberg (Münzsammlung): 38

Hausarchiv des vormals regierenden Preußischen Königshauses, Hechingen: 364, 466, 468, 471, 484

Haus-, Hof- und Staatsarchiv, Wien: 60

Heeresgeschichtliches Museum, Wien: 137, 219, 258, 290

Hugenotten-Museum, Berlin: 50

Institut für Theaterwissenschaft, Wien: 173, 289, 446

Kunsthistorisches Museum, Wien: 276

Kunstsammlungen Veste Coburg: 144, 156